对外汉语教学辅助阅读教材

中国文化中的典型人物与事件

陈贤纯　编著

北京语言文化大学出版社

（京）新登字 157 号

图书在版编目（CIP）数据

中国文化中的典型人物与事件/陈贤纯编著．
－北京：北京语言文化大学出版社，1999．
ISBN 7－5619－0659－5

Ⅰ．中…

Ⅱ．陈…

Ⅲ．文化史—中国—对外汉语教学：阅读教学—教材

Ⅳ．H195.4

中国版本图书馆 CIP 数据核字（98）第 25468 号

责任印制：乔学军
出版发行：北京语言文化大学出版社
　　　　　（北京海淀区学院路 15 号　邮政编码 100083）
印　　刷：北京北林印刷厂
经　　销：全国新华书店
版　　次：1999 年 4 月第 1 版　1999 年 4 月第 1 次印刷
开　　本：787 毫米×1092 毫米　1/16　印张：20.25
字　　数：320 千字　印数：0001－3 000 册
书　　号：ISBN 7－5619－0659－5/G·9832
定　　价：30.00 元

序　言

　　本书分为上下两编，上编是"中国文化中的典型人物"，下编是"中国文化中的典型事件"。

　　什么是中国文化中的典型人物？

　　有一些人的名字能够代表某一类人物。这样，这些名字所指称的就不再是某一个人，而是像他那一类的人。一个名字就从专名变成了一般性词汇。这是一种文化现象，它反映这个社会的历史和现状，也反映这个社会中人们的文化心理。我们把语言运用中这一类有代表性的人物称为"中国文化中的典型人物"，如"陈世美"。一提到这个名字，我们都知道是指那种地位提高以后抛弃妻儿另觅新欢的男人，而不仅仅是指戏曲《铡美案》中那个叫陈世美的人。比如在一本小说中有一句这样的话：

　　我去美国不为别的，就为了去杀那个陈世美。

中国人一看就知道她要杀的不是那个叫陈世美的人，而是她的丈夫，那个像陈世美那样抛弃妻子的人。从这短短的一句话里，我们可以推论出以下内容：

　　(1)说话人是一位结了婚的妇女。

　　(2)她的丈夫去了美国。

　　(3)她的丈夫去美国以后变了心，爱上了别的女人，抛弃了她。

　　(4)为此她非常痛恨这个背叛她的男人，甚至想去美国杀了他。

如果要把这些意思都写在字面上，那么语言就会啰嗦得叫人无法忍受。典型人物之所以常被人们运用，正是因为它简洁、形象。一个人名后面包含了一个故事，这个故事是交际的双方都知道的，因此可以由读者(或听者)用自己原有的知识去补充。所以，理解的前提是交际双方的共同知识背景。

　　要是跨文化交际，双方缺乏共同的知识背景，那么这样运用语言就会使交际遇到麻烦，推论无法作出，简洁性变成了理解的障碍。扫除这些障碍是我们写这本书的目的。

　　中国文化中的典型人物以及他们在故事中的是与非早已有定论，因此运用典型人物的名字时都包含了褒贬意义。陈世美在中国是被唾弃的人物，这反映了中国人朴实的道德标准。但是在不同的社会中，也许人们判断是非的标准并不一样，因此对同样的事，同样的人，评价可能就会不同。抛弃妻子的人在中国人人痛恨之，被当作陈世美；但在别的国家，例如美国，也许并不这样。所以陈世美只是中国文化中的典型人物,反映的是中国人的价值观念和文化心理。这一点在跨文化交际中很容易被忽视。在其他国家当然也会有典型的代表人物,那反映的是他们的文化心理和价值观念,跟中国人的文化典型人物可能很不一样。

文学理论中常常说到典型人物,这与本书所说的中国文化中的典型人物有些不同。通常在语言交际中作为典型运用的人物要有三个条件:

一是要具有代表性,能够概括某一类人物。从这一点来说,很多成功的文学典型人物都具备这个条件,因此都有成为语言中典型人物的可能。但是仅仅具备这个条件还不够,例如鲁迅小说中的孔乙己以及《警世通言·杜十娘怒沉百宝箱》中的杜十娘,在当时的社会中都是很典型的,但他们在今天并没有成为语言中的典型人物,因为他们缺乏别的条件。

二是现实社会中存在着大量的同类人物。只有当现实社会中存在着大量同类人物时,人们常常要提起这些人物,为了表述的简洁生动,才会利用历史或文学中的典型人物来指称。陈世美、秦香莲在中国之所以妇孺皆知,是因为现代社会中陈世美、秦香莲式的人物依然大量存在。孔乙己和杜十娘之所以没有成为现代汉语中的典型人物,是因为社会中已经没有这一类人物,所以他们在现代社会已经没有代表性。

社会是在不断变迁的,从古代到现代情况已经有很多不同,因此语言中的典型人物也有变化。有些过去曾经是人们常常提起的典型人物,现在已经不再提起,有些则很少再提起了。例如"梁鸿、孟光"作为夫妻互敬互爱的典型,在过去的书籍中是很常见的,但是今天已经不常见了。因为现代社会中男女平等,夫妻即使互敬互爱也不像梁鸿、孟光那样了。因此这两个名字的典型性就削弱了。现在即使人们要提到一对夫妻相亲相爱,很少会想起梁鸿、孟光来。又如《水浒传》第二十四回,王婆对西门庆说:"……第三件,要似邓通有钱……"。西门庆回答说:"……我家里也颇有贯伯钱财,虽不及邓通,也颇得过"。这里交际双方显然都把"邓通"作为有钱人的典型。但"邓通"是谁,现在已经很少有人知道,因此这个典型人物到现代已经消失。这样的情况还有很多,本书收集的是现代社会较常见的典型人物,已经消失的典型人物一般不收。

社会的发展也可能产生新的典型人物,是过去所没有的。例如"阿Q"这个人物是鲁迅的小说《阿Q正传》发表以后才有的,"马大哈"这个典型是1954年侯宝林说了那个相声才流传开来的。所以语言中的文化典型并不是一成不变的,它总是在随着社会的变化而变化的。

三是要有足够高的知名度。一个人物虽然他很有代表性,而且现实社会中也存在着大量的同类人物,但如果他的知名度不高,那么还是不能被用来作为语言中的典型人物。《买猴》这个相声是何迟写的,但只有在相声大师侯宝林说了这个相声之后,才造成广泛的影响,马大哈这个人物才家喻户晓。所以典型人物跟传播很有关系。典型人物中陈世美的知名度最高,这是因为各种地方戏曲《铡美案》几百年来在民间反复上演,因此从城市到农村就没有人不知道,一遇到同类人物,人们就会想起陈世美。本书所收集的典型人物,多数是通过戏曲、评书等形式在民间广泛传播以后而妇孺皆知的。很多典型人物来自古典文学名著,如《三国演义》、《红楼梦》、《水浒传》、《西游记》等,这些名著又被改编为戏曲评书在各地演出传播,所以即使是农村不识字的老大娘也知道多数典型人物代表什么意思。

正因为典型人物跟传播范围有关,所以他们的运用实际上存在着不同的层次,大致上可以分为两个层次:

一个是大众层次。即在全社会各个阶层的人中提起这些人物来,没有人不知道的。例如陈世美、秦香莲、红娘、包公、诸葛亮、阿斗、穆桂英、花木兰、牛郎织女等。

二是知识分子层次。有些典型人物仅仅在知识分子中流传。例如伯乐、阿Q、江郎、东郭先生、毛遂、潘安等。这些人物通常很少在戏曲和评书中出现,大多数情况下只存在于文史典籍之中,所以他们只停留在知识分子的范围内。

语言中的典型代表人物多数来自文学典型,但不都是来自文学典型,真实的历史人物也可以成为典型人物,如华陀、梁鸿、孟光等。不过历史上的名人并不能都成为典型人物,例如"孙中山"这个名字是中国人都知道的,但这个名字只能指称孙中山自己,而不能代表其他人,因为并没有别人类似孙中山,所以没有典型意义。语言中的典型人物通常上述三个条件都必须具备,缺一不可。

本书一共收集了六十位典型人物,但这并不是说其他人不能成为语言中的典型人物。实际上存在着一种边缘情况,即某一个人名通常并不是语言中的典型人物,但在一定的条件、一定的场合下,有人把他作为典型人物运用在语言中也可能很合适。例如:

刘将军不会背叛投敌,他是关云长,不是吕布。
"关云长"(关公)作为忠勇的典型在中国文化中早已人人皆知。"吕布"虽然也具有很典型的性格,但他没有成为语言中的典型人物。然而这里将吕布作为关云长的对立面进行比较,他的典型性就很突出,也成了语言中的典型人物。这就是说,中国文化中的知名人物其中有很多在一定的条件一定的场合下都有可能进入语言中作为典型被人们运用,但通常这种条件与场合很少出现,否则他们也都进入了常见典型人物的行列。

什么是"中国文化中的典型事件"？

有一些著名的事件，无论是历史上真实发生过的，还是文学作品中描写的，如果具有普遍性，以后常有类似的事发生，那么这些事件就会产生概括意义，人们会用这些事件来代表同类事件。我们把这些事件称为典型事件。这样，这些事件的指称范围就扩大了，一个事件的专用名词，变成了一个普通词汇。例如：

他以前曾经过五关斩六将，这一次却走麦城了。

"过五关斩六将"、"走麦城"都是典型事件，出自古典历史小说《三国演义》。这里它们所代表的已经不是具体的事件，而是它们的典型意义。"过五关斩六将"表示曾经取得很多成功，有过辉煌的业绩。"走麦城"表示遭到决定性的失败。所以，这个例句的实际意思是：

他以前曾经取得很多成功，但是这一次却失败了。

为什么人们要用典型事件来表达，而不用常见词汇？这是因为用常见词汇表达显得太平淡，而用典型事件则更生动，能够使读者产生更多的联想。

典型事件是一种文化的积累。中国文化中的典型事件产生于中国历史文化背景之中。外国文化中当然也会有很多典型事件，那反映的是外国的历史文化背景。两者是很不相同的。即使同一个意思，在两国文化中都有典型事件，它们一定来自不同的历史文化背景。例如"遭到决定性的失败"，汉语中说"走麦城"，英语中则说 to meet one's Waterloo（遭滑铁卢），来自拿破仑兵败滑铁卢的历史。

当语言中的词汇蕴含着历史文化内涵时，那么理解语言的一方就必须具有相同的历史文化知识，才能够从一个典型事件中概括出它所代表的意义。所以这时理解的基础是交际双方共同的历史文化知识。但是跨文化交际往往缺乏共同的知识背景，所以容易造成交际的困难。有些典型事件可以在词典中查到它所代表的典型意义，有一些在词典中则根本没有。即使能查到，词典中的介绍也都太简单。这不利于外国读者对典型事件的深入理解与记忆。本书试图用尽可能浅显易懂的语言，将一些典型事件的来龙去脉作一个详细的介绍。读者读懂了这些故事后，不仅能更好地理解典型事件的意义，而且也可以积累有关中国文化方面的知识。

典型事件与成语并不相等。有一部分成语是典型事件，如"卧薪尝胆"，"完璧归赵"等。但很多成语并不是典型事件，如"气吞山河"、"心宽体胖"等。因为这些成语并没有"事件"。典型事件也并非都是成语，虽然现在人们把成语的范围扩大，包括了很多非四字格的表达式，但把有些典型事件算作成语显然还是很勉强的,例如"鸿门宴"、"空城计"、"刘备借荆州"等。

典型事件与典故也并不相同。我们可以说典型事件来自于典故,但并非所有的典故都是典型事件。典故虽然通常都有事件,但并不一定具有典型性,例如"虎溪三笑","嫦娥奔月"等,这些典故并没有同类事件,代表的仅仅是那个典故本身。

所以"典型事件"既不同于成语,也不同于典故,是从一个新的角度对中国文化现象的一种归纳。

在中国文化中,典型事件当然是非常多的,远不止本书中所选的这些。在编写过程中,我们总共收集到500多个典型事件,从中选出这六十个进行介绍。挑选的原则是既有比较复杂的背景需要作介绍,又有足够的故事具有可读性。有一些常见的成语,如"画蛇添足"、"塞翁失马"、"画龙点睛"、"黔驴技穷"、"鹬蚌相争,渔翁得利"等过去在各种教材读物中已经作过比较多的介绍,本书就不再重复。有一些典型事件现在已经不太具有代表性,如"程门立雪"、"载酒问奇字"等,本书也没有选用。另有一些典型事件,如"阮囊羞涩"等因为故事内容太少,太短小,也没有选取。还有一些典型事件在本书上编"中国文化中的典型人物"已经作过介绍,如"刘姥姥进大观园"、"萧何月下追韩信"、"半路杀出程咬金"等,因此下编就不再重复。

原计划"中国文化中的典型事件"跟"中国文化中的典型人物"一样按第一个字的笔画多少编排,但在写完初稿后发现典型事件集中在三个历史时期:一是春秋战国时期,二是秦末楚汉相争时期,三是三国时期。这三个时期的材料占了三分之二。在阅读这些故事的时候历史背景是不可忽视的。国外的读者对中国的历史阶段并不像中国人那么熟悉,如果把各个历史阶段的顺序打乱了,可能不利于理解,还会加大注释量,并且使很多注释重复。因此后来决定按时间顺序编排,在上述三个阶段的开头,对该阶段的历史背景先作一个大概的介绍,并且附上一张形势地图,这样可以帮助读者形成一个比较清晰的印象。

本书的写作体例是先举例子,让读者看一看这些典型人物或典型事件是怎样出现在语言中的,然后对这一典型人物或典型事件的意义作一些概括介绍。第三部分是较详细地介绍典型人物或典型事件的出处和故事。如果故事情节太多太长,则只选其中有代表性的部分。所有的故事都不是原文,而是通过改写的,比原文容易懂得多。最后一部分是注释,对有些不好懂的地方加以说明。

本书主要面向国外学过中文的读者,所以可以作为对外汉语教学的中高级阶段的阅读教材,但也可以作为国内的大众读物。

编者

1996 年 9 月

目　　录

上编　中国文化中的典型人物

下编　中国文化中的典型事件

上　编

中国文化中的典型人物

马大哈　Mǎ Dàhā

例句：1. 实际情况很复杂，你仔细一点儿，千万别再犯马大哈的毛病了。

　　　　2. 他工作一向马大哈，这些事你问他，他一定说不清楚。

　　　　3. 这个张一文你可小心，他是个马大哈，办事靠不住。

含义：马大哈是指粗心大意、办事不认真的人。

出处：马大哈的名字出自何迟①写的相声《买猴儿》②（1953 年）。这个相声经著名演员侯宝林③演出以后，深受人们欢迎，在 50 年代有很大影响，马大哈这个人物老幼皆知。

　　这个相声的内容是：

　　天津某个百货公司需要猴牌肥皂五十箱，经理叫文书④写一个通知给采购员，让他去东北角肥皂厂采购。

　　文书的名字叫马大哈，他工作极不认真。为了早一点儿去与女朋友约会，他在纸上马马虎虎地写了几个字就算完了。其中"东北角"的"角"，"猴牌"的"牌"，以及"肥皂"这四个字没有写。结果这个通知成了：

　　×× 同志：

　　　　今派你到东北买猴五十只。

　　采购员接到通知就去东北买猴，由于在东北买不到猴，只好又跑到广东、四川去，好容易才买来五十只猴，但是百货公司要猴干什么呢？"东北角"是天津本市的一个地名，而东北离天津有一千多里。"猴牌肥皂"跟"猴"也完全是两回事儿。马大哈少写了几个字，采购员却得跑遍整个中国。

　　这个相声讽刺有些人太马虎，给工作造成很大损失。事实上，马大哈这三个字是"马马虎虎"、"大大咧咧"、"嘻嘻哈哈"这三个词的缩写。马大哈这个名字很典型地概括出了这种特征。后来人们就把粗心大意、工作马虎的人叫作马大哈。

　　按照中国家庭兄弟的排名习惯，又有人创造出马二哈。他是马大哈的弟弟，同样是粗心大意的人。例如：他们俩一样糊涂，一个马大哈，一个马二哈，下班的时候人走了，既不关灯也不关门。

注释:

①何迟 Hé Chí:相声作家。相声是中国的一种表演形式。两个(或三五个)演员用对话引
听众发笑,通常都寓意义于笑声中。

②《买猴儿》:见《何迟相声创作集》。

③侯宝林 Hóu Bǎolín:中国老一代的相声大师。

④文书:即秘书,五十年代时人们习惯称文书。

马泊六　Mǎ Bóliù

例句：1. 他的性命断送在奸夫、淫妇和马泊六的手里了。

2. 若有好的亲事与我说一头儿，若会做马泊六，我便费些钱也罢。

3. 他出得门来，一头撞见马泊六，一把揪住了说："我的钱呢？"

含义：马泊六是指撮合不正当男女关系的人，与"拉皮条的"同义。

出处：马泊六作为不正当男女关系撮合人的名字，在明清①小说中较常见。成书于元②末明初的古典小说《水浒传》③中就有多处提到马泊六。如第二十四回，王婆④对西门庆⑤道："老身为头是做媒，又会做牙婆，也会抱腰，也会做小，也会说风情，也会做马泊六。"当时马泊六作为不正当男女关系撮合人的名字虽然在民间流传，但出处不详，很可能是某个撮合者的名字，但已经无法考证。现在人们已经不太用马泊六来指撮合者，更常用"拉皮条的"。

另外，马泊六有时写作"马伯六"，"马百六"。

注释：

1. 明清：指明朝（1368—1644）和清朝（1616—1911）。

2. 元：是指元朝（1271—1368）。

3. 《水浒传》Shuǐhǔ Zhuàn：中国四大古典小说之一，成书于14世纪中叶。

4. 王婆：一个姓王的老年妇女，这里用作人名，是一种贬称。

5. 西门庆 Xīmén Qìng：人名。

方鸿渐　Fāng Hóngjiàn

例句： 1. 今日方鸿渐，花钱买版面①。

2. 当年方鸿渐买了洋博士的时候，我们嘲笑他；如今，却有人干起了方鸿渐的勾当②。

含义： 方鸿渐是一个假博士，也是一个没有真才实学、不肯做学问的知识分子的典型。

出处： 方鸿渐是钱钟书③的小说《围城》④中的主要人物，20 世纪 20—30 年代他曾经到欧洲留学。小说中写道"他是个无用之人，学不了土木工程⑤，在大学里从社会系转哲学系，最后转入中国文学系毕业。"一个偶然的机会，他非常意外地得以到欧洲留学。

他是学中国文学的，却到欧洲去深造，这看来很可笑。但欧洲的图书馆里收集的有些中文资料却是相当丰富的，是中国的图书馆所没有的，如《敦煌藏经》、《永乐大典》、《太平天国文献》等。不过方鸿渐对这些并没有兴趣，也无心认真学习。他只不过是在那儿混日子罢了。四年时间换了三个大学，从伦敦到巴黎又到柏林，表面上看好像兴趣很广，实际上全无心得，生活尤其懒散。

到第四年春天，他看到银行里只剩下三百多镑钱了，就计划夏天回国。家里来信问他是否拿到了博士学位。他回信假作清高地说，博士头衔毫无用处，他痛恨这种形式的东西。但国内的来信却坚持认为留学四年应该有博士文凭。他这才想到文凭的重要性，一张博士文凭可以遮丑。可是若要从头做起，时间和金钱都不够了。

一天，他去图书馆看一个朋友，见到一份美国的广告，说可以授予博士学位，发给文凭，这当然是假文凭。假文凭回国也可以去骗人，让家里人相信他已经得到了博士学位。那样，他不是成了骗子了吗？方鸿渐学过哲学，以为撒谎和欺骗有时并非不道德。柏拉图⑥就说兵士对敌人、医生对病人、官吏对民众都应该哄骗。连孔夫子还假装生病呢。因此他认为买一张假博士文凭并不算什么不道德的事。

于是方鸿渐就写信去联系。对方当然是一个骗子，开价要五百美金。但方鸿渐最后只用四十美金就弄到了假博士文凭，然后又穿了德国大学博士的制服去照相馆照了几张四时的相片给家里寄去了。

6

别人以为方鸿渐是一个洋博士，实际上他只是一个假博士。他是一个没有真才实学不做学问的知识分子典型。

注释:

①版面 bǎnmiàn:是指报纸上刊登文字的地方,一个版面是指一页。"花钱买版面"是指花钱在报纸上刊登吹捧自己的虚假文章。此例选自报刊标题。

②勾当 gòudàng:事情,常指坏事情。

③钱钟书 Qián Zhōngshū:当代著名作家及学者。

④《围城》Wéi chéng:发表于 1935 年。

⑤土木工程:指建筑工程,通常包括建造房屋、道路、桥梁等。

⑥柏拉图:古希腊哲学家 plato。

毛 遂 Máo Suì

例句：1. 学校要一个图书管理员，我毛遂自荐，居然被批准了。

2. 现在有些人伸手向人民要官做，还自比毛遂。毛遂是在危急的时候挺身而出去做一件事，他什么时候当过官？

含义：毛遂是自告奋勇、自我推荐的典型。

出处：毛遂的故事出自《史记①·平原君虞卿列传》。战国②时赵国③公子平原君④礼贤好士，贫穷的士人们纷纷去投奔他，因此他的门下有很多食客⑤。赵孝成王⑥九年，秦⑦兵攻赵。赵王命令平原君去楚国⑧求救，游说楚国与赵国联合抵抗秦国的侵略。平原君要在众门客中挑选二十个有勇有谋的人与他一起去，但是选来选去只得十九个人，其他的人他觉得都不行。这时有个叫毛遂的门客走上前来，自我推荐说：

"我可以随您一起去。"

平原君说："你在我门下几年了？"

毛遂说："三年了。"

平原君说："你在这里呆了三年我都不知道你的长处，你一定不行，呆在家里吧。"

毛遂回答说："你带我去，我就能表现出我的长处来。"

平原君于是就把毛遂列为二十勇士之一。

他们到了楚国。平原君与楚王会谈，从双方的利害关系出发，劝说楚王与赵国联合抗秦。从早晨日出开始谈，一直到中午了，楚王还没有作出决定。平原君的其他十九个随从请毛遂上去想办法。毛遂手按长剑，登着台阶而上，对平原君说：

"从早晨讨论到现在都没有作出决定，这是为什么？"

楚王问平原君："这是谁？"

平原君说："是我的门客。"

楚王斥责毛遂说："我跟你的主人谈判，你算什么人，敢在这里说话，还不快下去！"

毛遂按剑走上几步说："大王您所以这样斥责我，是因为这里楚国人多。

8

但是在十步之内,你没有这种优势,你的性命在我毛遂手里。我听说,过去商汤⑨从只有七十里方圆的一小块地方出发而得到天下,文王⑩原来也只有百里方圆的国土却能建立强大的周朝⑪,并不是因为他们士卒众多,而是因为他们能够根据时势,发挥神威。现在楚国国土有五千里,士兵有百万,这些都是称霸的资本。楚国这样强大,天下谁能阻挡?但是秦国一个小小的将军白起⑫,带领几万士兵攻打楚国,楚国一败再败,三战被烧了祖坟⑬。这样的奇耻大辱与仇恨连赵国都感到羞耻,而您楚王竟不觉得。实际上赵国与楚国联合也是为了楚国,并不只是为了赵国。"

　　楚王听了毛遂的话,重新引起了对秦国的仇恨,就不再犹豫,终于同意与赵国联合起来抗秦。毛遂请楚王左右的人拿出鸡、狗、马的血来,立即歃血定盟⑭。后来楚国派兵救赵,于是秦兵退却。

　　平原君回国以后对人说:"我再也不敢说了解了天下的人才了。毛先生一到楚国,赵国就受到重视,他的一张嘴胜过百万之师。这样的人才在我这里三年,我都不知道,我哪里还敢说了解人才呢!"

　　后来人们用"毛遂自荐"这个成语来表示自我推荐,毛遂成了自告奋勇、自我推荐的典型。

注释:

①《史记》:中国古代的一部历史著作,作者司马迁(公元前145?—公元前87?)。

②战国:中国古代的一个历史时期,公元前475年—公元前221年。

③赵国 Zhào guó:战国时的一国,在今山西北部中部一带。

④平原君 Píngyuán Jūn:即赵惠文王的弟弟赵胜(?—公元前251),惠文王及孝成王时为丞相。

⑤食客:又称门客,是指当时依附权贵的知识分子,由权贵供给衣食。平时并没有什么事,只在需要时为权贵出主意、办事。

⑥赵孝成王:当时赵国的国君。

⑦秦 Qín:战国时的一国,在今陕西一带,后来统一中国建立秦朝。

⑧楚国 Chǔ guó:战国时的一国,在今湖南、湖北、河南一带。

⑨商汤:公元前16世纪,商汤灭夏建立商朝。

⑩文王:即周文王,其子周武王灭商建立周朝。

⑪周朝:中国古代的一个朝代,公元前11世纪—公元前256年。

⑫白起:人名,当时秦国的将军。

⑬祖坟 zǔfén:祖宗的坟墓。在过去中国人的观念中祖坟是很重要的,毁祖坟是极严重的事件。

⑭歃血定盟 shàxuè dìngméng:古时缔结联盟时为了表示诚意,要在嘴唇上涂上牲畜的血。

王 伦 Wáng Lún

例句：1. 我们单位的头头就像白衣秀士王伦，量小容不得人，所以我只好要求
调走。

    2. 公司现在正需要人才，你叫一个王伦一样的人去当总经理，有能耐的
人谁还肯来？

含义：王伦是指那种自己没有什么本事，又心胸狭窄、生怕别人超过自己的
人。

出处：王伦是古典小说《水浒传》①中的人物，第十一回写王伦与杜迁②纠集三五百人占领梁山泊③为王，常有一些犯罪的人逃到他那里去入伙，他都收留。

有一个好汉，名叫林冲④，有一身好武艺，曾经是东京⑤八十万禁军⑥的教头。因被奸臣高俅⑧陷害，不仅丢了官，而且家破人亡。林冲在愤恨之下杀了高俅手下的人以后，无处可以存身，经人介绍就投这梁山泊来入伙。

那王伦原来是读书人，是个秀才⑨，因考举人⑩不中，不得意，来到梁山泊占山为王，人称白衣秀士王伦。此人心胸狭窄，容不得别人比他强，是个量小机深的小人。当时林冲上山递上朋友写的介绍信。王伦心里想："我是个不得意的秀才，同杜迁一起来这里落草⑪，后来又来了宋万⑫。我又没有什么本

10

事,杜迁、宋万两个人的武艺也只平常。如今这个人是京师禁军的教头,必然好武艺。要是让他看出我们没有本事,他一定会压在我们头上,那时我们怎么办?还不如现在就推却,不要收留他,让他回去,免得以后麻烦。"因此就拒绝林冲入伙。

林冲完全不是王伦想像中企图压人一头的人,更没有想到王伦不肯收留,他现在落难,无处可以存身,因此不得不辩解。杜迁和宋万同情林冲,帮林冲说话。经过一番周折王伦才勉强收留林冲。林冲虽然能留在山上,但也常受王伦的气。

不久,晁盖⑬等七人被官军追杀,无处可去,也上梁山泊来要求入伙。王伦害怕他们人多势力大,压倒自己,又怕因此引来官军,麻烦太多,就又找各种借口要赶晁盖等下山。林冲心中气愤,大骂王伦量小做不得山寨之主,一举把王伦杀了,推晁盖为寨主。从此以后梁山泊才兴旺起来。

后来人们就用"白衣秀士王伦"来指那种自己没有什么本事,又心胸狭窄妒贤嫉能的人。

注释:
①《水浒传》Shuǐhǔ Zhuàn:古典小说之一,写于元末明初(14 世纪中叶),说的是 12 世纪初北宋王朝日益腐败,各地出现了农民起义,一些被官府逼迫无路可走的人纷纷占山为王。在山东河北一带有宋江领导的起义军,《水浒传》主要写这一支起义军的形成及壮大过程。民间有很多说《水浒》的评话,有不少故事后来又被改编为戏曲,因此《水浒》人物家喻户晓,其中有一些人物成为中国文化中的典型人物。
②杜迁 Dù Qiān:人名。
③梁山泊 Liángshān Pō:地名,在今山东省,"泊"即湖。
④林冲 Lín Chōng:人名,参见本书"高衙内"条。
⑤东京:北宋时的首都汴州,在现代的河南开封。
⑥禁军 jìnjūn:古代保卫首都和皇宫的军队。
⑦教头:这里指军事武术教官。
⑧高俅 Gāo Qiú:人名,北宋时的奸臣。
⑨秀才 xiùcái:取得参加正式科举考试资格的读书人。
⑩举人:科举考试中在省城举行的乡试里考中的人称为举人。
⑪落草:到山林中当强盗。
⑫宋万 Sòng Wàn:人名。
⑬晁盖 Cháo Gài:人名,梁山泊起义军的领袖之一。

11

王熙凤　Wáng Xīfèng

例句：1. 她虽像王熙凤那样能干，却也像王熙凤那样厉害，是个不肯轻易饶人的，因此得罪了不少人，现在已经被罢官了。

2. 你可得当心点儿，她可不是肉肉团团的尤二姐①，而是一个泼泼辣辣的王熙凤，没有那么好糊弄的。

含义：王熙凤是个年轻漂亮的富家少妇，非常精明，十分能干，但是又心狠手辣。后来人们常用"王熙凤"来指这一类并非善良的厉害女人。

出处：王熙凤是古典小说《红楼梦》②中的人物，书中有时称她为"凤姐"、"凤辣子"等。她是荣国府③中的女主人。荣国府内主子奴才④加起来少说也有三四百口人，人多事杂，老太太⑤、太太⑥们年纪大了，懒得管事，内务事就全由这个二十多岁的孙媳妇王熙凤掌管。她对荣国府中的长辈能竭尽讨好之能事，尤其能取得贾母的欢心，然而对下人⑦却很是厉害，仆人们个个都怕她，说她"年纪虽少，行事却比世人都大"，"出挑美人一样的模样儿，少说些有一万个心眼子。再要赌口齿，十个会说话的男人也说她不过"。"就只一件，待下人未免太严些了。"《红楼梦》中有多处写她的心狠手辣。

第十五回写王熙凤有一次到城外一个寺里去，寺里的老尼姑⑧求她帮一个忙。事情是这样的：

长安府府太爷⑨的小舅子李公子有一次到这个寺里来玩，看见一个漂亮女孩儿，想要娶这个女孩儿为妻，就请这老尼姑想办法。老尼姑打听到那女孩儿姓张，小名叫金哥，父亲是当地的一个财主。这张金哥是早已定了亲的，男方是一个守备⑩的儿子。既然这样，那李公子应该死了心，这事本应该到此为止。但这李公子害了相思病，非要娶那位张小姐不可。张家倒很愿意巴结大官，但又觉得很为难，怕那守备家不肯退婚。老尼姑又打听到那守备的上司与贾府⑪是至交，于是就求王熙凤以贾府的名义给那位上司写一封信，让那位上司跟守备说一声，就不怕他不同意退婚。

本来，人家的姻缘已定，你要去拆散人家的婚姻，这是很缺德的事。但王熙凤为了显示自己的本事，就说："我是从来不信什么阴司⑫地狱报应⑬的，什么事我说行就行。你叫他拿3000两银子⑭来，我就替他办这件事。"果然她很快就将这件事办妥了。那守备因为上司的压力，不得不同意退婚。谁知那女孩张金哥仍然爱着守备之子，听说退了婚就拿一根绳子吊死了。那守备之子也是个极多情的，听说金哥死了，也投河而死。这王熙凤轻轻松松地得了 3000 两银子，却弄出两条人命来。她不但不悔，反而因为这件事贾府上下没有一个人知道，胆子就更大了，以后有了这样的事就更加任意胡为起来。

第六十七回至六十九回写王熙凤的丈夫贾琏⑮在外边偷偷地娶尤二姐为二房⑯。中国封建社会里有钱人往往一夫多妻。当时的道德标准是，能容忍丈夫娶小老婆的就是好妻子。贾琏因为知道王熙凤厉害，不敢在家里公开娶小老婆，就在外边偷偷地干。

王熙凤听说了这件事气得发昏，但她知道不能公开发脾气，就想出一个毒主意，要弄死这个尤二姐。

正好这时贾琏去外地办事，几个月不在家。贾琏一走，王熙凤就叫工匠在家里装修三间房子，要完全跟她自己的住房一样。然后就带人到尤二姐住的地方，假意劝尤二姐搬到荣国府里去跟她住在一起，住在外边倒像让别人以为她王熙凤不能容人似的，并且说家里的房子也已经装修好了。那尤二姐是一个老实人，没想到王熙凤会去找她，更没有想到还有狠毒的阴谋，以为那王熙凤是个好人，自己一点主意也无，就跟着搬进了荣国府。谁知这一下掉进了王熙凤的手掌之中，尤二姐离死期也就不远了。

王熙凤并不让尤二姐住进装修好的房子里，她借口这件事长辈们还不知道，就叫尤二姐先到别的地方住，并且用自己的丫头换下尤二姐的丫头。尤二姐住进荣国府以后，因为名不正言不顺，就不能出来见人，只好在房里呆着，好像进了监狱。王熙凤又唆使丫头不好好侍候她，连饭也懒得送，有一顿没一顿的。王熙凤隔五日八日去见她一面，仍然是和颜悦色，满嘴亲热异常，把个尤二姐骗得以为只是丫头的错。

后来王熙凤又打听到这尤二姐原来是订过亲的，男方叫张华，是个赌钱不理正业的家伙，被他父亲赶出了家门，穷得像要饭花子，就叫人拿 20 两银子给张华，让他去官府告状，把这事闹出来，给贾琏施加压力。以后她又怕张华说出她的阴谋来，竟派人去杀死张华。

她还亲自去刺激尤二姐，假充好人地对尤二姐说："妹妹过去的名声很不好听，现在全家上下连老太太、太太都知道了，说你在家做女孩儿时就不干净⑰，又和姐夫有些首尾⑱，没人要的了。……我听了这话气得倒仰查⑲，是谁说的又查不出来，这日久天长的……"故意把这些难听的话说给尤二姐听。她又借刀杀人，唆使别人天天大骂尤二姐，折磨得尤二姐没法再活下去了，最后终于吞金自杀。

尤二姐死了,王熙凤却装作很伤心的样子大哭。她不但杀了尤二姐,而且自始至终没有露出一点坏形来,人人都以为她是好人。王熙凤就是这样的女人。后来人们把心狠手辣的女人比喻为王熙凤。

注释:

①尤二姐 Yóu Èrjiě:人名,《红楼梦》中人物。

②《红楼梦》:中国四大古典小说之一,又名《石头记》,作者曹雪芹(Cáo Xuěqín ? —1763?)。小说通过描写一个贵族官僚家庭的盛衰,深刻地剖析了封建社会的腐败。小说塑造了很多典型人物,王熙凤是其中之一。

③荣国府:《红楼梦》中王熙凤家的宅第,因其祖上曾为荣国公,所以宅第称为荣国府。

④主子、奴才:"主子"指主人,"奴才"指仆人。清代满族人家里仆人对主人自称奴才。

⑤老太太:这里指荣国府当时最高的长辈,贾宝玉的祖母,书中也称贾母。

⑥太太们:指贾宝玉的母亲、王熙凤的婆婆这一辈的长辈。

⑦下人:仆人。

⑧尼姑 nígū:佛教的女性出家人。

⑨长安府府太爷:"府"是古代的行政区。长安府府太爷即长安这一行政区的最高长官。

⑩守备 shǒubèi:明清时一种武官的名称。

⑪贾府 Jiǎfǔ:指贾家,包括荣国府和宁国府。

⑫阴司 yīnsī:佛教认为人间为阳世,人死以后就会去阴司,地狱在阴司。

⑬报应 bàoying:佛教认为做善事,以后会有善的结果;做恶事,以后会受到惩罚。这就称为报应。后来"报应"专指做坏事而在以后受到惩罚。这里王熙凤说:"我是从来不信什么阴司地狱报应的"。意思是说她不相信有地狱存在,因此她不怕做这种坏事。

⑭银子 yínzi:古代以银子为主要货币,以两为单位,16 两为 500 克。

⑮贾琏 Jiǎ Lián:人名。

⑯二房:指旧时的第二个老婆。

⑰不干净:这里指不贞洁。

⑱有些首尾:这里指有男女关系。

⑲气得倒仰查 qì de dào yǎngchá:形容非常生气的样子。

牛郎、织女　Niúláng、Zhīnǚ

例句： 1. 大学毕业以后他结婚了，但是他的妻子在北京工作，他在河北工作。
牛郎、织女的生活过了十年，他才调到了北京。

2. 我们单位还有五对牛郎织女，要想办法把他们调在一起。

3. 她男人一出国，他们牛郎织女两年才得一会。

含义： 牛郎织女喻指分居两地的夫妻。

出处： 牛郎织女故事是中国民间的神话传说。

古时候有一个孩子，父母都死了，跟着哥哥嫂嫂过日子。哥嫂待他很不好，白天叫他去放牛，晚上叫他跟牛睡在牛棚里。他没有名字，人们都叫他牛郎。

牛郎很喜欢那头牛,那头牛对他也很亲密。牛郎说话,牛好像能听懂;牛郎唱歌,牛好像也能听懂。所以牛郎就常常跟牛说话。有时候他想,要是牛能说话多好啊!

时间一年一年地过去了,牛郎渐渐地长大了。哥哥嫂子怕牛郎分父亲留下的产业,早就想把他赶出去。一天他们对牛郎说:"你现在已经长大了,我们分家吧。那头老牛分给你,再加一辆牛车,其余的东西都分给我们。"

牛郎想,只要把老牛给我就行,走就走。他赶着牛车,头也不回地走出了村子。他来到一座山下边,就停了下来。从此牛郎白天打柴去卖,晚上就睡在牛车上。过了一些日子,他在山前盖起了一间小屋,又在屋边开了一块地,种了些庄稼。

一天晚上,老牛忽然对他讲话,说:"明天黄昏时,天上的仙女们要到山后的湖里洗澡,她们的衣服放在草地上。你拾起那件粉红色的衣服,跑到树林里去等着,跟你去要衣服的那个仙女就是你的妻子。"

第二天,牛郎按照老牛的话去做,见到了那个仙女。原来她是天上王母娘娘①的孙女,名叫织女。她会织彩锦,王母娘娘拿她织的彩锦来装饰天空。她在天上一天到晚织彩锦,一点儿自由也没有,因此,她总想离开天上。今天王母娘娘喝醉了酒,她就跟别的仙女一起飞到人间来玩了。牛郎把自己的身世也告诉了织女,织女对他很同情。牛郎说:"既然天上不好,你就别回去了,我们俩结婚,你在人间过一辈子吧。"织女同意了。

他们结婚以后,彼此相亲相爱。牛郎下地耕作,织女在家纺织,生活非常幸福美满。两三年过去了,他们生了一个儿子,一个女儿。孩子们非常聪明可爱。

一天老牛又开口对牛郎说话,它说:"我老了,不行了。我死后你把我的皮剥下来留着,遇到紧急事情,你就披上它,它会帮助你的。"老牛死了,牛郎很伤心。

再说天上的王母娘娘终于知道了仙女们私自去人间的事儿,她尤其恨织女,竟敢留在人间不回来,她一定要把织女抓回来。一天她亲自来到牛郎家,抓住织女就往外走。那天牛郎正在地里干活,织女对两个孩子说:"快去找爸爸。"

牛郎得知织女被抓走了,赶紧跑回家,把孩子放在筐里,挑起来就追。但是他不会飞,忽然他想起了老牛临死时的话,就找出牛皮来披在身上。他们很快就飞起来了,越追越近,眼看快要追上了。王母娘娘从头上拔下簪子②,往背后一划,牛郎的前边就出现了一条河。河很宽,波浪很大,牛郎飞不过去了。

16

以后,一到晚上人们就可以看见天上的这一条河,大家都把它叫做银河。银河的两边有两颗很亮的星,一颗就是牛郎星,另一颗就是织女星。在牛郎星的两边各有一颗小星,这就是他们的两个孩子。

人们传说,王母娘娘只允许牛郎和织女在每年七月七日晚上见一次面。到了那天夜里,成群的喜鹊都飞到银河上去搭桥,让他们在桥上会面。

这个美丽动人的神话传说在民间家喻户晓。现在人们就把夫妻被迫分居两地的人叫做牛郎织女。在诗词中,"牛郎织女"有时省称为"牛女",如明③唐寅④《江南四季歌》"梧桐忽报秋风起,鹊桥牛女渡银河。"周实⑤《金缕曲·七夕伤逝》词:"尝尽人间离别恨,我亦银河牛女。"

注释:

①王母娘娘:中国古代传说中天上的统治者之一。

②簪子 zānzi:古时用于别住头发的用具,是一根细长的小棒。

③明:中国的一个历史朝代,1368—1644 年。

④唐寅 Táng Yín:人名,明时画家、文学家(1470—1523)。

⑤周实 Zhōu Shí:人名。

月下老人　Yuèxià lǎorén

例句： 1. 她是一个热心人，喜欢当月下老人，已经促成了好几对婚姻。

2. 现在的小伙子姑娘们还用得着什么月下老人，他们早就自由恋爱，自己对上象了。

3. 每次分来新大学生时，有点门路的家长或好心肠的月下老人就会挤到人事处那里翻这些人的照片和简历。

含义： 月下老人是传说中主管男女婚姻的神，后来人们把好心的媒人称作月下老人。

出处： 月下老人事，出自唐①李复言②《续幽怪录·定婚店》。

唐朝的时候有一个读书人叫韦固，③家里挺有钱，但他少年时就死了父母，因此想早一点娶媳妇成家。他曾经多次请人去门当户对的人家求婚，可是每一次都不成功。

有一年他要去清河旅行，走到一个叫宋城的地方，住在城南的客店里。有一个热心人向他介绍说，前清河司马④潘昉⑤有一个女儿，人品很好，还没有定婚，劝他不妨去试一试。并且跟他约定，第二天一早在客店西边的龙兴寺门前等他，领他去潘家。韦固因娶妻心切，怕去得晚了，睡到半夜就以为天快亮了，匆匆忙忙起床就赶往龙兴寺，到那儿时天上还挂着一轮明月。

来得太早了，韦固正觉得无聊，看见寺门前的台阶上坐着一个老人，身

18

边还放着一个布囊。⑥老人借着月光，打开一本书，好像正在查找什么。韦固凑上前去看那本书，竟不认识那书上的字。因此就问老人：

"老人家，您看的是什么书？我从小苦学，自以为世间的字没有不认识的，甚至连梵文⑦我也能读，怎么这本书上的字会不认识呢？"

老人笑一笑说："这不是人世间的书，你当然没有看见过。"

韦固又问："不是人世间的书，那是什么书？"

老人说："是幽冥界⑧的书。"

韦固好奇地说："幽冥界的人怎么会到这里来？"

老人说："不是我不应该来，是你来得太早。幽冥界的人都是晚上出来办事，但是我们也掌管着人世间的事。"

韦固又问道："那您掌管着什么事情？"

老人说："我掌管天下人的婚姻。"

韦固一听可高兴坏了，他赶紧抓住机会问道："我少年时父母就去世了，本想早点儿成家，可这十年来到处求婚没有一次是成功的。昨天有人介绍潘司马的女儿，您看看这次会成功吗？"

老人说："不会成功。这是命中注定的，如果命中注定不是夫妻，你就是定过亲、下过彩礼⑨也没有用。你的妻子今年才三岁，十七岁时进你家门跟你结婚。"

这一席话把韦固说得心灰意冷，还得再等十四年呀！真是没劲。无聊之中他看见老人身边的背囊，就问："您那背囊里是什么东西？"

老人说："是红线，用来系夫妻两人的脚。他们一生下来，我就悄悄地把他们俩的脚用红线系住连起来，即使他们两家是仇敌，或者贵贱相差悬殊，或者远在天涯海角，这根红线一系，以后他们总会走到一起成为夫妻的。你的脚上已经系上了红线，再到处去求亲有什么用？"

韦固说："那我妻子的家在哪儿？她家是做什么的？"

老人说："你住的客店北边有一个菜市场，有一个卖菜的陈婆怀里抱着一个女孩儿，那就是你的妻子。"

韦固说："我可以见一见吗？"

老人说："陈婆每天都抱着她在市场上卖菜，你随我来，我指给你看。"说着他合上书，背起了背囊。

韦固跟着老人来到菜市场，见有一个丑陋的盲婆婆抱着一个女孩儿在那里卖菜。老人指着那个女孩说："她以后就是你的妻子。"

韦固见了大怒，心里想："这样卑贱的人做我的妻子，门不当户不对，真气

19

死我了。于是他恨恨地说:"我要是把她杀死了呢?"

"人命有定,你怎么杀得了呢?"老人说着就不见了。

韦固心里愤恨,骂道:"这个老鬼太无理,我这样的士大夫之家怎么能娶卖菜的昏瞎老婆子的丑女为妻!"

回到客店,他拿出一把小刀给他的仆人,说:"你一向做事很能干,去替我把那个女孩儿杀了,事成之后我赏你万钱。"

第二天,他的仆人袖里藏着小刀,来到菜市场,向那女孩儿刺了一刀。市场上顿时大乱,那仆人乘乱脱身,与韦固一起逃离了宋城。

韦固问仆人:"你这一刀刺中了没有?"

仆人说:"本来想刺她的心脏,结果刺中了她的眉间。"

那以后韦固又多次求婚,还是一次都不成功。十四年过去了,他在相州刺史⑩王泰⑪手下做事。王泰觉得他很能干,就把自己的女儿嫁给了他。那女孩儿年纪十六七岁,长得十分漂亮,但奇怪的是她的双眉之间总是贴着一朵小纸花。韦固忽然想起十四年前的事,仆人说刺中了女孩儿的眉心。他疑惑地问妻子,眉间的小花是怎么回事儿?

妻子说:"我本是刺史的侄女,并非亲生女儿。过去曾经住在宋城,三岁时父母都死了,由乳母照顾我,那时候乳母只能靠卖菜挣点钱来度日。我那时太小,把我一个人放在家里她不放心,就每天抱着我去菜市场。想不到有一次无缘无故被一个狂徒刺了一刀,眉间的伤疤到现在还在,所以只好用一朵小花贴着,要不然太难看了。后来我到了叔父那里,叔父慈爱,认我做了女儿。"

韦固越发惊奇地问:"你的乳母是不是盲人?"

他的妻子说:"是的,你怎么知道?"

韦固懊悔地把当年的事告诉了妻子。他终于相信了月下老人的话,婚姻是命中注定的,不可逃脱的。

这当然只是一个传说,但这个传说在民间流传很广,很多人相信千里姻缘一线牵。这"线"就是月下老人的红线。例如《红楼梦》⑫第五十七回,林黛玉⑬对薛宝钗⑭道:

"天下的事真是人想不到的,怎么想得到姨妈与大舅母又作一门亲家。"

薛姨妈⑮道:"我的儿,你们女孩儿家哪里知道,自古道'千里姻缘一线牵'。管姻缘的有一位月下老人,预先注定暗里只用一根红丝把这两个人的脚绊住。凭你两家隔着海,隔着国,有过仇的,也终究有机会做了夫妇。这一件事都是出人意料之外。凭父母本人都愿意了,或是年年在一处的,以为是定了的亲事,若月下老人不用红线栓的,再不能到一处。比如你姐妹两个的婚姻,此刻也不知在眼前也不知在山南海北呢。"

后来人们把促成婚姻的媒人称为"月下老人",或"月下老",甚至简称为"月老"。民间的媒人有好的,也有坏的。当然"月下老人"是指好的、正派的媒人。

注释:
①唐 Táng:中国古时的一个朝代,618—907年。
②李复言 Lǐ Fùyán:人名。
③韦固 Wěi Gù:人名。
④清河司马:清河是地名,司马是唐朝时的官名。
⑤潘昉 Pān Fǎng:人名。
⑥布囊 bùnáng:布口袋。
⑦梵文 fànwén:古代印度的一种文字,佛经是从梵文翻译过来的。
⑧幽冥界 yōumíng jiè:即阴司,人间为阳世,传说中人死了以后就到了幽冥界。
⑨彩礼:定婚时男方送给女家的财物。
⑩相州刺史:相州是地名,刺史是官名。
⑪王泰 Wáng Tài:人名。
⑫《红楼梦》:中国古典小说,参见"王熙凤"条。
⑬林黛玉 Lín Dàiyù:《红楼梦》中人物,见本书"林黛玉"条。
⑭薛宝钗 Xuē Bǎochāi:《红楼梦》中人物,见本书"薛宝钗"条。
⑮薛姨妈:《红楼梦》中人物,薛宝钗的母亲。

东施　Dōng Shī

例句： 1. 他上过几年学，读过几本书，瞧不上农村姑娘，尤其怕看见本村那些东施们穿红着绿的打扮。

2. 她自己长得那么丑，倒把我们看作东施，可笑之极！

3. 我这是向您学的，可是学得不好，可谓东施效颦，见笑见笑。

含义： 东施的名字代表丑女。

出处： 东施的故事出自《庄子①·天运》。庄子说东施是西施②的邻居。西施是春秋③时越国④的美女，长得极其美丽动人，一举一动都使人赏心悦目。她的东邻有一个姑娘，名叫东施，长得很丑。本来，长得美或丑都是天生的，如果自自然然地，没有人会说什么。但东施姑娘不甘寂寞，她处处效仿西施，以为这样一来自己也就显得可爱了。西施怎么走路，她也怎么走路。西施发心痛病，总是皱着眉头，用手按住胸口。东施觉得这个样子非常好看，回来也学着西施的样子，皱着眉头，用手按住胸口，以为这样就跟西施一样好看了。但是邻居们见了东施这种没病装病不自然的样子，觉得她更丑了。谁都不愿意看见她，纷纷躲了起来。

　　成语"东施效颦"说的就是这个故事。"效"（xiào）是仿效、学习的意思，"颦"（pín）是皱眉头的意思。人们用"东施效颦"这个成语比喻不顾本身的实际情况，盲目模仿别人，造成的结果与愿望相反。有时这个成语也用作自谦用语，说自己学得不好，如例句3。

注释：
①《庄子》：战国时（公元前475—公元前221年）哲学家庄周及其学生所著的一部书。
②西施：见本书"西施"条。
③春秋：中国古代的一个历史时期，公元前722年—公元前481年。
④越国 Yuèguó：春秋时的一国，在今浙江省。

东郭先生　Dōngguō xiānsheng

例句： 1. 对罪犯就要严加惩罚，否则到头来反而害了无辜的人们，我们不要做东郭先生。

　　　　2. 现在社会上正不压邪，见了坏人大家都躲着，这不是都成东郭先生了吗？所以坏人的气焰越来越嚣张。

含义： 东郭先生代表那种不分善恶、滥施仁慈的人。

出处： 东郭先生故事见明①马中锡②的寓言《中山狼传》。故事的大意是：

　　赵简子③在中山打猎，有一只狼中了他的箭，大叫一声向远处逃去。赵简子带着人马紧紧追赶。

　　有一个姓东郭的人正往北走，要去中山谋求官职。他赶着驴，驴背上驮着口袋，口袋里装着他的书简。他走迷了路，看见赵简子打猎的人马奔跑时扬起的尘土，心里很害怕。这时那只中了箭的狼跑到了他的面前，对他说：“请先生救救我，我以后一定会好好报答你的。”

　　东郭先生说：“如果我救了你，就会得罪大官，我只可能遭到祸事，还能指望你报答吗？但是我信奉墨家④的学说，我们墨家主张爱一切人，所以我还是应该救你，即使因此遭祸也顾不了那么多了。”

　　说着，他把口袋里的书简倒出来，把狼往口袋里装。他试着往前装，但是怕狼腿碰到狼的头；往后装，又怕狼腿压住狼的尾巴。装来装去，装了三次都没有装进去。主意不定，动作又很慢，而追赶的人越来越近了。狼着急地说：“事情紧急，请先生快一点儿行不行？”说着就蜷曲四条腿，缩成一团。东郭先生按狼的意思，把狼装进口袋里，把口袋扎紧，扛起来放到驴背上，然后就躲在路旁等待赵简子的人马经过。

　　过了一会儿，赵简子赶着马车到了，因为找不到狼，他非常生气。他拔出剑来砍掉车辕的一头，指给东郭先生看说：“你要是敢隐瞒狼逃跑的方向，就会跟这车辕一样。”

　　东郭先生赶紧趴在地上说：“我正前往远处找事情做，自己也迷失了方向，怎么会知道狼的踪迹？我听人说，大路因为岔道多，容易丢失羊。羊这样驯顺还会因为岔道多而走失，狼比羊狡猾得多，这中山的路上岔道又多得数不清，

23

一定是跑到哪条小路上去了。再说,我虽然愚蠢,难道连狼是坏东西都不知道吗?现在您要除掉这害人的狼,我理应尽自己一点微小的力量,怎么还会隐瞒呢?"

赵简子见东郭先生说得有理,就不再说什么,掉转车头走了。东郭先生也赶紧赶着驴往前走。

过了很久,车马的声音渐渐地远去了,再也听不到了。狼估计赵简子已经走远了,就在口袋里说:"先生该把我放出来了。帮我解开绳子,拔掉我身上的箭。"

东郭先生按狼的要求做了。但是狼并没有感谢他,反而对他说:"我现在饿极了,找不到食物,先生既然救了我,就应该救到底,让我把你吃了吧,免得我饿死。"说着就张开大口,举起爪子向东郭先生扑过来。东郭先生赶快往后退,躲到驴子的后面,连连说:"你这没良心的东西,你这没良心的东西。"

狼说:"不是我没有良心,天生像你这样的人,就是应该给我们狼吃的。"

他们相持了很长时间。这时远远地来了一个挂着手杖的老人。东郭先生高兴极了,赶紧跑过去请老人救他。老人问是什么事?东郭先生说:"这只狼被猎人追赶,向我求救,我救了他。现在他反而要吃我,请你救救我。"

老人听了以后,用手杖敲着狼说:"你错了,人家救了你,对你有恩,而你却忘恩负义,这是最不好的事,你赶快走吧,要不然我就用手杖打死你。"

狼说:"你只知道一面,而不知道另一面。当初,他救我时把我捆起来装进口袋,还用书简压在上面,我很难受,连气也不敢出。他又说了我的很多坏话,欺骗赵简子,那意思分明是要把我闷死在口袋里,哪里是为了救我!像他这样的人还不应该吃吗?"

老人看了看东郭先生说:"如果是这样,那你也有不对的地方。"

东郭先生不服气,又向老人解释。狼也不服气,要求老人相信它的话。这时老人说:"你们的话都不能让人相信,要是再用口袋把狼装起来,让我看一看事情是不是真的那样,我才相信。"

狼高兴地听从了,东郭先生又把狼装进口袋,放在驴背上。

老人悄悄地对东郭先生说:"你有匕首吗?"东郭先生说:"有"。老人让东郭先生把狼杀了。东郭先生说:"那不是害了狼吗?"

老人说:"狼是忘恩负义的东西。你不杀它,它反而会伤害你。你想再放它出来,让他把你吃了吗?"

东郭先生觉得老人说得对,就用匕首把狼杀死了。

这个故事中东郭先生是一个是非不分、滥施仁慈的人,后来人们就把那样

24

姑息坏人、向坏人滥施仁慈的人称为东郭先生。

注释：

①明：即明朝，中国历史上的一个朝代，1368—1644 年。

②马中锡 Mǎ Zhōngxī：人名。

③赵简子 Zhào Jiǎnzǐ：春秋（公元前 722 年—公元前 481 年）晋国后期的大夫，实际上是当时晋国的执政者。

④墨家 Mòjiā：春秋时由墨子创立的学派，反对儒家学说，主张兼爱，即爱一切人，反对侵略战争。

叶公　Yè Gōng

例句：1. 这些人嘴上说革命,心里又害怕革命,十足是一些叶公式的人物。

2. "民主"这个词的声誉很好,所以现在大家都说要民主。其实有些人很害怕民主,他们害怕民主会夺去他们手中的权力。这些人讲民主,只是叶公好龙罢了。

含义：叶公代表在表面上爱好某一事物,而一旦某事真的发生时又很害怕的人。

出处：龙是传说中的一种神异动物,形状如蛇,但形体巨大,头部的样子很威武,有四爪,是水中之神,没有翅膀,但是会飞,能兴云降雨。在中国文化中龙象征吉祥,能造福于人。古代帝王被称为"真龙天子",他们衣服的外套上绣着龙,称作"龙袍"。后来杰出的人士也被比喻为龙,例如成语"望子成龙",是说人们希望自己的孩子长大以后出类拔萃,有出息。因此在中国当然会有很多人喜欢龙。

叶公的形象出自汉①刘向②《新序·杂事》叶公好龙③故事。

有一个被称为叶公的人他很喜欢龙。他家里到处都可以看到龙的形象。衣服上绣的是龙,墙上雕刻的是龙,屋里装饰的也是龙。

天上的真龙听说了这件事,很高兴,就下来访问叶公。真龙很大很长,它把头伸进窗户,尾巴却甩到了客厅。叶公见了吓得面无人色,赶紧逃走了。

所以,这个叶公喜欢的实际上不是龙,而是那种像龙而又不是龙的东西。

注释：
①汉:中国历史上的一个朝代,公元前 206—公元 220 年。
②刘向 Liú Xiàng:人名。
③叶公好龙:读作 Yè Gōng hào lóng,"好"是喜欢的意思。

包公 Bāo Gōng

例句： 1. 我们人民法官就是要当包公，打击罪犯，为民除害。

2. 清官难断家务事①，这样的案子就是包公也断不明白。

3. 天下乌鸦一般黑②，这年头到处都是贪官，哪儿去找包公？

含义： 包公是清官的典型，包公的名字被借指为办事公道、铁面无私的人。

出处： 包公是北宋③时合肥④人，姓包名拯（zhěng），因性格刚直，为官清廉，办事公正，爱民如子，深受老百姓爱戴，被尊称为包公。因曾任天章阁待制⑤和龙图阁直学士⑥，所以又被叫作"包待制"、"包龙图"。

据《宋史·列传第七十五·包拯》记载：

"虽贵，衣服、器用、饮食如布衣时。"（虽然当了大官，但衣服、饮食和平常日用的东西都跟老百姓的一样。）

"知端州⑦"，"端土产砚⑧"，"岁满不持一砚归。"（包拯曾经当过端州的知县，端州出产非常有名的端砚。所有的读书人都喜欢笔墨纸砚文房四宝，包公当然不会例外；但为了避免因私误公，包公在任内没有表现出自己的爱好，一年任满走时，一块端砚都不肯带走。）

"与人不苟合，不伪辞色悦人，平居无私书，故人、亲党皆绝之。"（包公与人不随便相处，不装笑脸用好话来讨好别人，平时没有私人信件，亲戚朋友跟他都没有来往。）

尝曰："后世子孙仕宦，有犯赃⑨者，不得放归本家⑩，死不得葬大茔中。不从吾志，非吾子若孙也。"（包公曾经说：我的后世子孙如果当官，要是有犯赃的，就不许放回到本家来，死后也不得葬在祖宗的墓地。不清廉就不是我的子孙。）

"拯立朝刚毅，贵戚宦官为之敛手，闻者皆惮之。人以包拯笑比黄河清，童稚妇女，亦知其名，呼曰'包待制'。京师为之语曰：'关节不到，有阎罗包老'。"（包拯当官时刚直不徇私情，连皇帝的亲戚以及皇帝身边的太监们也都有所收

27

敛^⑪,都害怕他。人们都说包拯为官比黄河水还要清,连妇女和小孩都知道他的名字,称他为"包待制"。对那些做坏事的人,人们说,现在时候还不到,到时候就有阎罗^⑫和老包来惩罚他们。)

从以上记载可以看出,清官包公是一个真实的历史人物。由于中国社会多少年来常常是君昏官贪,老百姓自然产生企盼清官的殷切心理,所以包公的事迹就更加广为流传;一谈到清官,人们就会想起包公。经过各种文学加工,包公又成为文学人物,出现在小说和戏曲中。小说如《包公案》、《三侠五义》,戏曲如《铡美案》^⑬、《智斩鲁斋郎》、《铡包勉》等。尤其是戏曲,在民间有很大的影响。

《铡包勉》中,包公的侄子包勉当官以后贪脏枉法,按法律应该处斩。包公父母早亡,从小由兄嫂抚养长大,看到年老的嫂子将要失去儿子,他心中也很痛苦,但他并没有用放弃公正执法、放弃原则的办法去报答兄嫂对自己的恩情。他铁面无私,大义灭亲杀了包勉。《铡美案》中包公冒着自己被皇帝杀头的危险,杀了犯罪的皇亲国戚陈世美。这些都是文学作品,并不一定真有其事。

据说包公脸黑,所以那些不喜欢他的人,叫他包黑子。戏曲中包公的脸谱是黑脸长须。后来人们又常常把黑脸的人叫做黑脸包公。例如:"这种黑脸包公似的人哪儿有小白脸吃香?"这里的包公就只是指脸黑的人。

注释:

①清官难断家务事:"清官"是指廉洁公正的官吏。"断"duàn 是指判断、审判,指出事情的对错或好坏。这句话的意思是说,家庭内部的矛盾太琐碎、太复杂,即使是一个清官也很难说得清楚谁对谁错,谁好谁坏。

②天下乌鸦一般黑:"乌鸦"是一种黑色羽毛的常见鸟。"一般"即一样。这句话的意思是借天下的乌鸦都一样是黑的,来比喻世界上的坏人都一样坏。

③宋 Sòng:中国的一个历史朝代,960 年—1279 年。

北宋:960 年—1127 年;南宋:1127 年—1279 年。

④合肥:地名,现为安徽省省城。

⑤天章阁待制 Tiānzhānggé dàizhì:宋时官名。

⑥龙图阁直学士 Lóngtúgé zhíxuéshì:宋时官名。

⑦端州 Duānzhōu:地名,在今广东省。

⑧砚 yàn:亦称砚台,是用毛笔写字时用来磨墨的文具,通常用石头做成。端砚是用端州出产的石头制成的砚台,是砚中上品。

⑨犯脏 fàn zāng:犯有贪污、受贿的罪行。

⑩本家:同宗族的人。

⑪收敛 shōuliǎn:减少或减轻言行的放纵程度,不敢再像以前那样胆大妄为。

⑫阎罗 yánluó:佛教中管地狱的神,也称为阎王。

⑬《铡美案》Zhá Měi Àn:见本书"陈世美"条。

关公 Guān Gōng

例句：1. 武术院边设擂台，关公面前耍大刀。①

2. 人人都以为他们智谋胜诸葛②，武艺赛关公，谁知竟如此不堪一击。

3. 你放心，刘将军不会背叛投敌，他是关云长，不是吕布。③

含义：关公是武圣人，也是忠勇的象征。

出处：关公是三国④时的历史人物，姓关名羽，字云长，后人称他关公。生年不详，死于公元219年。关羽是蜀汉名将，武艺高强，早年与刘备⑤、张飞⑥结义为兄弟，以后跟随刘备东征西战，一生经历战阵无数，屡建奇功。

现在作为典型人物的关公实际上是文学形象，出自罗贯中⑦的小说《三国演义》⑧。经过文学虚构和夸张，关羽的形象更加神威勇武，气概非凡。关羽是《三国演义》中着力歌颂的第一位英雄。

《三国演义》中关羽的形象有两个最重要的特点：

第一个特点是他武

列国兵册

艺高强,勇猛异常,使敌人闻风丧胆。第二十五回写袁绍⑨派大将颜良⑩率军十万,前来进攻白马⑪,曹操⑫急派勇将宋宪⑬出阵。两人交战,不到三个回合,宋宪就被斩于马下。曹操大惊,又派魏续⑭出战,只一个回合,魏续也死于阵前。接着,名将徐晃⑮出马,与颜良战二十回合也败阵而回。这时曹操阵中的将领们个个害怕,人人胆寒。曹操只好收军,为没有办法抵挡颜良整天发愁。这时有人提醒他说,只有一个人能胜颜良。曹操问:"谁?"那个人说:"关羽。"于是曹操把关羽叫到阵前。关羽看了看颜良的阵地说:"我看颜良是想卖他的脑袋,我去把他的脑袋取来献给丞相。"⑯说着上马跑进阵去,冲到颜良面前,颜良来不及出手就被关羽一刀斩于马下,关羽下马割下颜良的脑袋,拴在马下,飞身上马,回到曹操阵前。看得众人都呆了,曹操说:"将军真神人也!"后来另一位河北名将文丑⑰前来报仇,曹操手下的将领也都战不过他。关羽到来,只三个回合就打得文丑败走,关羽赶上前去一刀将文丑斩于马下。《三国演义》中有很多处写到关羽的勇猛无敌。因此关羽就是武艺高强的典型。在后代的传说中,这一点又被神化,以至关羽成了"武圣人",在各地都建起了关帝庙。

关羽的第二个特点是"忠"和"义"。

第二十五回写刘备兵败徐州⑱落荒而逃,关羽孤军被曹操的大军围困在一座土山上。曹操爱关羽的武艺人才,就派关羽的朋友张辽⑲去劝他投降。关羽说:"我身处绝境,视死如归。"张辽给他分析说:"你这样轻易地死了有三条罪:第一,当初你跟刘备、张飞桃园结义,说要同生共死,现在刘备不过是败了,当他以后再出来时,而你已经死了,那不是违背当初的誓言了吗?第二,刘备把他的家眷托付给你,叫你照顾,你一死,刘备的两位夫人谁管?第三,你武艺超群不想匡扶汉室⑳,尽忠报国,却轻易地去死,这不是罪吗?"

关羽觉得张辽说得有理,只好先投降,但是提出了三个条件:第一,只投降汉帝,不投降曹操㉑;第二,两位嫂子要给皇叔的俸禄㉒,不许别人去打扰;第三,一旦知道刘备的去向,不管千里万里都要去投刘备。

曹操以为关羽忠于刘备,那不过是因为刘备对他好;如果自己比刘备对关羽更好,关羽不就会真投降了吗?所以曹操待关羽就特别优厚体贴,三日一小宴,五日一大宴,送金赠银,又送美女十人侍候关羽。但关羽把美人送入内门去侍候两位嫂子,曹操送的金银都原封不动地放起来。

曹操见关羽穿的绿战袍已经旧了,就送了他一身新的战袍。关羽收下以后,把新战袍穿在里面,旧战袍穿在外面。曹操问他为什么这么节俭?关羽说,不是节俭,是因为旧袍是刘备送的,穿着就像见了兄长的面,不敢因为有了新袍就忘了刘备。曹操听了感叹地说:"真是一位义士!"

曹操见关羽的马很瘦,就送他一匹千里马,关羽再三拜谢。曹操不高兴地说:"我送你美女金银你从来不拜,送你一匹马你却再三拜谢,为什么贱人而贵牲畜呢?"

关公说:"我知道这马日行千里,有了它,如果知道兄长的下落,一天就可以见面了。"曹操听了后悔不已。

有人问关羽,曹操对你那么好,你为什么一定要去找刘备呢?关羽说,我知道曹操待我好,但我与刘备是生死之交,不可背弃他。虽然我不会留在这儿,但我也一定在报了曹操的恩以后再走。

关公真的屡次为曹操立下战功。后来他打听到刘备在河北^②,就向曹操去辞行。曹操故意不肯见他,以为关公不会不辞而别。但关公还是把曹操送的财物都留下,美女十人另居内室,只带着原来自己的二十多人离去了。一路上他克服了种种困难,终于回到了刘备的身边。关羽的忠义连曹操都受了感动,要部下效法关羽。

第五十回写曹操兵败赤壁^②,一路被东吴和刘备的军队追杀,身边只剩下三百多人,人困马乏疲惫不堪,来到一个险要之处。忽然听到一声炮响,关羽带着五百人拦住去路。他奉诸葛亮之命,在这里等候要捉曹操。曹操的人马见了关羽亡魂丧胆,以为这下全完了。有谋士给曹操出主意说:"关羽是个义重如山的人,丞相当初对他那么好,今天应该可以解脱此难。"于是曹操亲自上前请求关羽放他们过去。关羽想起当时曹操的许多恩义,果然心动,又见到曹军的狼狈样子,心中更加不忍。于是他勒回马头,放曹操等人过去了。虽然他临行时与诸葛亮立有军令状^②,如果放过曹操就要被处死,但他还是放了曹操,宁愿自己回去领罪。

但是关羽骄傲轻敌,最后失荆州^②,走麦城^②,被东吴军队擒获,于公元219年被杀。

关羽身材高大,面红须长,所以人称美髯公,有时也称"红脸关公"。在戏剧中,脸谱是红脸长须。有时人们也仅仅取人脸红的特征即谓之关公。如:"别喝了,脸已经红得像关公,再喝下去就发酒疯了。"这里的"关公"仅仅是指脸红的人。

注释:
①此例选自报刊标题,意思是在关公这样的武圣人面前显示自己的一点可怜武艺,显得很可笑。
②诸葛 Zhūgé:即诸葛亮,是智慧的象征,见本书"诸葛亮"条。

③吕布 Lǚ Bù:《三国演义》中人物,东汉末年名将,武艺超群,但人品低下。

④三国:中国古代的一个历史时期,从公元 220 年到 280 年,但通常把此前十几年也算在三国时期内。三国,是指魏(长江以北的曹操政权)、吴(也称东吴,在长江中下游的孙氏政权)、蜀汉(在四川一带的刘备政权)。

⑤刘备 Liú Bèi:三国中蜀汉的创立者,161 年—223 年。关羽的结义兄长。

⑥张飞 Zhāng Fēi:刘备的手下猛将,166 年—221 年。

⑦罗贯中 Luó Guànzhōng:约 1330—1400 年期间在世,古代小说家,著有《三国演义》等小说。

⑧《三国演义》:又名《三国志通俗演义》,是中国第一部历史题材的长篇小说,以公元 184 年到公元 280 年近一百年的历史为主要依据,吸收民间传说创作而成。

⑨袁绍 Yuán Shào:人名,东汉末年北方割据势力的首领。

⑩颜良 Yán Liáng:人名,袁绍的大将。

⑪白马:地名。

⑫曹操 Cáo Cāo:人名。155 年—220 年,三国中魏国的实际创业者。见本书"曹操"条。

⑬宋宪 Sòng Xiàn:人名。

⑭魏续 Wèi Xù:人名。

⑮徐晃 Xú Huǎng:人名,曹操的大将。

⑯丞相 chéngxiàng:相当于首相、总理,封建王朝中最高官吏。这里指曹操,因为曹操当时名义上仍然是汉朝的丞相。

⑰文丑 Wén Chǒu:人名,袁绍的大将。

⑱徐州 Xúzhōu:城市名,在今江苏省。

⑲张辽 Zhāng Liáo:曹操的大将,关羽的朋友。

⑳汉室:这里指汉朝(公元前 206 年—公元 8 年为西汉,公元 25 年—220 年为东汉)。当时正是东汉末年,但地方豪强势力强大,汉朝皇室的力量已经很衰弱。曹操打着皇帝的旗号去消灭地方豪强发展自己的势力。刘备是皇族,以匡扶汉室的名义集结军队,要消灭曹操。

㉑因为曹操把汉朝皇帝当作傀儡,发展自己的势力。当时的正统势力包括刘备集团的人都认为曹操是大奸臣。所以关羽说只投降汉帝,不投降曹操。但曹操说:"我是汉朝的丞相,我就是汉朝。"他认为降汉与降曹是一回事。

㉒皇叔的俸禄:刘备是皇族,有一次刘备见皇帝,皇帝查世谱发现刘备比自己长一辈,就认刘备为叔,所以人们就称刘备为刘皇叔。俸禄(fèng lù)是封建社会官吏的薪水。皇叔的俸禄即作为皇叔应得到的薪水。

㉓河北:地名,指现在河北、山东一带。

㉔赤壁 Chìbì:地名,在今湖北省。公元 208 年孙权与刘备联军在赤壁大败曹操的军队。

㉕军令状 jūnlìngzhuàng:戏曲和小说中所说的接受军令后写的保证书,如不能完成任务,愿依军法受惩。

㉖荆州 Jīngzhōu:地名,在今湖北省。

㉗走麦城 zǒu Màichéng:麦城是地名,在今湖北省。走是指逃走,从麦城逃走。

江郎 Jiāng Láng

例句： 1. 不，他不能和菊子散伙。散了伙，他必感到空虚、寂寞、无聊，或者还落个江郎才尽，连诗也写不出了。

2. 只知道写诗，不知道进一步学习，因此灵性日退，人们讥笑他江郎才尽。

3. 我很长时间没有再画过画，早已是江郎才尽了。

含义： 江郎即江淹①，曾是历史上有名的文学家，但到晚年他的才思减退，再也写不出好文章来了。因此江郎是才思减退的典型。

出处： 江淹，南朝梁②时人，事迹见《南史·江淹传》。

江淹少年时文才出众，以文章写得好而著名，其中《别赋》、《恨赋》至今流传，被视为赋中名作。传说江淹少年时曾梦见一个人给他一支五色笔，从那以后写出文章来就文采飞扬。人们用"江淹笔"来比喻文才出众的人。

但江淹晚年才思衰退，写出来的诗文再也没有佳句，也写不出好文章了。据《南史·江淹传》说，江淹晚年曾经在冶亭③这个地方过夜，梦见一个男人，自称是郭璞④。他对江淹说："我有一支笔在你那儿已经很多年了，现在还给我吧。"江淹就伸手到怀里去摸，果然摸出一支五色笔来，就把笔给了他。从此以后江淹就再也写不出好的诗句来，人们说他的才气已尽。

这个梦可能是江淹自己对别人说的。后来人们就把一个人才思衰竭称作江郎才尽。

注释：
①江淹 Jiāng Yān：南朝时文学家。
②南朝：中国古代的一个历史时期，420 年—589 年，其中包括四个王朝，梁(Liáng)是其中的一个王朝(502 年—557 年)。
③冶亭 Yětíng：地名。
④郭璞 Guō Pú：晋朝文学家(276 年—324 年)，语言学家，文学上尤长诗赋。

刘姥姥　Liú Lǎolao

例句： 1. 不是因为没见过世面嘛！所以丢人现眼地当了一回刘姥姥。

2. 他虽然做学问颇有成就，可从来没去过这么高级的宾馆，刚一进去见那豪华的气派倒觉得自己像刘姥姥进了大观园。

3. 这几个农民腰缠万贯，很会做生意，可不是昔日的刘姥姥。

含义： 刘姥姥是一个一辈子住在农村的穷苦老太太，偶然到城里的有钱人家，见到了很多没见过的东西，闹了很多笑话。所以后来人们用刘姥姥来指没有见过世面的人。

出处： 刘姥姥是古典小说《红楼梦》①中的人物。

在京城外的乡村，有一家人姓王，祖上曾经做过小官，与荣国府②中王夫人③的哥哥、王熙凤④的父亲有一点点关系，曾经认作亲戚。后来这家人的儿子、孙子穷了，回到城外原乡去种田。这一年冬天快到了，家里穷，怎么过冬呢？一家人商量，由岳母刘姥姥⑤到城里荣国府去求一点救济。

这刘姥姥已经 75 岁，是个多年的老寡妇，只有一个女儿，所以跟女儿女婿住在一起。第二天刘姥姥就带着五六岁的小外孙进城去了，找了人帮忙，好容易才进了荣国府的门。刘姥姥一辈子在乡下种田，头一次进城到这么有钱的人家家里，刚到堂屋，闻到一阵香气扑脸而来，竟辨不出是什么气味，身子如在云端里一样，满屋中的东西都耀眼争光的，使人头晕目眩。坐下来刚要喝茶，只听见咯当咯当的响声，不免东瞧西望。看见堂屋中的柱子上挂着一个匣子，底下又有一个秤砣一样的东西不停地乱晃。刘姥姥心中暗想，这是个什么东西，有什么用呢？正想着只听咣地一声响，吓得她一眨眼，接着又咣咣地响了八九下。正要问时，只见小丫头们齐乱跑，说奶奶下来了。原来这时贾母⑥那里午饭已经开罢，当家人王熙凤下来了。刘姥姥哪儿见过这样的阵势。见了穿得那么漂亮、长得像天仙似的、气质那么高贵的"二奶奶"⑦连话也不知道怎么说了。王熙凤得知刘姥姥还没有吃饭，就叫人带她去吃饭。刘姥姥吃完饭舔舌咂嘴地过来道谢，才拿着王熙凤给的二十两银子走了。

第二年，刘姥姥带着两口袋枣子、倭瓜、野菜等又去荣国府，这次是去道谢、问安。这回因为贾母喜欢，请她在荣国府住了几日，在大观园⑧的各个庭院、住处看了看。刘姥姥见了什么都觉得新鲜，叹息道："我们乡下人到了过年的时候都上城里来买画儿。大家看到画上画得那么漂亮，就说不知什么时候才能到这样的地方去逛逛。猜想那画上画的也都是假的，哪真有这样漂亮的地方呢？谁知今天进这园里一瞧竟比那画强十倍。"来到大观园中省亲别墅的牌坊底下，刘姥姥说："哎呀，这里还有一个大庙呢。"说着就趴下磕头，引得众人大笑。后来一个人在园里不认得路，竟到了宝玉⑨的住处。进了门见一个姑娘笑迎出来，就过去拉她的手，没想到咕咚一声一头撞在墙上，原来那是一张画儿。看见一面镜子，当作是一扇门，后来才想起曾经听人说过，城里有钱人家里有一种穿衣镜。如此等等，她自己说："这几天把古往今来没见过的、没吃过的、没听过的都经验了。"

后来人们把乡下人进城或者没见过世面的人开了眼界比作刘姥姥进大观园，"刘姥姥进大观园"成了一个典型事件。刘姥姥也就成了没有见过世面的人的代表。

注释：
①《红楼梦》：中国四大古典名著之一，作者曹雪芹(1715？—1763？)。参见本书"王熙凤"、"贾宝玉"条。
②荣国府 Róngguófǔ：《红楼梦》中贾宝玉家的宅第名，因其祖上曾为荣国公，所以府第称为荣国府。
③王夫人：贾宝玉的母亲，因娘家姓王，故称王夫人。
④王熙凤 Wáng Xīfèng：《红楼梦》中的主要人物之一，也是王夫人的侄女。见本书"王熙凤"条。
⑤刘姥姥：北方人称外祖母为姥姥。刘姥姥因为住在女儿家，孩子们叫她姥姥，又因为她姓刘，所以小说中称她为刘姥姥。
⑥贾母 Jiǎmǔ：贾宝玉的祖母，当时是荣国府中的最高长辈，小说中称她为贾母。
⑦二奶奶：这是指王熙凤。
⑧大观园：荣国府中的花园住宅区。
⑨宝玉：《红楼梦》中的主要人物，见本书"贾宝玉"条。

西施 Xī Shī

例句：1. 姑娘们果然漂亮，个个貌若西施。

2. 她虽然没有西施这般美貌，但也长得可爱，楚楚动人。

3. 他声明过，娶妻一定要绝代佳人，美若西施，但这样的美人现在没有，
所以他只好打光棍儿①。

含义：西施是中国古代的美女，后人常用西施泛指美女。

出处：西施的故事见《吴越春秋·勾践阴谋外传》②。

　　春秋③后期，列国诸侯野心勃勃，都想扩大领土，侵占别国，于是就战争不
断。吴国④和越国⑤是长江下游的两个邻国，也是战争连年。有一次两国军队
战于会稽⑥，越军大败，越王勾践⑦被俘投降。吴王没有杀勾践，而是加以软
禁，作为奴隶使之受尽屈辱。过了三年吴王才放勾践回越国。

勾践回到越国以后,卧薪尝胆,念念不忘报仇雪恨。一方面调整国策,富国强兵;另一方面与相国范蠡⑧、大夫文种⑨等人商议复仇的计划,定下九条计谋。其中之一就是送美女给吴王,因为吴王淫而好色,用美女去迷惑他的心,使他从此无心去管理国家。于是越王派人在国中寻找美女,在苧萝山⑩找到了一个卖柴的女孩儿,绝顶美丽,名叫西施。把她带到城里以后,教她礼仪歌舞。经过三年调教后,派相国范蠡把西施送到吴国,献给吴王。

　　吴王见了西施心中大喜,觉得勾践对他很忠诚,就放下对越国的戒心,不再防备。同时也因为西施的美丽使他更加沉缅于酒色,不愿意多考虑国家大事。吴国由此逐渐衰落。

　　而越国经过十四年的精心准备,国力渐渐强盛,越王勾践的计谋也一一实现。于是他就起全国之兵伐吴。这一次吴军大败,吴王被迫自杀,勾践终于一举消灭了吴国。

　　这个历史故事中,西施并非主要人物,但她的美丽却因此成为典型,以后人们常用"西施"来泛称美女。有时也称西施为西子,如宋⑪苏轼⑫诗:"若将西湖比西子,浓妆淡抹总相宜。"

注释:

①打光棍儿 dǎ guāng gùnr:民间把男子成年而没有娶妻称为打光棍儿。

②《吴越春秋》Wú Yuè chūnqiū:历史书名,东汉(公元 25—220 年)时赵晔(Zhào Yè)著。
　记述春秋时吴国、越国的历史。

③春秋:中国古代的一个历史时期,公元前 722 年—公元前 481 年。

④吴国 Wúguó:春秋时国名,在今江苏省南部。

⑤越国 Yuèguó:春秋时国名,在今浙江省东部。

⑥会稽 Guìjī:地名,在今浙江省绍兴县东南。

⑦勾践 Gōu Jiàn:越王的名字。

⑧范蠡 Fàn Lǐ:人名,越王的大臣。

⑨文种 Wén Zhòng:人名,越王的大臣。

⑩苧萝山 Zhùluó Shān:山名,在今浙江诸暨南。

⑪宋 Sòng:中国的一个朝代,960—1279 年。

⑫苏轼 Sū Shì:北宋时的著名诗人,文学家(1037—1101 年)。

尧、舜 Yáo、Shùn

例句： 1. 春风杨柳万千条,六亿神州尽舜尧。①

2. 纵观两千多年的历史,少有尧舜般的君主,反而是战乱不断、昏君频出、民不聊生的时候多。

含义： 尧和舜都是传说中中国远古时代圣明的领袖。后来人们用尧舜来代指贤明的君主,或者泛指圣人。

出处： 尧和舜是传说中中国远古时代的部落联盟首领。舜在尧后,传说当尧年老时,他就把帝位让给了舜。他们生活在公元前 21 世纪之前。

《易②·系辞下》:"神农氏③没,黄帝④、尧、舜氏作。"(神农氏死了以后,依次是黄帝、尧、舜做领袖)。"黄帝、尧、舜,垂衣裳而天下治。"(黄帝、尧、舜的时候,不兴劳役,社会安定繁荣。)

《礼记·大学》⑤:"尧舜率天下以仁,而民从之。"(尧和舜是用仁来统治天下的,他们对人民很好,所以人民都服从他们。)

《孟子⑥·滕文公上》:"孟子道性善,言必称尧舜。"(孟子谈论人性善良时,一定会说到尧舜。)

所以后来人们用尧舜来代表英明的统治者。如唐⑦杜甫⑧诗:"生逢尧舜君,不忍便永诀。"

成语"尧天舜日"是指在尧和舜统治时那样的日子,比喻太平盛世。

注释：

①此例选自毛泽东诗,意思是六亿人居住的中国,到处都是圣人。为了压韵,这里把尧舜的顺序作了颠倒。

②《易》Yì:亦称周易,中国古时的一部经典著作,是一部占筮之书,可分为"易经"和"易传"两部分。"系辞"是"易传"中的一部分,分为上下两篇。"易传"是对"易经"的注解、说明和发挥,反映了古人对世界的认识。

③神农氏 Shénnóng shì:即炎帝,传说中远古时代的部落联盟领袖,在尧舜之前。与黄帝一起称为"炎黄",被认为是中华民族的祖先。

④黄帝:传说中远古时代部落联盟的领袖,在尧舜之前。是中华民族的祖先之一。

⑤《礼记》Lǐ Jì:儒家经典之一,多数是孔子的弟子以及其再传、三传弟子所记,是研究中国古代礼制、社会情况以及儒家学说的重要资料。《大学》是其中的一篇。

⑥《孟子》Mèngzǐ:儒家经典之一,为孟子及其弟子所著。

⑦唐 Táng:唐朝,中国的一个历史朝代(618—907 年)。

⑧杜甫 Dù Fǔ:唐代著名的大诗人。

38

孙山　Sūn Shān

例句： 1. 他平时成绩甚佳，人也聪明，谁知这次考大学竟名落孙山。

　　　　2. 他屡考屡不中，虽然落过九次孙山，却不曾挫得他一分锐气。

　　　　3. 他家一贫如洗，又没有关系和背景，虽然有点才气，也难免名落孙山。

含义： 孙山是指考中者的最后一名，名落孙山是指没有考上。

出处： 事出宋①范公偁②《过庭录》。

　　孙山是一个读书人，既有一些才气，又爱说笑话。有一年他准备去省城参加科举考试，邻居有一个人的儿子也要去参加考试，便请孙山带他的儿子一起去。

　　两人一起到了省城，参加过了考试，就等着发榜看结果。榜是一种布告，用来宣布考试的结果，考中的人的名字都写在榜上。那一天终于发榜了，考生们都挤在榜前找自己的名字。有的人找到了自己的名字，便大笑起来。有的人找不到自己的名字，急得大哭。孙山也挤在人堆里找自己的名字，找来找去不见自己的名字，心里正着急，忽然看见榜上最后一个正是自己的名字，高兴得大笑一声回头就跑。

　　孙山的同伴没考中，榜上没有他的名字。

　　孙山回到家里，亲戚朋友们都来祝贺。那个邻居也来了，问他的儿子考中没有。孙山念了两句诗说：

　　"解名尽处是孙山，贤郎更在孙山外。"

　　那意思是说，榜上最后一名是孙山，您儿子的名字还在我的后边，即不在榜上，没有考中。

　　后来人们常把孙山作为考中者最后一名的代称，"名落孙山"、"孙山之外"都是指没有考中。

注释：

①宋 Sòng：中国历史上的一个朝代，960—1279 年。

②范公偁 Fàn Gōngchēng：人名。

孙悟空　Sūn Wùkōng

例句: 1. 我又不是孙悟空,会七十二般变化,没有钥匙怎么进得去门?

2. 他们到这里以后横冲直撞,简直是孙悟空大闹天宫,无法无天了。

3. 哈,你以为你是孙悟空,别忘了他有紧箍咒,你能不听他的吗?

含义: 孙悟空的名字喻指神通广大、无所畏惧的人。

出处: 孙悟空是古典神话小说《西游记》①中的人物,也称孙行者、孙大圣。老百姓还常常称他为孙猴子。

　　神话小说《西游记》主要写唐朝②僧人③玄奘④(唐僧)去西天⑤取经⑥所经历的种种磨难。一路上不仅山高路险,而且逢山必有妖,遇河必有怪,所到之处总是危机四伏。唐僧常常被妖怪擒去,性命总是处在危险之中。唐僧有三个徒弟,一路上保护他去取经,其中大徒弟孙悟空本领高强、神通广大。在孙悟空的帮助下,唐僧才得以摆脱危险,转危为安,最后完成取经的使命。实际上孙悟空是全书的主要人物,是神话中的英雄。

　　孙悟空作为中国文化中的典型人物,他所代表的典型意义比较复杂。大致上说指三个方面:

　　一、神通广大,会七十二种变化之法。

　　孙悟空本是一只天产的石猴,经过寻师访道、刻苦修炼之后,变得神通广大。他翻一个跟斗能飞行十万八千里,来无踪去无影,还会七十二种变化,再加上一根一万三千五百斤重的如意金箍棒⑦,十分厉害,连天兵天将⑧见了他也胆怯。

　　第五十九回写唐僧师徒取经要路过火焰山⑨,火焰山烈火燃烧,无法通行,必须向铁扇公主⑩借芭蕉扇才能扇灭山火。但是铁扇公主不肯借,于是孙悟空变作一只小虫子,在铁扇公主喝茶的时候钻到茶沫之下,随茶一起进入铁扇公主的肚子里,在里面拳打脚踢,铁扇公主肚疼难忍,只得把扇借给他。唐僧能够到达西天，就是因为有孙悟空的保护。因此后来人们以孙悟空的名字借指神通广大的人。如例句1。

二、无所畏惧，大闹天宫。

中国神话中，天上的统治者是玉皇大帝，他住在天宫里。《西游记》第三回到第七回写孙悟空大闹天宫。他藐视天宫中的封建秩序，不服王法，自称为"齐天大圣"，对玉皇大帝也并不下跪，顶多只是唱一个喏。后来因为偷吃仙桃，偷喝仙酒，搅乱蟠桃会，自知闯祸，反下天宫。玉皇大帝派十万天兵天将前去镇压，孙悟空毫不畏惧，屡次打败天兵天将，而且矛头直指玉皇大帝说："皇帝轮流做，明天到我家。只教他搬出去，将天宫让与我便罢了；若还不让，定要搅攘，永不清平！"指东打东，指西打西，把个天宫打得落花流水。这种无所畏惧的英雄气概，使人扬眉吐气。所以人们引用孙悟空这个典型时常指他那无所畏惧大闹天宫的气概。如例句2。有时家长们也会把自己淘气的孩子称为孙悟空。如："这几个孩子像孙悟空大闹天宫，把家里搞得一塌糊涂。"

三、怕唐僧念紧箍咒⑪。

孙悟空神通广大，但他毕竟是一只猴子，桀骜不驯，无视权威。在保护唐僧去西天取经的路上，难免与唐僧意见不合，而不服管教。那唐僧又是一点神通皆无，怎么叫他管得住这猴子？唐僧刚收孙悟空为徒不久，路上就遇到了六个强盗。这六个强盗都被孙悟空打死了。唐僧生气地说："他们虽是强盗，就是拿到官司，也不该死罪；你虽有手段，只可退他去便了，怎么就都打死了？这都是无故伤人的性命，如何做得和尚⑫？"这猴子一生受不得人气，听唐僧这么绪绪叨叨，按不住心头火起，说一声"老孙去也"呼地一声，就不见了踪影。撇下那唐僧孤孤零零，凄凄凉凉。正在这时观音菩萨⑬化作一个年高老母，送来一顶嵌金花帽，并且教给唐僧一篇紧箍咒。等那孙悟空再回到唐僧身边时，唐僧骗他戴上这顶嵌金花帽，然后就默默地念那紧箍咒，孙悟空就叫："头痛！"那师父不住地念，痛得孙悟空在地上打滚。唐僧一住口不念，他就不痛了。孙悟空伸手去头上摸，发现帽上有一条金线儿模样的东西，紧紧勒在上面，取不下，揪不断，已经生根了。孙悟空顿时明白，只要唐僧一念紧箍咒他就会头痛。这以后他就再也不敢违抗唐僧。一个紧箍咒把个神通广大的孙悟空制得服服帖帖。后来人们就把这种能够有效控制别人的办法叫做念紧箍咒。例如："你奈何他不得，就是因为孙悟空头上缺一顶嵌金小花帽，你念不得紧箍咒。"

注释：

①《西游记》Xīyóu Jì：中国四大古典名著之一，成书于明朝(1368—1644年)中叶，作者吴承恩。

②唐朝 Tángcháo:中国历史上的一个朝代,618—907 年。

③僧人 sēngrén:佛教男性出家人。

④玄奘 Xuánzàng:唐代著名僧人。《西游记》中亦称唐僧 。见本书"唐僧"条。

⑤西天:佛教起源于印度,印度在中国的西方,所以《西游记》中说佛祖住在西天,西天是极乐世界。

⑥取经:"经"是指佛经。取经是指到佛教圣地求取佛教经典。

⑦如意金箍棒 rúyì jīn'gūbàng:"如意"是指能按自己的意愿变化大小。"金箍棒"是一根铁棒。

⑧天兵天将:《西游记》中描述天上住着很多神仙,由玉皇大帝统治。玉皇大帝也有军队,这支军队就称为天兵天将。

⑨火焰山 Huǒyànshān:《西游记》中的山名,因山中火焰燃烧,称为火焰山。

⑩铁扇公主:《西游记》中的人物,她有一把铁扇,能够扇灭火焰山的烈火。

⑪紧箍咒 jǐn'gūzhòu:"咒"是佛教中一定的语句或篇章,佛教徒认为念诵这些语句或篇章能够起神奇的效果。"紧箍咒"是指念诵某几个语句,孙悟空头上的金箍就会收紧,因而使孙悟空头痛。

⑫和尚 héshang:佛教中男性出家人,与僧人同义。

⑬观音菩萨 Guānyīn Púsa:佛教中的一位重要菩萨。菩萨是佛教中的神。民间传说观音菩萨常救人间苦难。

红娘　Hóngniáng

例句： 1. 你也不要怕难为情，我来给你当个红娘，这事大概有八成把握。

2. 西城区婚姻介绍所成立三年以来，已经为两千对有情人当了红娘。

3. 他们俩结婚了。你知道吗？你知道谁是红娘？我是红娘！

含义： 红娘是帮助别人结成美好婚姻的人。

出处： 红娘是文学作品所塑造的人物，最早见于唐①元稹②的小说《会真记》，说的是书生张君瑞③与相国④小姐崔莺莺⑤在丫环红娘帮助下的恋爱故事。后来这个故事成为民间说唱的题材，人们对原故事的结局与主题作了修改，变成反对封建婚姻制度，歌颂自由恋爱的故事。到了元朝⑥王实甫⑦将这个故事改编为杂剧《西厢记》⑧。七百多年来《西厢记》杂剧在民间广为流传。红娘这个典型人物也深入人心。《西厢记》故事梗概如下：

前朝崔相国因病去世，他的夫人与女儿崔莺莺扶柩⑨去家乡安葬。因路途有阻，停留在河中府⑩普救寺⑪内。这时恰好有个书生张君瑞（也称为张生）路过此地，游览普救寺，偶然见到莺莺小姐，被她的美貌风姿所倾倒，于是他把自己的行李取来，也住到寺里来了。

当时的封建礼教，男女授受不亲。因此他没有机会再见到莺莺小姐，但是他见到了莺莺小姐的丫环红娘。他赶紧将自己的姓名、哪里人氏、多大年纪、还没有娶妻等等这些基本情况告诉红娘。这种唐突的言语显得很奇怪，而且没有礼貌。结果张生被红娘训斥了一通。其实莺莺小姐在她父亲活着的时候已经由父母做主与她的表兄有婚约。张生看起来没有什么希望。

不过事有凑巧，当时天下不太平，乱军扰民。有一乱军之将名叫孙飞虎，听说崔莺莺有倾国倾城之貌，就带领五千人马要来抢她为妻。乱军围住普救寺，扬言如不献出崔莺莺，就杀死寺里所有的人。崔夫人和寺中的和尚⑫都慌了神，不知怎么办好。后来崔夫人不得不许诺，如果谁能退了乱军，就把崔莺莺嫁给他。这时张生挺身而出，因为他有一个朋友在附近当武将，就派人送信去求救。张生的那个朋友带着军队来了，打败了乱军。众人得救了，崔莺莺也得救了。张生看起来梦想要成真。

但是崔夫人并不想真的把女儿嫁给张生。这使张生十分痛苦，他只好请红娘帮忙。有情人不能成为眷属，红娘很同情张生，而且不满崔夫人言而无信,因此她答应帮忙。她告诉张生,晚上莺莺小姐在花园里烧香⑬,叫张生那时在花园围墙外弹琴。莺莺小姐喜欢听琴,可以因此交流感情。

莺莺小姐初见张生以后,心中亦有好感。她向往着爱情,但是由于封建礼教的束缚,仍然顾虑重重。她不可能主动去见张生,也不能让张生看见自己。这样的恋爱真是太痛苦。他们之间惟一能够帮忙、而且愿意帮忙的是红娘。红娘冒着可能受到严厉责罚的风险,在两人之间传递书信,沟通感情,并且安排他们两人的约会。在红娘的帮助下,崔莺莺逐渐克服心理上的障碍和性格上的弱点,进一步发展了与张生的爱情,最后与张生成就了好事。

这件事后来被崔夫人发觉了,于是红娘受到严厉的责打。但是红娘并没有屈服,她据理力争,说崔夫人不应该言而无信。因为事实已经如此,崔夫人怕事情张扬出去坏了崔家的名声,而且自己理亏,只好答应这桩婚事。最后有情人终成眷属。如果没有红娘的帮助,就不会有这样的喜剧结果。

在这个故事中,红娘是关键人物。《西厢记》以极大的热情刻画了红娘这个聪明美丽机智善良的丫环。红娘的形象给人深刻的印象。由于这个故事广泛流传,所以红娘是中国老百姓所熟知的人物。至今红娘的名字仍然常常可以在报刊上见到。后来这个典型形象的意义又有进一步发展,人们将其他事情中为各方牵合、促成好事的人也称为红娘,当然这已经与婚姻与爱情毫无关系了。例如:"引进外资也得重奖,齐鲁红娘放手搭桥"⑭。又如"生产厂家与市场缺乏沟通,没有红娘牵线搭桥,因此产品积压,出现危机。"

注释:
①唐 Táng:中国历史上的一个朝代,618—907 年。
②元稹 Yuán Zhěn:人名。
③张君瑞 Zhāng Jūnruì:人名。
④相国:即丞相,相当于今之总理。"相国小姐"是指相国家的小姐,相国的女儿。
⑤崔莺莺:Cuī Yīngyīng:女性的名字。
⑥元朝:中国的一个历史朝代,1271—1368 年。
⑦王实甫 Wáng Shífǔ:人名,元朝剧作家。
⑧西厢记 Xīxiāng Jì:剧名。"西厢"是指正厅西侧的厢房。
⑨扶柩 fú jiù:柩是装尸体的棺材,扶柩是指护送棺材去安葬地。
⑩河中府:"河中"是地名,"府"是行政区划,比县高一级。
⑪普救寺 Pǔjiù Sì:寺庙名。
⑫和尚 héshang:佛教中的男性出家人。
⑬烧香 shāo xiāng:"香"是一种可燃烧的细棍,燃烧时发出好闻的气味。佛教或道教信徒拜神做祈祷时同时烧香。
⑭此例选自报刊标题,"齐鲁"是指山东省。

华陀　Huà Tuó

例句： 1. 绿水青山枉自多，华陀无奈小虫何。①

2. 她的医名日益流传开来，不管是战士还是军官都翘大拇指，称她为军中女华陀。

3. 我得这个病已经十年了，去过无数医院，都看不好，但是在你这儿看了两次就好了，林医生，你真是华陀再世！

含义： 华陀是中国汉末的名医，后来人们以华陀喻指名医。

出处： 据《后汉书②·方术列传·华陀》记载，华陀是东汉末年人（？—208 年），精于医道，擅长内、外、妇、儿、针灸各科，尤其是外科。由于他医术高明，声名卓著，被称为神医。他看病通常先用药和针灸，如果药和针灸不能及，就动外科手术。先叫病人服麻沸散③，等病人失去知觉就进行手术，摘除病灶后，进行缝合，一个月左右伤口平复。这大概是中国最早的外科手术记载，在当时是非常了不起的。《后汉书》中记有一些华陀治病的案例。

华陀又创五禽戏④，模仿虎、鹿、熊、猿、鸟五种动物的动态，用以锻炼身体。华陀对他的徒弟说："人的身体应该经常活动，但是不要过度。经常活动，那么食物消化，血脉流通，就不会生病，好像常常开关的

45

门窗一样,不会腐朽。"

古典小说《三国演义》⑤也写到华陀。华陀曾经热情地为关羽⑥疗伤,但是他对曹操⑦的态度冷淡,他认为曹操是奸臣,后来因为不愿意去为曹操看病,被曹操杀害。

注释:

①此例选自毛泽东的诗,意思是连华陀这样的名医对小虫(血吸虫)也没有办法。

②《后汉书》:一部历史书,记载东汉(25—220年)的历史。

③麻沸散 máfèisǎn:华陀发明的中药麻醉剂。

④五禽戏 wǔ qín xì:"禽"本指鸟类,这里泛指动物。"戏"是指游戏。五禽戏是华陀创编的一种活动身体的体操,流传至今。

⑤《三国演义》:中国的第一部长篇历史小说,以东汉末及三国的历史为依据。

⑥关羽 Guān Yǔ:人名,见本书"关公"条。

⑦曹操 Cáo Cāo:人名,见本书"曹操"条。

花木兰　Huā Mùlán

例句：1. 她最喜欢花木兰"弯弓征战作男儿"的形象, 而她自己就是警察队伍中的花木兰。

2. 你们这是中国的第一支女子足球队, 就起名叫花木兰足球队好了。

含义：花木兰是中国古代的女英雄, 所以人们以花木兰来喻指女中豪杰。

出处：花木兰事迹最早出自古乐府①《木兰诗》②。全诗 62 句, 诗的大意如下：

木兰坐在织布机上, 但是没有心情织布, 只是叹息发愁, 因为可汗③大规模征兵, 军情十分紧急。征兵文书上每次都有父亲的名字, 父亲年纪老了, 怎么能去从军打仗? 但是木兰没有哥哥能够代替父亲去从军。木兰下决心女扮男装, 替父亲去从军。

她从市场上买来了骏马、马鞍、鞭子。早晨辞别父母, 晚上就到了军队中,

47

住在黄河边上。听不见父母叫自己的名字，只听见黄河哗哗的流水声。早晨离开黄河边，晚上宿营在黑山④头。听不到父母叫自己的名字，只听见燕山⑤敌人阵地上战马的嘶叫声。

转战千万里，打了一仗又一仗。北方的寒风传来夜里打更⑥的声音，冬天的寒光照着铁甲战衣。不少同伴在战争中牺牲，十年之后战争结束了，幸存的壮士终于回来了。

回来后可汗接见了征战有功的将军，要给他们记功，并且给了很多赏赐。可汗问木兰要什么？木兰说："我不想当官，只愿早日回归故乡。"

这时父母更老了，他们互相搀扶着去迎接征战回来的女儿。姐姐听说妹妹回来了，赶紧打扮起来。弟弟听说姐姐回来了，就杀猪杀羊来招待姐姐。回到家里，木兰打开自己房间的门，坐在自己的床上，脱掉战袍，穿上自己旧时的衣服，对着镜子又作女子打扮，然后出门去看跟她一起来的同伴。同伴们都吃惊万分，他们说："同你在一起十二年，竟不知道你是个女的。"

如果雌雄两只兔子一起在地上跑，你怎么能分辨出雌雄呢？

这首古乐府流传在民间，不知作者是谁，不知写作的年代，也不知是否真有"木兰"这样一个人。这些到现在已经无从考证。从诗中所写的内容看，可能是发生在西魏⑦时（公元五六世纪）中国的北方。当时北方少数民族鲜卑族⑧与柔然族⑨在黑山与燕山一带进行过长期的战争。

诗中歌颂了一位姑娘女扮男装替父亲去从军打仗的英雄行为。这种英雄气概在以后一千多年里一直为老百姓所传颂，民间把这个故事编成各种说唱和戏曲，使木兰从军的故事家喻户晓。古乐府中并没有写"木兰"姓什么，但在老百姓中间流传的故事里她姓"花"，这显然是后来加上去的。现在人们常用"花木兰"的名字来喻指巾帼⑩英雄。

注释：

①古乐府：乐府是一种诗体的名称，古乐府是一种古体诗，用来配乐歌唱。

②木兰诗：这是一首北朝民歌，最早录于《古今乐录》。

③可汗 kèhán：古代西北少数民族对君主的称呼。

④黑山：现名杀虎山，在内蒙呼和浩特市东南百公里。

⑤燕山 Yànshān：即燕然山，在今蒙古人民共和国境内，现名杭爱山。

⑥打更 dǎgēng：古代把一夜分做五更，每到一更，巡夜的人就打梆子报时，叫做打更。

⑦西魏 Xī Wèi：南北朝时北朝有五个朝代，西魏是其中第四个政权，535—554 年。

⑧鲜卑族 Xiānbēizú：中国古代少数民族，住在今东北、内蒙古一带，南北朝时曾建立过北魏、西魏、北齐、北周等政权。

⑨柔然族 Róuránzú：中国古时少数民族之一。

⑩巾帼 jīnguó："帼"是古代妇女戴的头巾，后来用"巾帼"指妇女。巾帼英雄是指女英雄。

严嵩　Yán Sōng

例句： 1. 如果坏人掌权，那么就会像严嵩那样，贪赃枉法，结党营私，迫害异己。

2. 有昏君就会有奸臣，严嵩们作恶多端，全仗着皇帝撑腰，所以首先应该诅咒的是那皇帝。

含义： 严嵩是历史上有名的奸臣，后以严嵩喻指奸臣。

出处： 严嵩（1480—1567 年）是明朝①时人。据《明史》记载，严嵩为弘治十八年②进士③。开始只做一个小官，后因病回乡，读书钤山④十年。能写诗词古文，颇有些名气。

后来严嵩又回到朝中做官，官位不断升迁，世宗⑤时官至太子太师，位居首辅。其实严嵩并无才略，唯一的能耐是一意媚上，会拍皇帝的马屁。严嵩得到皇帝的宠幸以后，日益骄横，窃权罔利，贪赃枉法，收受贿赂，打击异己，任人唯亲，结党营私。把儿子严世蕃⑥以及自己的亲信都提拔到重要的职位，父子一起为恶。

其他官员曾经不断地向皇帝反映严嵩的种种罪状。严嵩反过来也在皇帝跟前说那些人的坏话。由于皇帝糊涂，而且刚愎自用，护自己的短，结果皇帝相信严嵩的话，很多人因此被处死，还有很多人被流放到边疆。凡是严嵩不喜欢的官员，他就在皇帝跟前进谗言，想办法除掉。

边境上有战事，兵部尚书⑦丁汝夔受严嵩的指示，不敢催促将士去打仗。皇帝生气，要杀丁汝夔，严嵩害怕事情牵连到自己，就对丁说："有我在，你不用害怕。"结果丁直到死的时候才知道受了严嵩的骗。这种事对严嵩来说很平常，他决不会因此在良心上有所不安。

所以不管是在明朝还是在以后，严嵩这个人都被人们所唾弃。后来严嵩终于失去皇帝的宠信。他的儿子严世蕃被处死，他本人被削官为民，87 岁时在穷困中死去。

注释：
①明朝：中国历史上的一个朝代，1368—1644 年。

②弘治十八年:弘治(Hóngzhì)是明孝宗时年号,弘治十八年为 1505 年。

③进士:科举考试中通过全国会试,又经殿试,合格者称为进士。

④钤山 Qiánshān:地名。

⑤世宗:明朝皇帝之一,1522—1567 年在位。

⑥严世蕃 Yán Shìfān:人名。

⑦兵部尚书:掌管军队和国防事务的大臣。

⑧丁汝夔 Dīng Rǔkuí:人名。

李逵 Lǐ Kuí

例句: 1. 这帮流氓个个像黑旋风李逵,谁敢惹他们?

2. 因为他长得粗黑丑陋,满脸黑胡子,人人都把他当作黑旋风李逵。其实他性情温和,知书识礼,决不是李逵一类人物。

含义: 李逵是指那种长得黑粗丑陋、头脑简单、脾气暴躁的人。

出处: 李逵是古典小说《水浒传》①中的人物,第三十八回至四十三回以及以后多回都写到李逵。

李逵出身贫苦,长得"黑熊般一身粗肉",铁牛般粗黑的皮肤,铁刷子一样的头发胡须,相貌狰狞,头脑简单,脾气暴躁,一言不合便动起手来,常常与人打架。他的武器是两把板斧,打起仗来勇悍异常,所以别人送他一个绰号叫"黑旋风"。

第三十八回写宋江②、戴宗③、李逵三人在江州④酒楼上喝酒。宋江因酒喝多了,要辣鱼汤醒酒。酒保⑤送上鱼汤来,宋江和戴宗喝了两口就不喝了。宋江和戴宗嫌鱼不新鲜,李逵就说:"两位哥哥嫌不好吃,我替你们吃了。"说着就伸手抓过碗来,也不用筷子,用手去碗里捞起鱼来连骨头都吃了,吃得滴滴点点,淋了一桌子汤水。宋江见李逵这样,就对酒保说:"我这位大哥肚子很饿,你去切两斤牛肉来,一会儿我一起付钱。"酒保道:"小人⑥这里只卖羊肉,却没有牛肉。"李逵听了,便把鱼汤劈脸泼去,淋那酒保一身。戴宗喝道:"你又做什么?"李逵道:"这家伙太无礼,欺负我只吃牛肉,不卖牛肉给我吃。"宋江赶紧对酒保道:"羊肉你也切二斤来。"酒保忍气吞声,去切了二斤羊肉,放在桌子上。李逵见了

黑旋风李逵

51

也不谦让，大把抓过来，只顾自己吃，一会儿功夫两斤羊肉都吃光了。

戴宗问酒保道："酒店里为什么没有鲜鱼？"酒保道："因为鱼行老板还没有来，所以鱼贩还没有开市。"李逵跳起来道："我去鱼船上讨两条活鱼来。"说着一直去了。

李逵来到江边，看见鱼船一字儿排开有八九十只，就走到船边，喝一声道："你们船上的活鱼，拿两条给我。"船上的人说："我们等鱼行的主人来开市，他没有来我们不敢开舱。"李逵见众人不肯拿鱼，就跳上一只船，要去抢鱼。船上人来阻拦，哪里拦得住？李逵一提船板，倒把一船鱼都放到江里去了。那渔人们都奔上船拿竹篙来打李逵。李逵大怒，两只手一驾，一把抢了五六条竹篙过来，像扭葱一般都扭断了，又跳上岸来追打众人。直到宋江和戴宗在酒楼上听见人声吵嚷，知道不好，赶紧下酒楼来，才劝住李逵。

第四十回写宋江、戴宗被绑在城中的广场上，刽子手正要砍他们的头，忽然十字路口茶馆楼上跳下一个彪形黑大汉，脱得赤条条的，两只手握着两把板斧，大吼一声，却似半天打了一声雷。手起斧落，早砍翻了两个刽子手，然后就往监斩官马前砍来。众士兵急拿枪来挡，哪里挡得住？纷纷被砍翻在地。这时四下的梁山好汉⑦们一边背起宋江和戴宗，一边问："前面那好汉，是黑旋风吗？"那黑大汉哪里肯答应，只拿着斧头砍人，不问官军⑧还是百姓，杀得尸横遍地、血流成河。众人跟着那黑大汉杀出城来，直杀到江边。那黑大汉身上溅满血，还在江边杀人。梁山好汉们叫道："这里都是老百姓，不要杀老百姓！"他哪里肯听，仍然一斧一个排头儿砍去。

以后各回写到李逵，也都是这种性格。所以这李逵有两个特点：一是长得黑粗丑陋。二是脾气暴躁、头脑简单，勇悍异常。后来人们把这一类人都叫做黑旋风李逵。

注释：
①《水浒传》Shuǐhǔ Zhuàn：中国四大古典名著之一，成书于 14 世纪中叶，描写北宋末年
（12 世纪初期）的农民起义。
②宋江 Sòng Jiāng：《水浒传》主要人物之一。
③戴宗 Dài Zōng：《水浒传》人物之一。
④江州 Jiāngzhōu：地名，即现在的江西九江市。
⑤酒保 jiǔbǎo：酒店的伙计。
⑥小人：古代老百姓对地位较高的人的自谦之称，意思是"我"。
⑦梁山好汉：梁山（Liáng Shān）地名，在今山东省，是当时农民起义的根据地，因作者认为
这些人是英雄，所以称他们为好汉。
⑧官军：指政府的军队。

李鬼　Lǐ Guǐ

例句：1. 饮料市场打"李鬼"。①

2. 如今一到商店,各种货物令人眼花缭乱,但这热闹红火的市场里,不乏"李鬼"混迹其中,令消费者防不胜防。

含义：李鬼冒充名人李逵②,后来人们把冒充者称为李鬼。

出处：李鬼是古典小说《水浒传》中的人物,见第四十三回。

梁山泊③好汉聚义④以后,纷纷把自己的家眷接到山上来团聚。李逵虽然没有成家,但家乡还有老母在,无人照顾。李逵虽然为人粗暴,却是一个孝顺的儿子,也想把老母接到山上来享福。那天李逵下山去接母亲,为了走近路,只往山中小路行来。正行走时,见前面有五十来株大树,李逵来到树林边,忽然大树后转出一条大汉来,大声喝道:"留下买路钱!"

李逵看那人手里拿着两把板斧,用黑墨搽在脸上,于是也大喝一声:"你是什么人,敢在这里当强盗。"

那人道:"你要是问我的名字,说出来吓破你的胆,老爷⑤就是黑旋风李逵。你要是留下包裹,我就饶了你的命让你过去。"

李逵大笑道:"你是什么鬼东西,也在这里假冒老爷的名字,在这里胡行!"说着拿着手中刀奔那大汉。那人哪里是李逵的对手,正要逃走,被李逵一刀砍在腿上,倒在地下。李逵一脚踏住他的胸脯,喝道:"认得老爷么?"

那汉在地下叫道:"爷爷饶命!"

李逵道:"我正是黑旋风李逵,你这家伙坏了我的名声!"

那汉道:"小人⑥虽然姓李,不是真李逵,只叫李鬼,就在前边的林子里住。因为爷爷您的名气大,提起来连神鬼都怕,因此冒充爷爷的名字在这里抢劫当强盗。以前都是那些人一听黑旋风的名字都扔下行李逃了,因此并不曾害过一个人。"

李逵道:"你这鬼东西坏了我的名声,叫你吃我一斧。"就夺过一把斧头要砍。

那李鬼慌忙叫道:"爷爷,杀了我一个,就是杀我两个!"

李逵听了,住了手问道:"怎么杀你一个就是杀你两个?"

李鬼道:"小人本来不敢当强盗,因为家里有个九十岁的老母,无人养活,

53

因此小人冒充爷爷的名字在这里吓唬人，抢一些包裹，养活老母。如今你杀了小人，家中老母一定会饿死。"

这李逵虽是杀人魔王，听他说了这些话，心里想："我自己也是特地去接母亲上山享福的，要是在这里杀一个养娘的人，天也不会保佑我。算了，我饶了这家伙的性命。"就放他起来。那李鬼从地上爬起来说："我以后再也不敢冒爷爷的名字做坏事了。"

李逵道："你有孝顺之心，我给你十两银子作本钱，去改行做一点儿小买卖吧。"就拿出十两银子给了他。那李鬼拜谢去了。

其实李鬼家中并没有九十岁老母，那都是他的瞎话，他家中只有一个老婆。再说李逵放了李鬼以后又往前走，来到一座房子前，房子里出来一个女人，李逵走了半天饿了，求她做一些饭吃。这正是李鬼的家，那女人是李鬼的老婆。李鬼在里面见是李逵，就与老婆商量要害死李逵。这些话正好被李逵听见了，李逵才知道上了李鬼的当，于是把这个假李逵、真李鬼杀了。

由于李逵的名气大，所以就有李鬼来冒充李逵。冒充者至今常常可见，所以人们就把冒充的假货叫做李鬼。

注释：
①此例选自报刊标题，意思是要打击饮料市场的假货。
②李逵 Lǐ Kuí：人名。见本书"李逵"条。
③梁山泊 Liáng Shān Pō：梁山是地名，在今山东省。"泊"就是湖。梁山的周围是一个大湖，曾经是农民起义的根据地。
④聚义 jùyì：聚集在一起，起义。
⑤老爷 lǎoyé：意思是"我"，是蔑视对方时对自己的傲称。
⑥小人：古代老百姓对地位较高的人的自谦之称，意思是"我"。

李林甫 Lǐ Línfǔ

例句： 1. 这家伙口蜜腹剑，是李林甫一类人物。

   2. 你很难识别李林甫式的人物，他们的脸上也没有贴着条子。但是日久见人心，口蜜腹剑、两面三刀的人终究会被人识破，不过那时你也许已经上过多次当、吃过很多亏了。

含义： 李林甫是当面对人笑容满面、背后却恶毒地陷害人的两面派典型。

出处： 李林甫是唐玄宗①时的宰相②。他当然是个文人，受过很好的教育，论文才还挺有名气，字写得很好，画儿也画得不错。要是根据这些你就认为他是好人，那就错了。他是一个很坏很坏的家伙，是一个十足的奸人。他的奸表现在两个方面：

  第一是不择手段地往上爬。在那个社会里要想往上爬就得会拍皇帝的马屁，所以他用尽一切方法结交皇帝的所有亲信太监和宠爱妃子们，经常向他们打听皇帝的消息，及时掌握情报，以便迎合皇帝的心意。只要他知道皇帝打算做某一件事，他就赶快抢在前面去做，等到皇帝向他提起时，他已经做好了。所以皇帝很喜欢他，认为他很能干。他就是靠这种方法爬到了宰相这么高的官位。

  第二是他不能容忍别人，总是用各种恶毒的手段去打击陷害别人。不过他只是在背后这么干，在当面却装得很和善、很亲切，见到别人总是笑嘻嘻的，让人觉得他官居宰相，待人接物平易近人，好些人还为此很受感动。他有权又有势，当然就会有人去找他帮忙，比如托他谋事啦，求情啦。李林甫当面总是和蔼可亲满口答应，可是实际上他决不会帮你一点儿忙，反而还要在暗中破坏，偏叫你办不成。很多人上过他的当。越是他想陷害的人，他越装得亲热，使人不会怀疑、不加提防。把人家害了，人家还不知道是他干的。

  有一次他跟李适之③有点不愉快，心里想陷害李适之。但他却装得很友善很诚恳的样子说："适之兄，我听说华山④出产黄金，如果能大量开采就可以富国裕民。可惜皇上还不知道，我又很忙，你如果有机会，何不向皇上提一提呢？"

  李适之是个性情直爽的人，就信以为真，果然向皇帝报告了华山产黄金的事，而且建议早点开采，以便充实国库。

皇帝听了很高兴,就把李林甫找来商量。

李林甫说:"我早就知道了这件事。因为华山是帝王之气集中的地方,如果开采黄金,恐怕对皇上不利,所以我考虑了很久,没有敢向皇上报告。"

皇帝一听大受感动,心想李林甫对我忠心耿耿毕竟与别人不同,从此就更加信任他了。而对李适之却大为不满,心想你这家伙乱给我出主意,从此就疏远他了。

《资治通鉴⑤·唐玄宗天宝元年⑥》记载,李林甫当宰相时,凡是才能、政绩、威望比自己高的人,以及受皇帝喜欢的大臣,他一定要千方百计除去他们。因为这些人的势力有可能超过他。他尤其忌妒有文学才能的人,表面上跟他们友善,说一些好听的话,暗地里却悄悄地使坏,陷害别人。所以人们说,李林甫嘴上有蜜,话说得很甜,腹中有剑,暗地里要害人。成语"口蜜腹剑"说的就是他。

口蜜腹剑、两面三刀的人物至今仍然大有人在,李林甫的名字就代表这一类人物。

注释:

①唐玄宗 Táng Xuánzōng:唐朝的一个皇帝李隆基,685—762 年。

②宰相 zǎixiàng:封建社会的最高官员。

③李适之 Lǐ Shìzhī:人名。

④华山 Huà Shān:山名,在陕西省。

⑤《资治通鉴》Zīzhì Tōngjiàn:中国古代的一部历史书,司马光编撰。

⑥唐玄宗天宝元年:即公元 742 年。

阿 Q　ĀQ

例句： 1. 你在背后骂他有什么用？出了气，泄了愤，心里就觉得好一些了，是吗？这还不是跟阿Q一样。

2. 对这件事我不是那么有信心，那么乐观，最恨阿Q心态所产生的自欺欺人之谈。

3. 有人说二十一世纪是咱们中国人的世界，乍听之下觉得很过瘾，继而思之，不寒而栗。因为我在这句话里依稀听到了阿Q的声音。

含义： 阿Q是不能正视现实、用精神胜利法作自我安慰的典型。

出处： 阿Q是文学人物，出自鲁迅①小说《阿Q正传》②。在这篇小说中，鲁迅写了一个处在社会最底层的赤贫的雇农。他一方面受尽剥削、压迫与欺凌，另一方面又愚昧、自私、麻木、没有觉悟。阿Q的一生是悲惨的，他非常穷，没有家，住在未庄③的土谷祠④里。他也没有固定的职业，只给人家做短工。任何人都瞧不起他、欺侮他。村里的有钱人如赵太爷、假洋鬼子⑤打他，其他闲人也常常揪住他的辫子往墙上撞。阿Q既无财势，又无勇力，在被欺侮以后没有报复还击的能力。于是他自轻自贱，用精神胜利法来安慰自己。被人打了，他就想："我总算被儿子打了。"这样一想，他就高兴起来，觉得自己获得了胜利。他穷，别人瞧不起他，他就说："我们先前——比你阔的多啦，你算什么东西！"然后就心满意足，觉得自己胜利了，便愉快地到酒店去喝几碗酒。

他常常受人欺侮，但他也欺侮比他更弱小的人。他遇见小尼姑⑥就一定要唾骂。有一次竟用手去摸她的头皮，对她说下流话。他的行为引起酒店里的人大笑。阿Q觉得自己受到了赏识，就更加兴高采烈起来。为了进一步博得酒店里人们的笑声，他动手去扭住她的面颊，说更难听的下流话，酒店里的人大笑了，阿Q更得意。

阿Q头上有一块"癞疮疤"⑦，他觉得这是他体质上的一个缺点，因此他讳说"癞"以及一切近于"赖"的音；后来推而广之，"光"也讳；"亮"也讳；再后来，连"灯"、"烛"都讳了。别人要是犯了他的讳，不问有心与无心，阿Q便全疤通红地发起怒来，估量了对手，口讷⑧的，他便骂，气力小的，他便打。然而不知怎么一回事，总还是阿Q吃亏的时候多。于是他渐渐地变换了方针，大抵改为怒目而视了。但是别人并不怕他的怒目而视。阿Q就想出报复的话来："你还不配……"

阿Q对现实不满,他想革命,但他的所谓革命不过是想跟着别人抢些东西而已。他看见别人盘起了辫子,他也用竹筷将辫子盘在头顶上,但是假洋鬼子不准他革命,用手杖将他打出来了,阿Q为此很气愤。不过当他看见比他更弱小的小D也盘起了辫子时,他同样很气愤,他也不准小D革命。

后来阿Q被诬陷为强盗关进了监狱。在死刑判决书上叫他画押⑨,阿Q仍然是麻木、愚昧,他立志要把这个圆圈画得圆。结果却画得不圆,为此他很懊恼,觉得这是他的一个污点。但是过了一会儿他就想:孙子才画得圆呢!于是他睡着了。

最后,阿Q被枪毙了,到死他都是那么愚昧、麻木。

鲁迅对阿Q这个人物是"哀其不幸,怒其不争。"(对他的不幸,很同情,感到很悲哀;同时对他的愚昧和麻木又很生气、很失望。)事实上不仅在社会的下层有阿Q式的人物,在社会的其他各个阶层,我们都可以看到阿Q的影子。在鲁迅那个时代有阿Q式的人物,在今天我们仍然可以发现社会上不乏阿Q精神。

阿Q实际上包含三种典型意义:

第一,阿Q的精神胜利法成为一种典型。

第二,阿Q忌讳自己的缺点,因此讳说"癞"、"光"、"亮"等,这也是一种典型。

第三,阿Q渴望革命,但假洋鬼子不准他革命,而阿Q又不准比他更弱小的小D革命,这也是一种典型。

注释:
①鲁迅 Lǔ Xùn:中国现代著名作家、文学家(1881—1936),浙江绍兴人,原名周树人。
②《阿Q正传》:发表于1921年。
③未庄 Wèizhuāng:鲁迅小说中的村庄名。
④土谷祠 Tǔgǔcí:祠堂名。祠堂是农村中供祭祀用的房屋。
⑤假洋鬼子:旧时憎称侵略中国的西洋人为洋鬼子。《阿Q正传》中钱大爷的儿子,先是到城里去进洋学堂,后来又跑到东洋去,半年之后回来,受东洋人的影响,腿也直了,辫子也不见了(清朝时男人都留辫子)。因此阿Q在背后叫他假洋鬼子。
⑥尼姑 nígū:佛教的女性出家人。
⑦癞疮疤 làichuāngbā:皮肤上的疮溃烂,好了以后留下的痕迹。
⑧口讷 kǒunè:不善于说话。
⑨画押 huà yā:旧时在公文或供词上画圆圈或"十"字来表示认可,不会写字的人用来代替签字。

阿斗 Ādǒu

例句： 1. 你以为别人个个都是阿斗，就你聪明。告诉你，别把自己看得太高了，谁是阿斗？

2. 他一贯看不起普通老百姓，常把老百姓比作阿斗。

3. "阿斗"们虽然没有能力，但他们是可教的，一旦教会了还是可以应付局面的。

含义： 阿斗的名字用来比喻智力低下、缺乏能力的人。

出处： 阿斗是真实历史人物，姓刘名禅(Liú Shàn)，小名阿斗，所以也叫刘阿斗。他是三国①时蜀汉②后主，刘备③之子，生于公元 207 年，死于 271 年。陈寿④撰的历史书《三国志》有《后主禅传》。

刘备在东汉末年天下大乱的形势之下，赤手空拳打下一片江山，建立起蜀汉政权，与魏国、吴国成三足鼎立之势，可以说是一代英雄豪杰。但他的儿子刘阿斗却是一个头脑糊涂、没有出息的人。

刘备死后，刘阿斗继承蜀汉帝位。阿斗昏庸无智，不思进取，虽然有智慧超人的诸葛亮⑤辅佐，但仍是无所作为。所以民间说他是"扶不起的刘阿斗"。诸葛亮死后，阿斗更是宠信宦官⑥，沉溺于酒色，不理朝政。于是贤人渐渐地离他而去，身边只剩下一些小人，阿斗就更加昏庸，朝政也更加腐败。这样，蜀汉政权一天天衰弱下来。公元 263 年魏军攻至成都⑦，阿斗出城投降，被带到魏国的首都洛阳，蜀国灭亡⑧。魏国大将军司马昭⑨设宴，故意戏弄阿斗，命蜀人演蜀乐。阿斗的随从们听到故国音乐都感伤落泪，只有阿斗嬉笑自若。司马昭问他："颇思蜀否？"(你想你的蜀国吗？)阿斗回答道："此间乐，不思蜀也。"(这里很快乐，我不想念蜀国。)他的糊涂没有出息由此可见一斑。成语"乐不思蜀"说的就是刘阿斗的事儿。

后来人们就用"阿斗"来比喻脑子糊涂、智力低下的人。

注释：
①三国：三国是中国古代的一个历史时期，从公元 220 年到 280 年。三国是魏国(在长江以北)，吴国(在长江中下游，也称东吴)，蜀汉国(在四川一带)。

②蜀汉 Shǔ Hàn:蜀是地名,即现在的四川。刘备自称继承汉统,把自己的政权称为汉,为区别于以前的西汉、东汉,后人称其为蜀汉。

③刘备 Liú Bèi:161—223 年,蜀汉的创立者,公元 221 年称帝。

④陈寿 Chén Shòu:233—297 年,历史学家。

⑤诸葛亮 Zhūgě Liàng:刘备的丞相,见本书"诸葛亮"条。

⑥宦官 huànguān:也称为太监。

⑦成都:蜀汉的首都。

⑧洛阳 Luòyáng:魏国的首都,在今河南省。

⑨司马昭 Sīmǎ Zhāo:211—265 年,当时实际上掌握魏国的政权,其子司马炎废魏称帝,建立晋朝。

张飞 Zhāng Fēi

例句：1. 打仗时他敢打敢冲，勇猛无畏，人们都叫他"猛张飞"。

2. 他不过是一个猛张飞，有勇无谋，不足多虑。

含义：张飞打仗时极其勇猛，又非常鲁莽，后来人们把这一类人称为猛张飞。

出处：张飞是三国①时的历史人物，生于公元 166 年，死于 221 年。张飞与刘备②、关羽③为结义兄弟，是刘备手下的一员猛将。

但现在老百姓心目中的张飞是文学形象，出自罗贯中④的小说《三国演义》⑤。作为文学形象的张飞，其勇猛与粗莽之处经罗贯中渲染夸张更加突出。

张飞"身长八尺，豹头环眼，燕颔虎须，声若巨雷，势如奔马"。其勇猛程度在第四十二回"大闹长坂桥"中可见一斑。

公元 208 年，曹操⑥率大军南下，占领了荆州⑦。刘备兵败当阳⑧，面临曹操大军的追杀。张飞只带领二十多个骑兵，来到长坂桥⑨，阻挡追兵。敌众我寡，张飞见桥东有一片树林，就叫跟随的二十多人到树林中砍下树枝栓在马尾巴上，骑马在树林内来回驰骋，冲起尘土，让敌人以为那儿有很多伏兵。自己一个人立马横矛⑩站在桥上，等曹军到来。

曹操的军队追到河边，河上只有一座桥，只见张飞一个人立马桥上，倒竖虎须，圆睁环眼，手握长矛。又见桥东树林之中尘头大起，怀疑有伏兵，都不敢向前。人马停在桥西，派人去向曹操报告，曹操急忙骑马从后边赶来。张飞看到曹操亲自来看，就大声叫道："我乃张飞，谁敢与我决一死战？"这一声喊，声如巨雷。曹军听了，吓得发抖。曹操对旁边的军官说："我过去听关羽说，张飞在百万敌军中，取上将的

脑袋就好像从口袋里拿东西一样容易。今天你们遇到他不能轻敌。"话还没有说完,张飞又大喊:"谁敢来决死战?"

曹操见张飞这样的气概,就想撤退。张飞见曹操后军阵脚移动,挺矛又喊:"战又不战,退又不退,站着干什么!"这一声还未喊完,把曹操身边一个军官吓得肝胆碎裂,从马上摔了下来。曹操回马就走,手下的大军一齐往西退去。张飞一个人挡住了曹军的追杀。

张飞鲁莽粗暴,有时因小过鞭打士卒。在他的结义兄弟关羽被杀后,张飞报仇心切更加失去理智,下令军中三日内制办白旗白衣⑪,三军挂孝伐吴⑫。两名办事的军官说,白旗白衣三天内办不来,请求延长时间。张飞大怒,把那两个军官缚在树上,各打了五十鞭。打完之后说:"明天就要办完,办不完就杀了你们。"那两个军官被打得满口出血,回去商量,一个说:"明天我们都要被杀了!"另一个说:"与其他杀我们,不如我们杀他。"

张飞回去后喝酒喝得大醉。夜里,那两个军官身藏短刀,乘张飞大醉不醒,把他杀了。

注释:

①三国:中国古代的一个历史时期,公元 220 年到 280 年。三国指的是魏国(长江以北的曹氏政权),吴国(长江中下游的孙氏政权),蜀汉国(四川一带的刘备政权)。

②刘备 Liú Bèi:蜀汉的创立者,公元 221 年称帝。

③关羽 Guān Yǔ:刘备手下的大将,见本书"关羽"条。

④罗贯中 Luó Guànzhōng:约 1330—1400 年,小说家,著有《三国演义》等多部小说。

⑤《三国演义》:中国第一部历史题材的长篇小说,以三国时的历史与民间的传说为主要依据。

⑥曹操 Cáo Cāo:三国时的政治家、军事家,魏国的实际创业者。在三国中曹操的势力最大。

⑦荆州 Jīngzhōu:地名。

⑧当阳 Dāngyáng:荆州附近的一个县名。

⑨长坂桥 Chángbǎn Qiáo:桥名,长坂是地名。

⑩矛 máo:古代的一种兵器,在长杆的一头装有类似枪头的锐器。

⑪白旗白衣:中国文化中,办丧事用白色。

⑫三军挂孝伐吴:打着白旗,穿着白衣称为挂孝。因为关羽是被吴国杀死的,所以要攻打吴国报仇。挂孝伐吴表示为死者报仇的决心。

陈世美　Chén Shìměi

例句： 1. 上了大学,一年土,二年洋,三年不认爹和娘,早晚是个陈世美!

2. 他的妻子没有上过学,是一个不识字的农村妇女。过去他曾经有过
离婚念头,但又怕当"陈世美",所以一直拖到现在。

3. 快下班时他回到办公室,小琴正给他留条子,见他回来了,就酸酸地
说:"回去吧,你媳妇来了。早知道这样,跟我装什么蒜?整个儿一个
陈世美!"

含义： 陈世美这个名字代表因为地位提高以后,抛弃原来的妻子另觅新欢的
人。他贪图富贵、喜新厌旧,是中国老百姓痛恨的人物。

出处： 陈世美是民间戏曲《铡美案》①中的人物。

中国从隋朝②开始实行以文取仕的科举考试制度。宋朝③时规定每三年
举行一次考试。考试分不同的等级,最高一级考试在京城(首都)举行,称为会
试,考中了就可以做官。因此从隋朝以后,有成千上万的男子寒窗苦读,希望
通过这个途径当官发财,得到荣华富贵。

《铡美案》的剧情如下:

宋朝的时候,湖北荆州④有一个读书人叫陈世美,他已经通过了前面两个
等级的考试,取得了到京城去参加会试的资格。那一年又赶上考试年,陈世美
告别老父老母妻子儿女要到京城开封⑤去参加考试。妻子秦香莲⑥带着幼小
的儿子和女儿送他到十里长亭⑦。丈夫要远行,夫妻难舍难分。妻子嘱咐说,
不论考中与否,一定要早点回来。陈世美紧握妻子的手说:"妻呀!我陈世美
要是考中了,一定与你有福同享,夫妻恩爱,地久天长。"

到了京城以后,陈世美的运气很好,他不仅考中了,而且是第一名"状元"。
这是非常荣耀的事,意味着今后地位身份改变了,甚至连皇帝也愿意把女儿或
妹妹嫁给状元。那一年正好有一个公主待嫁,皇帝问陈世美是否娶过亲。陈
世美受宠若惊,一心想着往上爬,要是攀上皇帝这样的亲戚,今后就有享不尽
的荣华富贵。于是他隐瞒事实,说自己还没有娶妻。这样,他在京城与公主结
了婚,当了驸马⑧。一下子有了这样的身份和地位,陈世美早把家乡的妻子儿
女老父老母忘得一干二净。

再说陈世美走后不久,荆州连年旱灾。陈世美的父母在贫病中死去了。

秦香莲埋葬了公婆以后，更加无依无靠。丈夫离家已经三年了，没有一点儿消息。家乡已经无法生活下去，她只好带着儿子和女儿到京城去找丈夫。一路上她们历尽千辛万苦，终于来到了开封。她打听到丈夫已经当了驸马，就带着儿子和女儿闯进了驸马府。陈世美害怕自己的事被公主知道，不肯承认秦香莲是自己的妻子，也不承认自己的儿子和女儿。秦香莲气愤之极，把三年来的苦难，一路上的艰辛，二老惨死的情景都告诉了陈世美。陈世美为了保住自己的地位和荣华富贵，把妻子和儿女赶出了大门。秦香莲对陈世美得新厌旧、背弃前言、无情无义的行为痛恨之极。

　　陈世美把秦香莲赶出大门后还是不放心，竟想杀人灭口。他派了一个人要他去杀死秦香莲母子三人。幸亏他派去的这个杀手不忍心杀害无辜的妇女儿童，秦香莲母子才得以死里逃生。但那位杀手因没有执行命令，只好自杀了。

　　当时开封府的长官是包公⑨，他是一个受老百姓拥护的清官。秦香莲去开封府告状，请求包公秉公执法。包公在掌握了陈世美企图杀人灭口的证据以后，就判陈世美死刑。当然公主和皇帝不让包公杀陈世美，但包公还是冲破了种种阻挠，冒着自己被皇帝杀头的危险，用铡刀铡了陈世美。

　　这个故事并不一定真有其事，但这个故事反映了中国人的道德观念和爱憎心理。人们痛恨陈世美这种抛弃妻子的人，同情无依无靠的秦香莲。从案情看，陈世美虽然有罪，但不至于是死罪，因为老百姓痛恨陈世美这样的人，所以楞让包公把陈世美给铡了，以此来告诫男人们不要做陈世美那样的人。直到今日，如果丈夫地位提高了，看不起妻子，要与妻子离婚，就会被当作陈世美，受到舆论的谴责。

注释：
①《铡美案》Zhá Měi Àn："铡"是动词，指用铡刀杀；"美"是陈世美的简称；"案"是案件。
②隋朝 Suícháo：中国的一个历史朝代，581—618 年。
③宋朝 Sòngcháo：中国的一个历史朝代，960—1279 年。
④湖北荆州 Húběi Jīngzhōu：湖北是中国的一个省，荆州是湖北的一个地名。
⑤开封 Kāifēng：地名，在河南省，北宋时的首都。
⑥秦香莲 Qín Xiānglián：人名，见本书"秦香莲"条。
⑦十里长亭：亭 tíng，通常是没有墙的小房子，如公园中的亭子，以及书亭、报亭等。"长亭"是古时大路旁的一种建筑，供走远路的人休息，通常十里建一个亭，所以叫做"十里长亭"。这里是说秦香莲送丈夫送出十里路，到一个长亭才分别。
⑧驸马 fùmǎ：公主的丈夫称为驸马。
⑨包公 Bāo Gōng：中国历史上著名的清官，见本书"包公"条。

伯乐　Bólè

例句：　1. 纵观正史野传,真正有幸遇上伯乐而能驰骋千里的千里马可谓凤毛
麟角。

　　　　2. 千里马常有,而伯乐不常有。多少千里马因为没有伯乐的赏识而默
默无闻地度过一生。

　　　　3. 市建筑设计院等五单位获伯乐奖①。

含义：伯乐的名字用来指有眼力、善于发现、选拔并使用出色人才的人。

出处：伯乐是春秋②时人,姓孙名阳,是当时最能相马③的人。他知道什么样
的马是好马,什么样的马是千里马④。据《列子·说符》,伯乐认为对于一般的
马,只要看它的筋骨、外表就能知道是不是好马。而对于天下少见的千里马,
就必须看它的精神,而不是看它的筋骨;看它的气质而不是看它的外表。所以
历来都把伯乐作为善于相马的典型。

　　古书中关于伯乐与千里马的话题很多,例如《战国策·楚策四》,讲到有一
匹千里马老了,拉着盐车上太行山⑤。上山的路非常吃力,它伸着蹄子,弯着
膝盖,尾巴往下垂,脚掌也烂了,口水流到了地上,身上汗水流淌,拉到半山就
拉不动了,驾着车辕不能继续上山。这时正好伯乐经过那里,他见到这匹千里
马的悲惨遭遇,赶紧下车,拉着它心疼地哭了起来,还脱下自己的麻布外衣盖
在它身上。于是这匹千里马喷着鼻子,仰起头长鸣起来,宏亮的声音直传到天
边,这声音好像是从钟和磬等乐器发出来的一样。这是为什么呢？因为它感
到伯乐是自己的知己。

　　《战国策·燕策二》说,有一个人去市场上卖他的马,虽然他的马都很好,可
是连着三天竟没有人来看一看。他跑去找伯乐,请伯乐一顾（去看一看）。伯
乐真的去了。人们看伯乐说这些马好,就都想买,马的价钱一下子竟涨了十
倍。成语"伯乐一顾"就是从这个故事来的,后来人们用"伯乐一顾"比喻受人
知遇赏识。

　　在中国文化中,人们常把杰出的人才比喻为千里马。杰出的人才在他们
被人发现以前,通常都是默默无闻的小人物,没有人知道他们的才能,他们同
别的人在一起看不出有什么特别的地方。但是有的人却能发现人才,他们知
道谁是有才能的,并且选拔这些有才能的人去做重要的工作。他们就好像伯

乐能从很多普通的马中挑选出千里马来一样。所以后来人们说到伯乐,实际上是指善于发现人才使用人才的人。成语"伯乐相马"字面意思是指伯乐观察、品评马的好坏。实际上用来比喻有眼力的人鉴别并荐举人才。

注释:

①伯乐奖:此例选自报刊标题。伯乐奖是以伯乐为名字的奖,可以从中推论出这是一个关于选拔人才的奖。

②春秋:中国古时的一个历史时期,(公元前 770—公元前 476 年)。

③相马 xiàng mǎ:"相"是动词,意思是观察、辨别好坏。

④千里马:一天能跑一千里的快马,也指最好的马。

⑤太行山 Tàiháng Shān:山名,在河北省西部。

武松　Wǔ Sōng

例句： 1. 我自知不是武松，没有那样的武艺和胆量，充什么英雄呢！

2. 虽然这是在城里，但如今一到晚上没人敢在街上走，除非你有武松一般的本事。

3. 要是遇上车匪路霸，你就是武松也得留下买路钱。

含义： 武松的名字代表胆量过人、武艺高强的人。

出处： 武松是古典小说《水浒传》①中的人物。因他有一个哥哥叫武大郎②，所以也叫武二郎，或武二。

武松不但身高体壮、武艺高强，而且疾恶如仇，胆量过人。历来被当作英雄好汉的典型。《水浒传》从第二十三回到第三十二回都是写武松的故事。其中写得最为精彩生动的是第二十三回"景阳冈③打虎"。

武松自从与宋江④分别以后，就赶往家乡清河县去看哥哥，兄弟两人已有一年多没有见面了。一路上走了几天，一天来到阳谷县地面，见路边有一个酒店，门口挑着一面招旗，上头写着五个字："三碗不过冈"。武松走到里面坐下，把梢棒⑤放在一边，叫道："主人家，快拿酒来。"店主人过来把三只碗，一双筷子，一碟热菜放在武松面前，满满地倒了一碗酒。武松拿起碗，一饮而尽，说道："这酒好生有气力！主人家，有饱肚的买些吃酒。"酒家道："只有熟牛肉。"武松道："好的切二三斤来。"店家去里面切出二斤熟牛肉，装了一大盘子拿来，放在武松面前，随后又倒了一碗酒。武松吃了道："好酒！"又倒了一碗，恰好吃了三碗酒，店家再也不来倒酒。武松敲着桌子叫道："主人家，怎么不来倒酒？"酒家道："客官要肉便添来。"武松道："我也要酒，也再切些肉来。"酒家道："肉就切来，添与客官吃，酒却不添了。"武松道："奇怪，你为什么不肯卖酒给我吃？"酒家道："客官，你应该看见门前的招旗，上面明明写道'三碗不过冈'。"武松道："怎么叫做三碗不过冈？"酒家道："我家的酒，虽是村酒，却胜过老酒。客人来店中只要吃了三碗，就醉了，过不得前面的山冈去，因此叫做'三碗不过冈'。过往客人到此，只吃三碗，就不再吃了。"武松笑道："原来是这样，我已经吃了三碗，为什么不醉？"酒家道："我这酒叫做'透瓶香'，又叫'出门倒'。初入口时，味香好吃，少刻就倒。"武松道："不要胡说，我又不是不给你钱，再倒三碗来我吃。"酒家见武松一点也没有醉，就又倒了三碗。武松吃着酒道："真是好酒！主人家,我吃一碗给你一碗钱,你只管倒来。"酒家道:"客官不要饮这么多,这酒真的会醉倒人,没药医。"武松道:"别胡说,只管倒来。"酒家没办法,就又倒了三碗。武松道:"再拿二斤肉来。"酒家就又切了二斤熟牛肉,再倒过三碗酒来。武松吃得口滑,只顾要吃,从身边拿出些碎银子⑥说道:"主人家,你看这些银子,付酒肉钱够么?"酒家看了道:"有余,等我找你钱。"武松道:"不要你找钱,只倒酒来就行。"酒家道:"客官,你要吃酒还有五六碗,恐怕你吃不得了。"武松道:"五六碗你都倒来。"酒家道:"你这条长汉,要是醉倒了,谁扶得你住?"武松答道:"要你扶的不算好汉。"酒家哪里肯再来倒酒。武松急躁起来道:"我又不白吃你的,不要逼得我发脾气,砸了你的店!"酒家道:"这家伙已经醉了,别惹他。"就又倒了六碗给武松,前后共吃了十五碗。武松拿了梢棒,站起身来道:"你看,我又没有醉。"走出门来,笑道:"什么'三碗不过冈'!"

酒家赶出来叫道:"客官哪里去?"武松站住了,问道:"叫我做什么? 我又不少你酒钱。"酒家道:"我是好意,你先回到我家看看官府的榜文⑦。"武松道:"什么榜文?"酒家道:"如今前面景阳冈上,有一只凶猛的大虫⑧,晚上出来伤人,已经咬死了二三十条大汉的性命。官府榜文教来往客人,结伙成队只在中午前后过冈,其余时间不许过冈。单身客人,即使是中午时间也不许过冈,一定要等人多了才行。现在天将近黄昏,我见你走都不问人,不要白白地送了自家性命。不如今晚在我店里住了,等明天慢慢地凑齐二三十人,一起过冈。"武松听了笑道:"我是这邻近清河县人,这条景阳冈少说也走过一二十次,什么时候听说过有大虫! 你不用说这些话来吓我,即使有大虫我也不怕。"酒家道:"我是好意救你,你不信,请进屋来看榜文。"武松道:"真个有虎,老爷也不怕。你留我在你家住,说不定半夜三更要谋我财,害我命,却拿那大虫来吓唬我!"酒家道:"你看么,我是一片好心,你反做恶意。你要这么说,那就请便自行。"

那酒店主人摇着头,进店里去了。武松提了梢棒,大着步走向景阳冈来。约行了四五里路,来到冈下,见一棵大树,刮去了皮,一片白,上写两行字。武松抬头看时,上面写道:"近因景阳冈有大虫伤人,过往客商,可于中午时分结伙成队过冈,请勿自误。"武松看了,笑道:"这是酒家的诡计,吓唬过往客人,好去他家里住宿。我怕什么?"提着梢棒,就上冈子来。那时天色已经不早,这轮红日,慢慢地傍山而下。武松乘着酒兴,往冈上走,走不到半里路,见一个山神庙⑨。行到庙前,见这庙门上贴着一张榜文。武松住了脚读时,上面写道:

阳谷县示⑩:为这景阳冈上新有一只大虫,近来伤害人命。今虽令各乡猎户捕杀,但打捕未获。如有过往客商人等,可于中午时分结伴过冈。其余时分及单身客人,不许过冈,恐被伤害性命。

武松读了这盖着官府印的榜文,才知道真的有虎。想要再回酒店去,却想道："我要是回去，就会被他耻笑，不是好汉。不能回去。"想了一回，说道："怕什么，先上去看看怎么地！"武松正走，酒涌了上来，仍然一步步上那冈子来。回头看这日色时，渐渐地落下山去了。此时正是十月间天气，日短夜长，容易得晚。武松自言自语说道："哪里有什么大虫，人们自己害怕，不敢上山。"走着走着，酒力发作了，热了起来，一只手提着梢棒，一只手把胸前衣服解开，踉踉跄跄，直奔过乱树林来。见一块平坦坦大青石，把梢棒倚在一边，放倒身体，正要睡觉，只听见刮起一阵狂风来。那阵风过后，又听见乱树背后扑地一声响，跳出一只大虫来。武松见了，叫声："啊呀！"从青石上翻下身来，就拿那条梢棒在手里，闪在青石边。那大虫又饿又渴，往上一扑，从半空里窜将下来。武松吃那一惊，酒都变作冷汗出了。说时迟，那时快，武松见大虫扑来，只一闪，闪在大虫背后。那大虫背后看人最难，就把腰一掀，跳了起来。武松又一躲，躲在一边。大虫见掀他不着，吼叫一声，像半天里响起一个雷，震得连那山冈也动，把它铁棒一样的尾巴一扫。武松又闪在一边。那大虫再吼了一声，转回身来。武松见那大虫转身，双手举起梢棒，用尽平生气力，一棒从半空中打下去。只听见一声响，将那身边的树连枝带叶打了下来。再一看，这棒没有打着大虫。原来慌了，打在树枝上，把那条梢棒都打断了，只拿得一半在手里。那大虫性发起来，翻身又一扑，扑了过来。武松往后一跳，却退了十步远。那大虫正好落在他面前。武松将半截棒丢在一边，两只手就势揪住大虫头顶上的花皮，一按按下去。那只大虫急着挣扎，却是用不上力气。武松尽气力压住那大虫，哪里肯放松半点儿，提起脚来往大虫的头上、眼睛里乱踢。那大虫吼叫起来，两爪乱扒，扒出两个土坑来。武松把那大虫的嘴直按下坑去，又把左手紧紧地揪住头顶上的虎皮，抽出右手来，提起铁锤般大小的拳头，尽平生之力，只顾打。打了五六十拳，那大虫眼里、口里、鼻子里、耳朵里都流出血来，一会

儿工夫把那大虫打作了一堆，像一个扔在地上的布口袋，动也不动了。武松放了手，找到那根断了的梢棒，拿在手里，恐怕大虫没死，又用梢棒打了一回。那大虫连一点儿气也没有了。武松想："我得把这只大虫带下山去。"走过来提时，哪里提得动！原来，刚才用尽了力气，现在手脚都软了。

武松又到青石上坐了一会儿，心想："天看看黑了，要是再跳出一只大虫来，我怎么斗得过它？快下冈子去，明天再说。"就转过乱树林边，一步步地往冈下走去。走不到半里路，看见乱树林中又钻出两只大虫来。武松想："啊呀，这回我一定没命了。"但是那两只大虫却站了起来。武松仔细看时，原来是两个人，身上披着虎皮，手里拿着钢叉⑪。他们见了武松吃了一惊道："你这个人好大胆子，天将昏黑，又没带防身器具，一个人在冈子上走，不知你是人还是鬼？"武松道："你们两个是什么人？"那人道："我们是这附近的猎户。"武松道："你们上冈子来做什么？"那两个人吃惊地说："你原来还不知道，这景阳冈上近来有一只极大的大虫，夜夜出来伤人，只我们猎人也已经死了七八个，过往客人被它吃了的就更多了。县里令我们打捕，那大虫势大，我们哪里近得了它。今天我们正在这里埋伏，见你从上面下来，你是什么人？"武松道："我是这邻近清河县人，刚才路过冈子，正碰着那大虫，被我一顿拳脚打死了。"两个猎户都听呆了，说道："怕⑫没这话！"武松道："你们要是不信，看我身上还有血迹。"两个道："你怎么打来？"武松把打大虫的经过说了一遍，两个猎户听了，又惊又喜道："要是那样，你为乡里除了害，真是救了我们。"说着，一招手，又从后边叫出十几个乡人来，一起随武松去看那只死大虫。

中国民间人人都知道武松打虎的故事，所以武松的名字代表那种胆大勇敢、武艺高强的英雄好汉。

注释：

①《水浒传》Shuǐhǔ zhuàn：中国四大古典小说之一，写于元末明初（14世纪中叶），说的是十二世纪初宋江领导的农民起义军形成、壮大的过程。

②武大郎 Wǔ Dàláng：人名，见本书"武大郎"条。

③景阳冈 Jǐngyáng Gāng："冈"是小山，"景阳冈"是一个地名，在今山东省。

④宋江 Sòng Jiāng：人名，《水浒传》中的主要人物之一。

⑤梢棒 shāobàng：一种用硬木做的棍子，古时用来自卫护身。

⑥银子 yínzi：中国古时用银子作为主要货币，以"两"为单位，16两为500克。

⑦榜文 bǎngwén：古代的文告，告示。

⑧大虫 dàchóng：方言，指老虎。

⑨山神庙 shānshén miào：民间祭祀山神的房屋。

⑩示 shì：告示，布告。

⑪钢叉 gāngchā：古时打猎的工具，长柄，有两个长齿。

⑫怕：恐怕，表示估计。

武大郎　Wǔ Dàláng

例句: 1. 他虽然长得矮小,被人叫做武大郎,但是却深有计谋,不是等闲人物。

2. 我们有些领导就像武大郎开店,只提拔那些老实听话的,而不肯提拔有主见、才能出众的人。

含义: 武大郎是指长得特别矮小的人。

出处: 武大郎是古典小说《水浒传》①中的人物,第二十四回、二十五回写到武大郎。

武大郎有一个弟弟,名叫武松②。兄弟两个一母所生,但是两人从性格到形象完全相反。武松身高体壮,不仅相貌堂堂,而且武艺高强,浑身上下有千百斤气力,是人人敬畏的英雄好汉。武大郎却身材特别矮小,相貌尤其难看,头大身体矮,看起来特别可笑。

武松性格刚烈,生平见不得不平事,是个敢作敢为的男子汉。武大郎虽然善良,但性格懦弱,软弱无能,被人欺侮以后也只会忍气吞声。武大郎每天挑着担儿,在街上卖炊饼③。

武大郎虽然长得丑矮,却因偶然的原因,有一个年轻漂亮的妻子,名叫潘金莲④。这潘金莲并不是一个正派人,后因与西门庆⑤通奸,用毒药将武大郎害死。后来武松杀了潘金莲和西门庆,为武大郎报了仇。

武大郎的典型特征是特别矮小,所以现在提到武大郎通常是指一个人矮小。后来也发展到指一个人精神上矮小,容不得人。如"武大郎开店",用来指有些领导人不但自己没有能力、没有水平,而且容不得自己手下有能力有水平的人。就好像武大郎因为自己矮小,所以招聘店里的工作人员时,长得高的人都不要,只要比自己更矮的人。

注释:

①《水浒传》Shuǐhǔ Zhuàn:中国四大古典小说之一。写于14世纪中叶,描写12世纪初期的农民起义。

②武松 Wǔ Sōng:见本书"武松"条。

③炊饼 chuībǐng:一种蒸熟的扁圆形面食。

④潘金莲 Pān Jīnlián:人名。

⑤西门庆 Xīmén Qìng:人名。

林黛玉　Lín Dàiyù

例句： 1. 我们要身体好一些的女孩子。她这样弱不禁风，像一个林黛玉，没法在我们这儿工作。

2. 我干嘛这么多心，我又不是林黛玉。

3. 由于她像林妹妹那样太多愁善感，团支部批评她情调不健康。

含义： 林黛玉是指代多愁善感、貌美体弱又好耍小性子的女孩子。

出处： 林黛玉是古典小说《红楼梦》①中的主要人物之一。她原是苏州②人氏，因父亲在扬州③当盐政官，所以全家住在扬州。不幸她六岁时死了母亲，住在京城的外祖母(荣国府④中的老太太贾母)想到这弱小的外孙女无人照顾，就派人雇了船来接她去京城。林黛玉本来不愿意离开父亲，但她父亲说她年纪太小，又多病，没有了母亲，他自己一个人照顾不过来，到京城自有外祖母及众多兄弟姐妹照顾，还是去吧。林黛玉于是洒泪告别父亲，来到了京城荣国府外祖母家中。到后来就生出她与表兄贾宝玉⑤之间难舍难分的爱情故事来。因为她比别人小，所以贾府⑥中的表兄表姐们都叫她林妹妹。

这林黛玉非常聪明，五六岁时就读过了四书，虽然是一个女孩子，但学问竟比贾府上的男孩子强得多，写诗作词出类拔萃，气质非凡，实实在在是一个才女。她不但聪明，而且极漂亮，贾府上上下下的人见了没有一个人不夸她长得美的，那王熙凤⑦第一次见到她时说："天下真有这样标致⑧的人物，我今儿才算见了。"

除此之外，林黛玉还有三个特点：

一是身体瘦弱，弱不禁风，有人说她"风吹吹就倒了。"她自己说："我自来是如此，从会吃饭食时便吃药，到今日未断。请了多少名医修方配药，皆不见效。"她成天抱着药罐吃药，人们见了她也总是问她吃的什么药，身体怎样了。每年一到春秋两季就一定犯咳嗽病，年幼时是时好时坏，越到后来病得越厉害，更加瘦弱得可怜。

现在要是一个女孩子体弱多病，人们就会说她像个林黛玉。

二是多愁善感。她因从小死了母亲，后来父亲也死了，又无兄弟姐妹，只孤零零一个人，所以每看见别人母女亲热，兄弟姐妹热闹，她就伤心落泪。有一回薛宝钗⑨的哥哥到南方去经商，在苏州买了一箱子笔墨纸砚以及女孩子喜欢的各样玩物，宝钗将那些东西一样一样地分成几份，给院中的姐妹们送去，给林黛玉的更是比别人多一倍。谁知黛玉一见了她家乡之物，反而触物伤情，想起自己父母双亡，又无兄弟，只好寄居亲戚家中，不觉又伤心起来，倒叫别人劝她半天。

每当看到春去花落，她又会伤心落泪，一边把掉落在地上的花瓣扫起来去掩埋，一边感花伤己。她的"葬花诗"从葬花想到自己的身世，悲叹人生苦愁，命运无常。其中有这样的诗句："桃李明年能再发，明年闺中知有谁。"（桃花李花明年还能再开，但是明年那女孩子的房中你知道是谁住着呢？也许她已经死了。）"一年三百六十日，风刀霜剑严相逼，明媚鲜妍能几时，一朝飘泊难寻觅。"（一年三百六十天中，多数日子风像刀子一样，霜雪像剑一样摧残着花树，花开明媚鲜妍能有几天呢？一旦花落，花瓣飘洒，就再也找不到了。）"尔今死去侬收葬，未卜侬身何日丧。侬今葬花人笑痴，他年葬侬知是谁？试看春残花渐落，便是红颜老死时。一朝春尽红颜老，花落人亡两不知。"（现在你死去我来收葬，却不知我什么时候死。现在我葬花别人笑我太痴，以后谁来葬我呢？看看春天过去了，花渐渐地谢落了，这便像女孩子青春过去老死到来的时候。等到有一天春天过完了，年轻姑娘变老了，花落了，人也死了，大家都不再有知觉。）这样的诗真是令人伤感。

林黛玉的多愁善感实在是有其原因。她与贾宝玉从小一起长大，彼此相知甚深，亲密无间。随着年龄一年年长大，这种感情从友爱发展为爱情。虽然与宝玉彼此知心，但她父母早逝，没有人为她作主张。在那个社会中，她一个弱女子，深感孤立无援，因此不能不悲伤。

所以现在也可能仅仅因为一个女孩子多愁善感，人们就说她像林黛玉。

三是"素习猜忌，好弄小性儿"，连贾宝玉都说："林妹妹是个多心的人。"

第七回写到薛宝钗的母亲有一盒皇宫里的式样新颖的假花，共十二支，是姑娘们戴在头上作装饰用的，特别漂亮可爱，派仆人送给荣国府内的小姐们，每人两支。那仆人一处一处送过来，小姐们见了礼物都停下正在做的事，欠身说谢谢，然后命丫环收起礼物。最后送到林黛玉这儿，那人高高兴兴地说："林姑娘，姨太太⑩叫我送花儿给姑娘戴来了。"那林黛玉看了看便问道："是单送我一人的，还是别的姑娘们都有呢？"那人答道："各位都有了，这两支是姑娘的了。"林黛玉冷笑道："我就知道么！别人不挑剩下的也不给我呀。"把那人说得一声不言语了。

第八回写宝玉、黛玉在薛姨妈⑪家喝酒，宝玉说："酒不必热的，我只爱喝冷的"。薛姨妈说："这可使不得，吃了冷酒写字手打颤儿。"宝钗笑道："宝兄弟亏你喜欢杂学，难道就不知道酒性最热，要是热吃下去，散发得还快些，要是冷吃下去便凝结在内，以五脏去暖它，岂不受害，以后就别吃那冷酒了。"宝玉听了这话有道理，就放下冷酒，叫人去暖了来才喝。黛玉在一旁嗑着瓜子笑。正巧这时因为天气冷，她的小丫头走来给她送小手炉。黛玉就问她："谁叫你送来的？难为她费心，哪里就冷死了我。"小丫头答道："是紫娟姐姐⑫怕姑娘冷，叫我送来的。"黛玉一面接了手炉抱在怀中，一面借题发挥说："亏你倒听她的话，我平日和你说的全当耳旁风，怎么她说了你就依，比圣旨⑬还快呢。"（这话的间接意义是针对贾宝玉刚才接受薛宝钗的劝告，不喝冷酒这件事，责怪贾宝玉只听薛宝钗的话，不听自己的话。）宝玉和宝钗知道这林黛玉平日这样的惯了，所以也不放心里去。

第二十回写到，一日宝玉在宝钗家里玩，听说史湘云⑭到荣国府来了，宝玉就与宝钗一起过来看她。史湘云问宝玉刚才去哪儿了。宝玉说："在宝姐姐家里。"黛玉在一旁听了冷笑道："我说呢，亏得在那里绊住了，不然，早就飞了来。"宝玉笑道："只许同你玩，替你解闷儿；不过偶然到她那里，你就说这些闲话。"林黛玉道："好没意思的话！去不去，管我什么事？我又没叫你替我解闷儿——还许你从此不理我呢！"说着便赌气回房去了。宝玉忙跟了来问道："好好儿的又生气了；就是我说错了，你到底也还坐在那里和别人说笑一会子啊。"黛玉道："你管我呢！"宝玉笑道："我自然不敢管你，只你自己不要糟塌坏了身子。"林黛玉道："我作践坏了我的身子，我死我的，与你何干？"宝玉劝她不要乱说，黛玉又说："我这会子就死！你怕死，你长命百岁的活着！好不好？"这时宝

74

钗来找宝玉,说史湘云等着跟宝玉说话呢,说着就推着宝玉走了。这里黛玉就越发气闷,只向窗前流泪。过了一会儿宝玉回来了,林黛玉看见了越发哭个不住。宝玉只好又来劝她,黛玉说道:"你又来作什么?横竖如今有人和你玩,比我又会念,又会作,又会写,又会说会笑,又怕你生气,拉了你去哄着你。你又来作什么呢?"

这种使小性子的性格也成了一种典型,所以人们也将多心、好使小性子的女孩子比作林黛玉。

林黛玉因为太多愁善感,又太猜忌使小性子,所以身体更加不好,病越来越重。后来听说贾母、王夫人⑮决定让宝玉娶薛宝钗为妻,她终于在绝望中悲惨地死去了。

注释:

①《红楼梦》:中国四大古典名著之一,又名《石头记》,作者曹雪芹(Cáo Xuěqín,? —1763?)。此小说后来被改编为各种戏曲、电影等,其中的主要人物为老百姓所熟知。

②苏州 Sūzhōu:地名,在江苏省。

③扬州 Yángzhōu:地名,在长江下游北岸。

④荣国府:贾宝玉家的宅第,因其祖上曾为荣国公,所以府第称为荣国府。

⑤贾宝玉 Jiǎ Bǎoyù:《红楼梦》中的主要人物之一,见本书"贾宝玉"条。

⑥贾府:指贾家或贾家的住宅。

⑦王熙凤 Wáng Xīfèng:《红楼梦》中主要人物之一,见本书"王熙凤"条。

⑧标致 biāozhì:漂亮。

⑨薛宝钗 Xuē Bǎochāi:《红楼梦》中的主要人物之一,见本书"薛宝钗"条。

⑩姨太太 yítàitai:这里指薛宝钗的母亲,因她与贾宝玉的母亲是姐妹,是宝玉的姨妈,所以人们叫她姨太太。

⑪薛姨妈:即薛宝钗的母亲。

⑫紫娟 Zǐjuān:人名,林黛玉的大丫环。

⑬圣旨 shèngzhǐ:皇帝的命令。

⑭史湘云 Shǐ Xiāngyún:贾宝玉的亲戚。

⑮王夫人:贾宝玉的母亲,因娘家姓王,所以人们称她为王夫人。

姜太公　Jiāng Tàigōng

例句： 1. 你说质量不好？可是便宜啊，质量好是这个价吗？这叫姜太公钓鱼，愿者上钩。

2. 这都什么时候了，你还姜太公稳坐钓鱼台?! 快，快，再晚就赶不上火车了！

3. 李昌镐棋风厚实，讲究后发制人，其下棋时表现出来的冷静远远超出他的年龄，正好与他的棋风相适应，因此他得到一个"少年姜太公"的外号。

含义： 姜太公是指因为事先心中已经有数、所以做事不急不躁、耐心等待机会的人。

出处： 姜太公是商末周初①人，约生活在公元前十一世纪，姓姜名尚，又称姜子牙。据《史记·齐太公世家》②记载：姜子牙年老而穷困，在渭水③河边钓鱼。有一天周文王④去渭水河边打猎，遇到了他，跟他交谈起来，发现这是一个很了不起的人才，心下大喜，说："自吾先君太公曰：'当有圣人适周，周以兴。'子真是邪？吾太公望子久矣。"（过去我的父亲太公曾经说：'将会有圣人来到周，周因此会兴盛起来。'你就是那个圣人呀，我的父亲太公等你已经很久了。）所以他称姜子牙为"太公望"，把他带回宫中，立为师。后来老百姓俗称姜子牙为姜太公。

后来周文王死了，武王⑤即位，姜子牙帮助武王灭了商纣⑥，建立周朝（公元前 1066 年），周武王封姜子牙为齐侯⑦。

因为年代太久远，史书上记得很简单，但民间有各种演义流传，到明朝⑧出现了神怪小说《封神榜演义》⑨，主要人物之一就是姜子牙。

现在民间作为典型人物的姜太公主要指两个方面："姜太公稳坐钓鱼台"和"姜太公钓鱼，愿者上钩"。

据说姜太公遇文王之前已经年纪很老，满头白发，八十岁时每天坐在渭水河边钓鱼。有人问他说："你每天钓鱼，可是从来没有看见你钓上过什么鱼，你为什么还稳坐钓鱼台不着急呢？"于是拿起他的钓鱼竿看，原来钓鱼线上只有一根直针，并不是弯曲的鱼钩，也没有鱼饵。那人大笑说："你这样就是一百年也钓不着一条鱼。"姜子牙说："你怎么能知道我的心思，我坐在这儿并不是为了鱼,大丈夫岂在乎鱼⑩,我要钓的是王侯⑪。"后来他果然遇到了周文王,建功立业,被封为齐侯。

"姜太公稳坐钓鱼台"是说姜太公对自己的前途早已有预料,所以稳坐在钓鱼台上等待机会,并不着急。这样的事现在也时有发生,所以人们会把这种心中有数、不急不躁等待机会的人称为"姜太公",这样的事为"姜太公稳坐钓鱼台。"

"姜太公钓鱼,愿者上钩"是说像姜太公的鱼竿那样,既没有钩也没有饵,是明摆着的,并没有欺骗那鱼,要是那样还能钓上鱼来,那是鱼自己愿意,并不是别人骗他上钩的。现在用这句话来比喻有些人明知不好,仍然愿意上当。例如一个人放高利贷⑫,还钱的时候必须付很高的利息,这是明摆着的,但是还是有人去借,这就是愿者上钩。

注释:
①商末周初:"商"是指商朝,公元前17世纪—公元前11世纪。"周"指周朝,约公元前11世纪—前256年。
②《史记》:中国古代的一部历史著作,作者司马迁。
③渭水 Wèishuǐ:河名,在陕西省。
④周文王:商末贵族,封地在今陕西一带。
⑤武王:周文王的儿子,周朝的第一个君主。
⑥商纣 Shāng Zhòu:商朝的最后一个君主。
⑦齐侯:"侯"是贵族的一种,"齐"在今山东省,"齐侯"是封地在齐的贵族。
⑧明朝:中国历史上的一个朝代,1368—1644年。
⑨《封神榜演义》:古代神怪小说。"演义"是以一定的历史材料为基础的小说。
⑩大丈夫岂在乎鱼:作为一个男子汉怎么能只为了几条鱼呢!
⑪王侯:"王"和"侯"都是贵族,这个句子意思是:我在等着机会,以后将能封王封侯,几条鱼算什么!
⑫高利贷:索取特别高额利率的贷款。

南郭先生　Nánguō xiānsheng

例句: 1. 低劣书刊充斥市场,"南郭先生"从中渔利①。

2. 近年来,有些业余文艺比赛中有一种值得注意的现象:评委席中经常坐着"南郭先生",连吉他有几根弦、定什么音都不知道,也能当吉他比赛的评委。

3. 别看他们个个都有专家的头衔,其实都是一些南郭先生。

含义: 南郭先生是没有真正的才能,但是混在行家里冒充行家的人。

出处: 南郭先生故事出自《韩非子·内储说》②。

　　战国③时齐宣王④喜欢听音乐,他叫人吹竽⑤时一定是三百人的大乐队一起演奏。有一个姓南郭的人,他对齐宣王说:"我也会吹竽,我要为大王吹竽。"齐宣王很高兴,让他跟其他乐手一样享受很高的待遇。可是南郭先生实际上不会吹竽,乐队演奏的时候他就装着吹竽的样子。因为一个大乐队人很多,没有人会注意他,齐宣王也不会知道,所以他能够一直混下去。

　　后来齐宣王死了,他的儿子当了国王,就是齐湣王⑥。齐湣王也喜欢听音乐,但他与他父亲不同,他不喜欢这么多人一起演奏,他喜欢让乐手一个一个地吹奏。这样,南郭先生混不下去了,只好悄悄地逃走。

　　成语"滥竽充数"与此同出一个故事。

　　后人用"南郭先生"来指那种假内行,冒充的专家。有时也用来作为自谦,例如:"我虽然也是评委会委员,但跟那些专家相比,只不过是南郭先生,滥竽充数。"

注释:

①此例选自报刊标题。

②《韩非子》Hán Fēi Zǐ:书名,战国末韩非著。

③战国:中国古代的一个历史时期,公元前475年—公元前221年。

④齐宣王 Qí Xuānwáng:战国时齐国的一个国君。

⑤竽 yú:古代的乐器,形状像现在的笙。

⑥齐湣王 Qí Mǐnwáng:战国时齐国的国君。

钟馗　Zhōng Kuí

例句： 1. 明天纪委①来人查账，钟馗要来捉鬼了，慌得那些大鬼小鬼们坐立不安。

2. 钟馗向来只捉鬼，你不是鬼怕钟馗做什么？

含义： 钟馗能捉鬼。现在把钟馗比作能够镇压邪恶的人。

出处： 据宋②沈括③《梦溪补笔谈》记载，唐④画家吴道子⑤曾画过钟馗像。画像的卷首有唐人的题记，说唐明皇⑥曾经在开元⑦时到骊山⑧，结果发疟疾，病了一个多月还没好。有一天夜里，忽然梦见两个鬼，一大一小。小的鬼偷了杨贵妃⑨的紫香囊⑩及明皇的玉笛，绕着宫殿而逃；大的鬼戴一顶帽子，穿蓝衣服，一只胳臂袒露，两只脚穿着兽皮做的鞋，追过去捉住小鬼，把它一块一块撕开来吃了。明皇问大鬼是什么人？大鬼说："我叫钟馗，曾经参加过武举⑪考试，但没有考中。我誓为陛下消灭天下的妖孽。"

钟进士像

唐明皇梦醒后发现病好了，身体健壮。就把吴道子叫来，让他画钟馗像。吴道子画好以后，唐明皇说画得很像，跟他所见的一样。唐明皇因为梦见钟馗以后病就好了，而且钟馗能捉鬼除妖，就命人印制钟馗像贴在门上以除鬼魔。

这当然只是传说。据说钟馗作为驱鬼的神，在唐明皇以前就已经广为流传。当时民间在年终时祀奉钟馗以驱邪恶已成为习俗。但是钟馗的来源现已不可考，现在能见到的最早的资料是《梦溪补笔谈》。

因为人世间也多有各种鬼魔，所以人们把能够镇住这些鬼魔的人也称作钟馗。

注释:

①纪委:纪律检查委员会。

②宋 Sòng:中国历史上的一个朝代,960—1279 年。

③沈括 Shěn Kuò:人名。

④唐 Táng:中国历史上的一个朝代,618—907 年。

⑤吴道子 Wú Dàozǐ:人名,唐时著名画家。

⑥唐明皇:唐代皇帝之一,即唐玄宗,712—756 年在位。

⑦开元:唐玄宗时年号,713—742 年。

⑧骊山 Lí Shān:地名,在陕西省临潼县东南。

⑨杨贵妃 Yáng Guìfēi:唐明皇的宠妃。

⑩紫香囊 zǐ xiāngnáng:"囊"是一种小口袋,"紫香囊"是一种放香料的小口袋。

⑪武举:用来选拔武官的科举考试。

钟子期　Zhōng Zǐqī

例句： 1. 你不说你们的艺术脱离群众,倒说这世上没有钟子期。

2. 黄教授激动地握着他的手说:"我可遇到了钟子期,这本书我写了二十年,只有你知道它的价值。"

含义： 钟子期的名字代表知音人。

出处： 钟子期的故事出自《列子·汤问第五》[1]。

　　春秋[2]时有个人叫伯牙[3],相传他曾经在著名琴师那里学琴,学了三年仍然不行。后来他随老师到东海蓬莱山[4]去,听到海水的澎湃,林中鸟的悲鸣,这些大自然的声音感动了他。他拿出琴来弹奏起来,从此他的琴艺大进,成为天下最著名的琴手。《列子·汤问第五》记道,有一次伯牙弹琴的时候,钟子期在那儿听。伯牙的琴声描绘的是泰山的风光。钟子期说,弹得真好啊,雄伟的气势好像是泰山。过了一会儿,琴声又描绘流水的景色。钟子期说,弹得多好啊,好像是潺潺的流水。钟子期能够听出琴声所表达的思想。伯牙第一次遇到这样懂得他的琴艺的人,就把他引为知音,两人成了好朋友。可是后来钟子期死了,伯牙非常伤心,他觉得这世上已经没有知音,没有人能够懂得他的艺术,于是他割断了琴弦,摔破了他的琴,从此以后就再也不弹琴了。

　　后来人们把钟子期作为知音的典型,用钟子期的名字来称呼知音。有时也用钟期来简称钟子期,如唐[5]孟浩然[6]诗:"不遇钟期听,谁知鸾凤声。"元[7]李好古[8]诗:"流水高山调不徒,钟期一去赏音孤。"

注释：

①《列子》Liè Zǐ:书名,相传为战国时列御寇(Liè Yùkòu)撰写。《汉书·艺文志》著录《列子》八篇,早佚(yì,散失)。现在看到的《列子》八篇,可能是晋朝(公元265年—公元420年)人所作。

②春秋:中国古代的一个历史时期,公元前722—公元前481年,因鲁国的编年史《春秋》包括这一个时期而得名。

③伯牙 Bóyá:人名,春秋时著名音乐家,相传曾作有《高山流水》等琴曲。

④蓬莱山 Pénglái Shān:山名。

⑤唐 Táng:中国古时的一个朝代,618—907年。

⑥孟浩然 Mèng Hàorán:唐时著名诗人。

⑦元 Yuán:中国历史上的一个朝代,1271—1368年。

⑧李好古:元时诗人。

唐僧　Tángsēng

例句： 1. 不要责怪他们，他们又没有错，你简直像唐僧乱念紧箍咒。

2. 我想想不该拖累你们，我又没有什么本事，帮不了你们的忙，倒像《西游记》里的唐僧，整个是一个大累赘。

3. 我们好容易搞来 300 万元经费，倒像一块唐僧肉，你也想吃一口，他也想吃一口。告诉你们，这次 300 万元集中使用，一分钱也不分出去。

含义： 唐僧代表懦弱胆小、是非不分的好人。

出处： 现在成为典型人物的唐僧是古典神话小说《西游记》①中的人物。他俗②姓陈，法名玄奘③。小说中写他由唐朝④皇帝李世民派遣，去西天⑤拜佛求取大乘佛法⑥三藏⑦，皇帝赐他法号"三藏"，因此书中也称他为唐三藏，但小说中通常都称他为唐僧。

玄奘实有其人，是唐初的名僧，曾经在公元 627 年独身一人去佛教的发源地天竺⑧留学取经⑨。西行途中经过西域⑩十六国，历尽种种难以想像的艰难，有时几天没有水喝，有时十多天才翻过一座冰山。但他意志坚强，发誓只向西行，决不东退半步。前后共花了四年时间，终于到达了目的地。在那里他遍学佛教各种经典，于公元 645 年回国到达长安⑪，往返共计十九年，从天竺带回大量佛经。他的徒弟慧立⑫著有《大唐慈恩寺三藏法师传》，这是一本著名的传记。

由于玄奘取经的故事带有传奇色彩，于是在民间就越传越奇。到 16 世纪中叶，由吴承恩集民间传说的大成，创作写成了一百回的《西游记》。

《西游记》虽然取材于唐玄奘取经的历史故事，但已经完全不是原来的历史面目。《西游记》中唐僧并

82

不是孤身一人去取经,他有三个徒弟,其中大徒弟孙悟空⑬有各种神通,本领高强,在孙悟空的保护下,唐僧才得以完成取经使命。二徒弟猪八戒⑭有很多缺点,常常制造一些麻烦。《西游记》的主角是孙悟空,唐僧只是孙悟空的陪衬。小说中唐僧儒弱无能、胆小糊涂、是非不分,离开孙悟空就寸步难行。唐僧虽然没有本事,但他会念紧箍咒⑮,一念紧箍咒孙悟空就头痛,用这个方法他得以控制神通广大的孙悟空。唐僧常常听信猪八戒的谗言责怪孙悟空,甚至乱念紧箍咒,使孙悟空头痛难忍。

第二十七回写白骨精⑯变化为一个年轻漂亮的女子,花言巧语来骗唐僧,那唐僧就以为她是好人,却被孙悟空识破,一棍子打去,白骨精使了一个"解尸法"⑰,预先走了,把一个假尸首打死在地。唐僧不听孙悟空的解释,却听猪八戒的谗言,念起紧箍咒来,把个孙悟空疼得死去活来。过了一会儿,那白骨精又变作一个老妇人,哭着来找女儿,又被孙悟空识破,但是一棍子打去又被走脱,只把个假尸首打死在山路上,唐僧不分是非又念紧箍咒。第三次,那白骨精变作个老头儿,来向唐僧要人,又被孙悟空识破,这回一棍子下去真把它打死了,现出白骨精的原样——一堆白骨。本来唐僧听了孙悟空的解释,也倒相信了这是一个妖怪,但猪八戒又在旁边进谗言。于是唐僧相信了猪八戒的话,又念紧箍咒。最后竟把孙悟空赶走,不要他作徒弟了。这里唐僧完全是一个颠倒是非、不知好坏的糊涂虫。这种形象就成了一种典型,人们用"唐僧"来指无能并且是非不分的人。

唐僧在取经路上多灾多难是因为妖怪们听说他是释迦牟尼⑱的弟子金蝉子⑲转世,经过十世修行,吃他一块肉就能长生不老。所以,一路上的妖怪们个个盼望唐僧到来,好吃唐僧肉。这种情形也成为一种典型,假如有一种好东西,那些贪心不义的人们都想分得一点,于是人们就说,这好比是唐僧肉,谁都想吃上一口。

注释:
①《西游记》:中国四大古典小说之一,作者吴承恩(Wú Chéng'ēn),写于 16 世纪中叶。
②俗 sú:与出家人相对,普通人称为"在俗"。"俗姓陈"是说出家以前姓陈。
③玄奘 Xuánzàng:唐代著名僧人。"法名"是指出家以后的名字。
④唐朝 Táng cháo:中国历史上的一个朝代,618—907 年。
⑤西天:佛教起源于印度,印度在中国的西南,所以《西游记》中说佛祖住在西天,西天为极乐世界。
⑥大乘佛法 dàchéng fófǎ:"佛法"为佛教的教义。佛法分为大乘和小乘。公元一二世纪流行的佛教派别,自称为大乘。传到中国的是大乘佛法。

⑦三藏 Sānzàng:佛教经典分为经、律、论三部分,总称为三藏。通晓三藏的僧人称为三藏法师。

⑧天竺 Tiānzhú:中国古代称印度为天竺。

⑨取经:"经"指佛经;"取经"是指到佛教圣地去求取佛教经典。

⑩西域 Xīyù:中国古时指新疆和中亚细亚一带。

⑪长安:唐朝时的首都,在今西安。

⑫慧立 Huìlì:僧人名。

⑬孙悟空 Sūn Wùkōng:《西游记》中主要人物之一,见本书"孙悟空"条。

⑭猪八戒 Zhū Bājiè:《西游记》中人物之一,见本书"猪八戒"条。

⑮紧箍咒 jǐn gū zhòu:"咒"是佛教中一些语句或篇章,佛教徒认为念诵这些语句或篇章能够起神奇的效果。"紧箍咒"是指念诵某几个语句,孙悟空头上的金箍就会收紧,因而使他头疼。

⑯白骨精 báigǔjīng:妖怪名。

⑰解尸法 jiě shī fǎ:《西游记》中描写的一种法术,指留下一个假尸体,真身逃走。

⑱释迦牟尼 Shìjiāmùní:佛教的创始人,佛祖。

⑲金蝉子 Jīnchánzǐ:释迦牟尼的弟子之一。

高衙内 Gāo Yánèi

例句： 1. 在封建专制的社会,到处都是贪官污吏,他们的子弟高衙内就更多。

2. 过去因为法不加尊,所以对高衙内们没有办法。现如今法律面前人人平等,不要说高衙内,即使是高俅自己犯法也要严惩。

含义： 高衙内代表无法无天做坏事害民的官僚子弟。

出处： 高衙内是古典小说《水浒传》①中的人物。"衙内"本是担任皇宫警卫的官员,在宋朝②时多以大臣子弟充任,所以后来以衙内泛指官僚子弟。高衙内是当时的权臣高俅③的干儿子,仗着高俅的势力,在京城为非作歹,横行霸道,专爱奸淫人家的妻女,人们都叫他花花太岁。因为都惧怕高俅的权势,所以没有人敢管他。

一日,东京④八十万禁军⑤教头⑥林冲⑦的妻子到岳庙⑧去烧香⑨,正遇着这高衙内。他正带着一帮人在岳庙闲逛,见林冲的妻子年轻漂亮,就拦住了道:"你且上楼去,和你说话。"林冲的妻子一看不好,赶紧叫使女去找林冲来。林冲急忙赶去,见是自己顶头上司高俅的儿子,只好忍下这口气。高衙内见林冲来了也只好离去。他回到家中以后,好几天仍然闷闷不乐。一个帮闲⑩给他出了一个主意:让一个人请林冲去酒楼喝酒,然后由另一个人到林冲家去,对林冲的妻子说,林冲在那个人家里喝酒时昏倒了,骗林冲的妻子去那里。他们用这个方法果然把林冲的妻子骗到了那个人的家。林冲的妻子到那里一看并没有林冲,却见高衙内从里面出来,赶紧叫使女去找林冲。这次林冲又及时赶到,高衙内的目的不但没有达到,反而在跳窗逃走时受了惊吓,竟病了。

他的帮闲又给他出了一个主意,要高俅阴谋害死林冲。后来虽然林冲没有死,但他被发配⑪到很远的地方去了。然后这高衙内就明目张胆地把林冲的妻子抢到了家。林冲的妻子不愿受辱,就只好自杀。这样林冲一家被害得家破人亡。

后来人们就把这种无法无天、做坏事害民的官僚子弟称为高衙内。

注释：
①《水浒传》Shuǐhǔ Zhuàn:中国四大古典小说之一。成书于 14 世纪中叶。描写 12 世纪

初的农民起义。

②宋朝 Sòngcháo：中国的一个历史朝代，分为北宋和南宋两个阶段。北宋 960—1127 年，南宋 1127—1279 年。

③高俅 Gāo Qiú：人名，北宋时的奸臣。

④东京：当时的首都汴州，即现在的开封。

⑤禁军 jìnjūn：古代保卫京城和皇宫的军队。

⑥教头：这里指军事武术教官。

⑦林冲 Lín Chōng：人名，《水浒传》主要人物之一。

⑧岳庙 Yuè Miào：是祭五岳（五座名山）之神的庙宇。

⑨烧香 shāo xiāng："香"是一种可燃烧的细棍，燃烧时发出香味。佛教或道教信徒拜神作祈祷时，同时烧香。

⑩帮闲 bāngxián：依附于有钱人，为他们效劳的人。

⑪发配 fāpèi：将罪犯遣送到边远地区去服刑。

秦香莲 Qín Xiānglián

例句：1. 据统计，1982 年以前，每年到县妇联上访的婚姻纠纷案有 100 多件，
成年上访告状的"秦香莲"有 30 多名。

2. "严惩陈世美，为秦香莲申冤"，曾经是我们妇联维权工作的重要内容
之一。

3. 丰宁满族自治县并不是秦香莲的故乡，却出了不少"秦香莲"。

含义：秦香莲是被丈夫抛弃的受害妇女的典型。

出处：秦香莲是民间戏曲《铡美案》中的人物之一。她的丈夫陈世美在考中状
元以后，与公主结婚，将她与孩子们抛弃。人们同情秦香莲，而陈世美则受到
舆论的谴责。

故事详见本书"陈世美"条。

诸葛亮　Zhūgé Liàng

例句： 1. 七哥的判断像诸葛亮一样准确无误。三天刚过,她红肿着眼泡来找七哥了。

2. 年轻科技副县长,靖西脱贫诸葛亮。①

3. 三个臭皮匠,凑起来是一个诸葛亮。②

4. 他相信只要抓住教育事业不放,"阿斗"③就有可能变成"诸葛亮"。

含义： 诸葛亮的名字代表智慧超常的人。

出处： 诸葛亮是真实历史人物,复姓诸葛,名亮,字孔明,自号卧龙先生,生于公元 181 年,死于公元 234 年,是三国④时刘备⑤的谋士,刘备称帝后诸葛亮为蜀汉的丞相。陈寿⑥写的史书《三国志》有诸葛亮的事迹。作为真实历史人物的诸葛亮是杰出的政治家、军事家,智慧过人。

但是现在老百姓心目中的诸葛亮实际上是文学人物,出自明⑦罗贯中⑧的小说《三国演义》⑨。罗贯中在真实历史的基础上吸收民间传说加以发挥与想像,有不少艺术虚构。尤其是突出地夸张诸葛亮的智慧,使他不但博古通今,上知天文,下知地理,而且能够呼风唤雨、未卜先知。作为文学形象的诸葛亮已经近似于神。

《三国演义》共一百二十回,其中有三十回主要写诸葛亮,把诸葛亮的智慧写得淋漓尽致,例如第四十六回草船借箭的故事:

曹操⑩在长江北岸陈兵八十三万,要渡江消灭东吴⑪。东吴的兵力只有五六万,兵力相差太远,因此就只好与刘备的力量联合,共同寻找破敌之计。刘备派军师诸葛亮到东吴去协助破敌。在合作过程中,东吴的都督周瑜⑫发现诸葛亮的智慧超过自己很多。现在面临强敌,双方合作,是朋友。但以后仍然是敌对的势力,因此诸葛亮对东吴也是很大的威胁,所以周瑜就想借机会杀掉诸葛亮。

有一天周瑜召集手下将士并请诸葛亮一起来议事。周瑜问诸葛亮:"过几天就要与曹军交战,先用什么兵器?"

诸葛亮说:"大江之上,应该先用弓箭。"

周瑜接着说:"先生的意见跟我一样。但现在军中缺箭,请先生监造十万

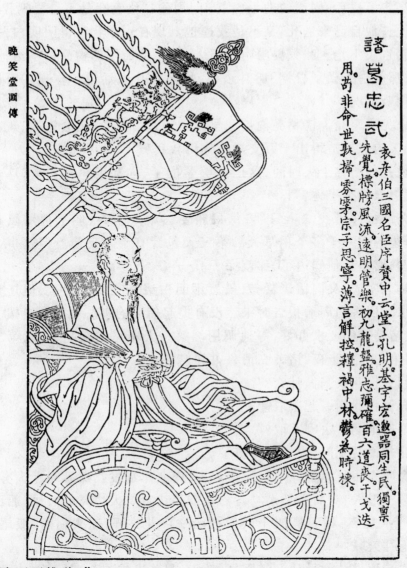

諸葛忠武

晚笑堂畫傳

袁齊伯三國名臣序贊中云堂堂孔明基宇宏邈器同生民獨稟先覺標牓風流遠明管樂初九龍盤雅志彌確百六道喪干戈迭用茍非命世孰掃雰雺宗子思寧薄言解控翼翼壟為時棟

支箭,请不要推辞。"

诸葛亮说:"都督委托我做事,我当然不会推辞,请问十万支箭什么时候要用?"

周瑜说:"十天之内,能不能办完?"

诸葛亮说:"曹操的军队不久就要来进攻了,要是用十天时间造箭,一定会耽误大事。"

周瑜问:"那你说几天能办完?"

诸葛亮回答道:"只要三天,就可以交上十万支箭。请都督在第四天早晨派五百人到江边搬箭。"

说着诸葛亮与周瑜立了军令状[13],周瑜心中暗喜。

诸葛亮走了以后，周瑜的助手鲁肃⑭问周瑜："诸葛亮是不是要骗我们？"

周瑜说："他自己来送死，又不是我逼他。现在军令状写得明明白白，他就是生了翅膀也飞不走。我只要吩咐手下人，凡是造箭用的物品都不给他齐备，故意拖延，那就一定误了日期，那时杀他，他还有什么话说！你现在可以去他那儿探听探听情况。"

鲁肃来见诸葛亮。诸葛亮说："我早跟你说过，周瑜一定会害我，现在果然出事了，三天内怎么造得出十万支箭？你得救我！"

鲁肃说："他给你十天时间，这已经够紧的了，你却说只要三天，这是你自己找的，我怎么救得了你？"

诸葛亮说："你借我二十只船，每只船要三十个士兵，船上都用黑布遮起来，船的两边各立一千多个稻草人。第三天包管有十万支箭。但这事儿可不能告诉周瑜，要是让他知道了，那就完了。"

鲁肃是老实人，又同情诸葛亮，虽然不明白诸葛亮要干什么，但还是答应了他的要求。回去向周瑜报告时果然没有提起借船的事。鲁肃私自拨了快船二十只，按诸葛亮的要求办好，等他调用。第一天不见诸葛亮动静，第二天也没动静，到第三天后半夜，诸葛亮请鲁肃到船中去。

鲁肃问："你叫我来做什么？"

诸葛亮说："我们一起去取箭。"

鲁肃好奇地问："去哪儿取？"

诸葛亮却说："别问，去了就知道了。"

诸葛亮叫人用长绳把二十只船连起来，向北岸进发。那天晚上大雾漫天，长江之上雾气过大，对面不见人。诸葛亮催船快行。天快亮的时候，船已经靠近了曹操的水寨⑮。诸葛亮叫士兵们把船一字儿排开，船头朝西，般尾朝东。然后在船上擂鼓喊叫。

鲁肃吃惊地说："你做什么？要是曹军一起杀出来怎么办？"

诸葛亮笑着说："江上雾这么大，我料定曹操不敢出兵。我们只管喝酒取乐，等雾散了就回去。"

再说曹操的水寨中，忽然听到江上擂鼓喊杀的声音，以为敌人来进攻了，赶紧派人去向曹操报告。曹操到外边一看雾这么大，就传下命令："江上雾大，敌军忽然到来，一定有埋伏，决不能轻举妄动，可叫水军的弓箭手用乱箭射。"又派人到旱寨调三千弓箭手，火速赶到江边助射。一万多人一齐向江中放箭，箭好像雨点一样落在船上。诸葛亮叫士兵们把船掉过头来，头朝东，尾朝西，逼近水寨受箭，同时更使劲儿地擂鼓喊叫。等到太阳升起来，雾散了，诸葛亮命令士兵们快收船回去。二十只船两边的稻草人上，插满了箭。诸葛亮叫船上的士兵们齐声喊道:"谢丞相[16]的箭!"等到曹操的士兵们发现事情的真相去向曹操报告时,诸葛亮船轻水急,已经出去二十多里,根本追不上了,曹操懊悔不已。

诸葛亮对鲁肃说:"每只船上约有五六千支箭,过几天用曹操的箭去射曹操,这多好。"

鲁肃说:"先生真是神人,你怎么知道今天有大雾?"

诸葛亮说:"带兵打仗怎么能不知道天文地理呢! 我在三天以前就知道今天有大雾,所以敢说三天办完。周瑜叫我十天办完,但是造箭用的物品他一定不给我备齐,而且一定会叫工匠拖延,这不是明摆着要杀我吗?"

鲁肃听了,对诸葛亮佩服得不得了。

又如第五十四回、五十五回,"刘备东吴结亲"也是一个典型的例子。

自从刘备向东吴借了荆州[17]以后,东吴屡次要刘备还荆州,但刘备都不肯还。于是周瑜想了一条计策,乘刘备刚死了夫人,派人去骗刘备说吴主孙权[18]愿意把妹妹嫁给他,请刘备到东吴去就亲。刘备知道这是一个骗局,他如果到东吴去,就一定会被囚禁起来,目的是为了逼他还荆州。诸葛亮却说这虽然是周瑜的阴谋,但你只管去,保证你没有危险。诸葛亮派大将赵云[19]跟随刘备一起去,并且给他三个锦囊[20]说:"这里面有三条妙计。你到南徐[21]时打开第一个锦囊,按我写的计策去做。在东吴住到年底时打开第二个锦囊,也按我说的去做。第三个锦囊要到情况危急时才打开,那里面有办法会告诉你怎么做,可以保证主公[22]平安回家。"

赵云按诸葛亮说的一一去做,果然每一次都化险为夷,使周瑜的阴谋一一失败。孙权嫁妹的事本来是假的,后来却成了真的,刘备不但与孙权的妹妹成了亲,而且带着她平安地回到了荆州。

像这样事先早早就能料到将会发生什么,而且知道该怎么去做,这是诸葛亮智慧的特点。民间把诸葛亮当做智慧的象征。

假如一件事情没有成功,在事情发生以后,有些人自以为聪明,指责别人不应该这样做、不应该那样做等等。人们会把这种人叫做"事后诸葛亮"。当然"事后诸葛亮"并不值得称赞,是对人的一种讽刺。

注释:
①此例选自报刊标题,意思是:一个年轻的副县长像诸葛亮一样有智慧,使靖西县脱离了贫困。
②这是一条谚语(yànyǔ),"皮匠"是指为人补鞋修鞋的手艺人,"臭"在这里表示是"低贱的"。全句的意思是:三个低贱的普通劳动者在一起同心同力,会有诸葛亮一样的智慧。

③阿斗 Ādǒu:刘备的儿子,智力低下,这里用"阿斗"指智力低下的人。见本书"阿斗"条。

④三国:中国古代的一个历史时期,公元220—280年。三国指"魏"(在长江以北的曹操政权),"吴"(也称东吴,在长江中下游的孙氏政权),"蜀汉"(在四川一带的刘备政权)。

⑤刘备 Liú Bèi:(161—223年)三国中蜀汉的创立者。

⑥陈寿 Chén Shòu:(233—297年)历史学家。

⑦明:中国的一个历史朝代,1368—1644年。

⑧罗贯中 Luó Guànzhōng:约1330—1400年期间在世,古代小说家。

⑨《三国演义》:中国第一部历史题材的长篇小说,以三国时的历史为主要依据,吸收民间传说创作而成。

⑩曹操 Cáo Cāo:三国中魏国的实际创业者,见本书"曹操"条。

⑪东吴 Dōng Wú:三国时长江中下游的孙氏政权称为"吴",因其在东部,所以也称"东吴"。

⑫都督周瑜:周瑜(Zhōu Yú)是人名,(175—210年)是东吴的名将。"都督(dūdu)"是官名,当时是最高军事长官。

⑬军令状 jūnlìngzhuàng:小说中描写的接受军事任务以后写的保证书,表示如不能完成任务,就愿意依军法惩处。

⑭鲁肃 Lǔ Sù:(172—217年)东吴名将。

⑮水寨 shuǐzhài:水军的军营。

⑯丞相 chéngxiàng:官名,古代是职位最高的大臣。这里指曹操,因为当时曹操名义上是汉朝的丞相。他的儿子曹丕时才废汉,自立国号为魏。

⑰荆州 Jīngzhōu:地名,在长江中游,现在的湖北省。

⑱孙权 Sūn Quán:东吴的国君,222年正式建国,卒于252年。

⑲赵云 Zhào Yún:三国时的名将。

⑳锦囊 jǐnnáng:"囊"是一种小小的口袋,通常用来放香料等物。"锦"是有彩色花纹的丝织品。

㉑南徐 Nánxú:地名。

㉒主公:即主人,这里指刘备。

贾桂　Jiǎ Guì

例句：1. 当惯了贾桂，你要叫他不当，他还挺不习惯。

　　　2. 有些人做奴隶做久了，感觉事事不如人，在外国人面前伸不直腰，像贾桂一样，人家让他坐，他说站惯了，不想坐。

含义：贾桂是那种缺乏自尊心和自信心的奴才的典型。

出处：贾桂的名字出自京剧《法门寺》[①]。

《法门寺》说的是明朝[②]的故事，那时宦官[③]刘瑾[④]专权，权势极大。贾桂是服侍刘瑾的一个小太监[⑤]。剧中有一处写到刘瑾为了要贾桂伴同他说话，让贾桂坐下。贾桂在权贵面前不敢坐，而且讨好地说："奴才[⑥]站惯了，不想坐。"《法门寺》里贾桂是一个极次要的人物，戏很少，他说的这句话跟剧情也没有关系。但是因为这句话充分反映了贾桂的奴才性格，就使贾桂成为这一类人物的典型。

现在人们用贾桂来称呼这种奴颜婢膝、甘心作奴才的人。

注释：
①《法门寺》Fǎmén Sì：寺庙名，在今陕西省，这里用作剧名。
②明朝：中国的一个历史朝代，1368—1644 年。
③宦官 huànguān：皇宫内的侍从，也叫太监。
④刘瑾 Liú Jǐn：人名。
⑤太监 tàijiàn：皇宫内的侍从。
⑥奴才 núcái：当时仆人对主人说话提到自己时，就卑称自己为奴才。

贾宝玉　Jiǎ Bǎoyù

例句： 1. 他从小跟贾宝玉似的娇生惯养，又不肯学习，长大了自然一事无成。

2. 随着1905年秋天的过去，他人生中贾宝玉式的贵胄公子爷时代也成为过去，他同母亲一起来到了上海。

3. 现在外语院校中女学生太多，男学生简直像大观园①里的贾宝玉，是个别的。

含义："贾宝玉"通常指有钱人家娇生惯养、吃不得苦的男孩儿。

出处： 贾宝玉是古典小说《红楼梦》②中的主要人物之一，是富贵人家的公子哥儿。他长得面如春花，目如明星，聪明乖觉百个不及他一个。祖母、母亲溺爱得不得了，从小娇生惯养。

贾宝玉的性格有三个重要特点：

第一是在家里只跟姐姐妹妹们住在一起，玩在一处，说"女儿是水做的骨头肉，男人是泥做的骨头肉。我见了女儿便觉清爽，见了男子便觉浊臭逼人"。一周岁时他父亲要试他将来的志向，便将世上所有之物摆了无数在他面前，让他抓取。人们认为，小孩子抓到什么，就预示他将来可能做什么。例如，要是抓到了文具书籍，那就是说他将来可能爱读书、有学问；要是抓到算盘账本，那么以后可能善经商等等，这叫做抓周。那贾宝玉抓周时，周围各种东西他一概不取，只把女孩子用的脂粉钗环抓了起来。他父亲大怒，说他将来一定是个酒色之徒，便不喜欢他。

待逐渐长大，贾宝玉果然是与众不同，见了女孩子就喜欢，觉得女孩儿自是高贵的。无论是姐妹还是丫环，特别知道体贴她们，帮着她们调脂弄粉，更爱吃女孩子嘴上擦的胭脂唇膏。

第二十一回写他的表妹史湘云③到荣国府④来玩，晚上大家在贾母⑤处闲话一回方才各自归寝。湘云仍像往常一样到黛玉⑥房中安歇。宝玉送她二人到房，仍在那里厮混，二更多天⑦时丫环来催了几次才回到自己的房中去睡。第二天天亮就披了衣服、拖着鞋往黛玉住处来。见她姐妹二人仍然睡着。黛玉裹着一幅红绫被子睡得安稳，那湘云却把一头乌黑的头发拖在枕边，被子只到齐胸处，雪白的膀子撂在被外。宝玉见了叹道："睡觉还不老实，要是风吹了又嚷肩疼了。"一面说一面轻轻地替她盖上被子。黛玉早已醒了，觉得有人，就猜是宝玉。翻身一看，果然是他，就说道："这么早就跑来做什么？"宝玉笑道："这天还早呢？你起来瞧瞧。"黛玉道："你先出去，让我们起来。"宝玉听了转身出至外边，黛玉起来叫醒湘云，二人都穿了衣服，宝玉又进来坐在镜台旁。湘云洗了脸，要把水倒掉，宝玉说："别倒掉，我也就这些水洗一洗就完了，省得回去再洗。"说着就洗起来。等湘云梳完了头，他便过来笑道："好妹妹，替我梳梳头罢。"湘云笑道："这可不能了。"宝玉就千妹妹、万妹妹地央告，湘云只得替他梳。镜台边都是女孩子的化妆品，宝玉不觉又顺手拿起了胭脂，想要往嘴里送，又怕湘云说他，正犹豫间，湘云果然看见了，一只手伸过来啪的一下将胭脂打落，说道："你这不长进的毛病什么时候才改？"

这样的事是常见的。荣国府中有一个很大的花园，叫做大观园，只贾宝玉与他的姐姐妹妹们住着，还有众多的丫环，那么多女孩子，只有贾宝玉一个男孩儿。这样特殊的环境更养成了他的特殊性格。

第二是不喜欢读书。不但不喜欢，而且说除明明德[8]以外无书，都是因为前人不能理解圣人之书，另出主意乱编出来的。凡喜欢读书的人他就起个名字，叫他们禄蠹[9]。为此他常常挨他父亲的打。

第七十三回写有一天晚上宝玉已经睡下了，忽然得到一个消息，说他父亲第二天要检查他读书的情况。宝玉听了，便如孙大圣听见了紧箍咒[10]一般，顿时不自在起来。想来想去没有别的办法，只好穿了衣服起来，准备明天的考查。心中后悔这些日子天天玩，把书丢在一边了，早知该天天好好温习的。打算打算现在能背的只有

《大学》⑪、《中庸》⑫，至于《孟子》⑬有一半是夹生的，要是凭空提一句，肯定不能接着背下去。至于古文，虽然只有几十篇，这几年也没下过功夫。还有时文八股，他父亲曾经选了百十篇命他读，但他竟没有好好读过。现在要是温习了这个，恐怕明天考的是那个；温习了那个，又怕明天考的是这个。这一夜工夫不知复习什么好，心里实是着急。他这一着急，带累着一房十几个丫头都不能睡觉。屋里这几个大的，自然得在一旁剪烛、倒茶，屋外那些小的也不敢睡，个个困眼朦胧，前仰后合。有一个小丫头坐着打盹⑭，一头撞在墙上，咚的一声，她惊醒过来，以为大丫头打了她一下，就说："好姐姐，我以后再也不敢了。"说得众人都笑了起来。宝玉忙过来劝道："原该叫她们都睡去，就是你们几个大的也该轮换着睡。"丫头们道："你只顾你自己罢，总共只这一夜工夫，你把你的心暂时放在这几本书上，等过了这一关，再说别的。"宝玉只得又回到书桌前，又念了几句书。过了一会儿，一个丫环送茶来，宝玉见她穿得少，就说："半夜了，天冷，该穿一件大衣才是。"如此这般，书虽摆在面前，竟是读不进去。忽然有两个丫环从后门跑进来说："不好了，一个人从墙上跳下来了。"众人听说，忙问在哪里，急忙叫人去各处寻找。丫环们见宝玉读书太苦恼，即使一夜不睡，到明日也不一定能过关，就想出一个主意说，受了刚才一惊，叫宝玉装病。宝玉听了就装起病来，果然逃过了第二天的考查。

其实贾宝玉并不是什么书都不喜欢读，他喜欢读杂书。《牡丹亭》⑮、《西厢记》⑯之类的书他就看得津津有味。他还喜欢写诗，所以前人的诗词也很熟悉，一部《诗经》⑰是常读的。诗写得很出色，大受人们的赏识，连私塾⑱的老师也说他有些偏才。

第三是厌恶人情世故⑲、仕途经济⑳的学问。第五回写贾母等人带宝玉到街对面宁国府㉑赏梅，宝玉觉得困倦想睡觉。人们把他带到一个房间休息，这个房间里面陈设极其精美华丽，但宝玉就是不肯在那里睡，因为屋里有一副对联：

　　世事洞明皆学问　　人情练达即文章㉒

这是劝人学习人情世故的，宝玉哪里肯在那样的地方睡觉。

第三十二回写宝玉不愿意去父亲那里会见父亲的宾客，史湘云笑道："你还是这个性情不改，如今大了，你就不愿读书去考举人进士，也该会会这些为官作宦的人们，谈谈讲讲这些仕途经济的学问，也好将来应酬世务，日后也有个朋友。没见你成年家只在我们队里搅些什么。"宝玉听了道："姑娘请到别的姐妹屋里坐坐，我这里仔细污了你知经济学问的人。"就要赶湘云走。他把这些话看作是混帐话㉓。薛宝钗㉔因为也这样劝过他，所以他与薛宝钗不合，渐渐疏远。林黛玉从来不劝他那些话，所以他与林黛玉才心心相印。

贾宝玉的性格在那个社会中是叛逆的性格，在文学批评中人们很重视这一点，但现在作为语言中的典型人物，通常只取他富贵人家娇生惯养的公子哥儿这个特点。要是人们说某一个男孩儿像贾宝玉，那是指他长得白净好看，聪明而娇生惯养不能吃苦。不过贾宝玉性格中的这三个特点，每一个都有可能成为典型。有时也可能仅仅是因为很多女孩子中只有一个男孩儿，人们就叫他贾宝玉，如例句3。

注释：

①大观园：小说《红楼梦》中荣国府里的大花园。

②《红楼梦》：作者曹雪芹（Cáo Xuěqín ？—1763?）。小说通过描写一个贵族官僚家庭的盛衰，深刻地剖析了封建社会的腐败，并且塑造了许多典型人物，收入本书的有贾宝玉、林黛玉、薛宝钗、王熙凤、刘姥姥。

③史湘云 Shǐ Xiāngyún：人名。

④荣国府：贾宝玉家住宅的名称，因其祖上曾为荣国公，所以住宅称为荣国府。

⑤贾母：贾宝玉的祖母，《红楼梦》中常称她为贾母。

⑥黛玉 Dàiyù：即林黛玉，贾宝玉的表妹，她的母亲是贾宝玉父亲的妹妹，因父母双亡，寄居在舅舅家。见本书"林黛玉"条。

⑦二更多天："更"是计算时间的单位，旧时把一夜分为五更，每更大约两小时，"二更多天"是指晚上十一点左右。

⑧明明德：《大学》开卷第一句话是"大学之道在明明德"，这里的"明明德"是指《大学》，也指四书。贾宝玉还不敢否定四书，他的意思是，除了四书以外，别的书都是瞎编的，不值得读。

⑨禄蠹 lùdù："禄"是古时官员的俸给（工资），"蠹"是一种小虫。"禄蠹"是指追求官俸的人，是一种贬称。因为贾宝玉看不起这样的人，所以称之为禄蠹。

⑩孙大圣听见了紧箍咒：比喻有本事的人却被别人控制，不能摆脱，只能服从别人的命令。见本书"孙悟空"条。

⑪《大学》：四书之一，原是《礼记》中的一篇。

⑫《中庸》Zhōngyōng：四书之一，也是《礼记》中的一篇。

⑬《孟子》Mèng Zǐ：四书之一，是孟子及其学生的著作。

⑭打盹 dǎ dǔnr：口语中指坐着或靠着小睡。

⑮牡丹亭 Mǔdān Tíng：明代剧本名，汤显祖著，描写男女爱情，词曲优美传情。

⑯《西厢记》Xīxiāng Jì：元代剧本，王实甫著，也描写男女爱情，见本书"红娘"条。

⑰《诗经》：中国最早的诗歌总集，为五经之一，共305篇，编成于春秋中叶（公元前五世纪前后）。

⑱私塾 sīshú：旧时私人设立的学校。

⑲人情世故：指处理人际关系。

⑳仕途经济：指谋取官职以及混迹于官场的学问。

㉑宁国府 Níngguó Fǔ：贾宝玉祖上荣国公的哥哥宁国公的府第，在荣国府的对面。

㉒世事洞明皆学问，人情练达即文章。这是旧时很流行的一副对联。意思是：了解人世间各种事情之间的相互关系也是学问，善于处理人际关系也像写文章一样重要。

㉓混账话 hùnzhàng huà：没有道理的并且对人有害的话。

㉔薛宝钗 Xuē Bǎochāi：贾宝玉的表姐，她母亲跟贾宝玉母亲是姐妹。

梁鸿、孟光　Liáng Hóng、Mèng Guāng

例句： 1. 两口子和和睦睦,举案齐眉,仿佛梁鸿孟光一般。

　　　2. 他们十几年从来没有红过脸,人人都说这一对夫妻可比梁鸿孟光。

　　　3. 今妹妹喜嫁得梁鸿,还愁什么!

含义： 梁鸿指好丈夫,孟光指贤妻。梁鸿、孟光是恩爱夫妻的典型。

出处： 据《后汉书·逸民传·梁鸿》①记载,东汉②时梁鸿家贫,但博学,心情清高,不愿为官。有权势的人家羡慕他的高节,不少人想把自己的女儿嫁给他,但都被梁鸿拒绝了。

同县有一个姓孟的人家有一个女儿,长得黑黑的、胖胖的,而且很丑。她的力气很大,能够把石臼③举起来。她一直到三十岁了还不肯嫁人,父母问她为什么?她说:“要嫁像梁鸿这样有高节的人。”

梁鸿听说了,就决定娶她为妻。嫁前她准备了布衣、麻鞋,以及织布劳作的工具。嫁过去以后,才开始打扮起来。梁鸿七天没有说话。妻子问他为什么不说话?梁鸿说:“我娶你是因为你能够跟我一起隐居深山。现在你这样打扮起来,正跟我的愿望相反。”妻子说:“我已经准备了劳作用的布衣、麻鞋。”于是她就改变发型,换了布衣,干起活来。梁鸿非常高兴地说:“这才真的是我梁鸿的妻子,能跟我一起过日子了。”就给她取了个名字叫孟光。

于是两人共入霸陵④山中,以耕织为业。后来因为战乱,他们去南方避难。梁鸿靠给人家当短工舂米,才挣一点儿钱维持生活。但是每天回到住的地方,孟光都做好了饭,恭恭敬敬地把饭送到他面前,举案⑤齐眉,夫妻两人虽然极其贫困,但能够相敬如宾。雇佣梁鸿干活儿的那家主人看到这种情况非常惊奇,说一个打短工的竟这样受妻子尊敬,一定不是一个普通人。

不久梁鸿死了,孟光又回到故乡去了。

他们的事迹后世传为佳话。以后人们以“梁鸿”比喻好丈夫,以“孟光”或“梁鸿妻”比喻好妻子,以“梁鸿案”比喻夫妻恩爱。这在东汉以后的古书中是常见的。但现在随着妇女地位的提高,即使夫妻恩爱,人们也很少以梁鸿、孟光作比喻了。

注释：

①《后汉书》：史书名，记载东汉一代的历史。

②东汉：中国的一个历史朝代，公元 25—220 年。

③石臼 shíjiù：古时舂米（chōng mǐ）的工具。

④霸陵 Bàlíng：地名，在今陕西蓝田县。

⑤案 àn：一种长条的桌子或代替桌子的长条木板。这里指放着饭碗的木盘。"举案齐眉"即把放着饭碗的木盘举起来到眉毛这么高的地方，表示对丈夫的尊敬。

黄忠　Huáng Zhōng

例句：1. 他年过六十不输年轻人,依然一个老黄忠,宝刀不老。

2. 现在是人才济济,他虽然勇如当年,赛过老黄忠,可是年龄到了也得退休,让位给年轻人。

含义：黄忠是年老但仍屡建战功的老英雄。

出处：黄忠是三国①时蜀汉的大将,死于公元 220 年。现在民间流传的黄忠形象出自罗贯中②所著的小说《三国演义》③。

黄忠英勇善战,尤长弓箭,投降刘备④时已年近六十。但是他不服老,每次战斗都奋勇向前,而且屡建大功,成为刘备军中五虎上将之一。

刘备的军师诸葛亮⑤深知黄忠的特点,常常激发黄忠不服老的自尊心。第七十回写魏军派张郃⑥带领五千人马来攻葭萌关⑦,刘备想派军队去增援葭萌关。诸葛亮故意说,必须去把张飞⑧调过来,才能打败张郃。有人说张飞镇守阆中⑨,那个地方也很重要,不应该把他调开。为什么不派这里的将军去破敌? 诸葛亮说:"张郃是魏军的名将,一般的人都比不上他,除了张飞别人都不行。"

这时黄忠非常不服气,大声说:"军师为什么看不起我们? 我愿意前去杀了张郃。"

诸葛亮说:"你虽然英勇,可惜老了,恐怕不是张郃的对手。"

黄忠听了,白发倒竖,生气地说:"我虽然年纪大了,但两臂还能拉得开硬弓,浑身还有千斤之力,这还不够对付张郃吗?"

诸葛亮说:"你年近七十了,还不能算老吗?"

黄忠快步走下大厅,取下兵器架上的大刀,轮动如飞;又取壁上硬弓,连续拉断两张。

诸葛亮说:"你如果要去,派谁作为你的副将?"

黄忠说:"老将严颜⑩可以同我一起去。"这严颜也是一位白头发的老将。

黄忠和严颜领兵到了葭萌关,葭萌关上的守将见了,心中暗笑诸葛亮办事糊涂,这么重要的一个地方,竟只派两个老的来。

黄忠对严颜说:"你瞧见了没有? 他们都笑我们两个年老,我们一定得建奇功,叫他们服气。"

第二天,黄忠领军与张郃对阵。张郃出马见了黄忠,禁不住笑了起来说道:"你这么大年纪还打什么仗!"

黄忠大怒道:"你小子⑪欺我年老,我手中的宝刀不老⑫!"说着拍马向前与张郃决战。两人你来我往打了二十多个回合,忽然张郃背后一片喊声。原来严颜从小路绕到张郃军队的背后,两军夹攻,张郃大败而逃,退军八九十里。

张郃兵败以后,魏军又派夏侯尚⑬、韩浩⑭来助阵。黄忠与夏侯尚、韩浩交战才打了十多个回合就败退,那两人追赶二十多里,夺了黄忠的营寨。第二天再战,黄忠又败走,两人又赶二十多里,夺了黄忠的营寨。第三天还是这样,黄忠败退二十多里,被人夺了营寨。这样连战连败,一直退到葭萌关上。黄忠坚守不出。别人见黄忠节节败退,心里着急。黄忠笑着说:"这是我的骄兵之计,我把营寨借给他们存放军需物品。今天晚上我们出关偷袭,夺回这些营寨,你们随我去搬这些军需品。"

再说夏侯尚和韩浩两人领兵五千屡战屡胜,追到葭萌关下,见黄忠接连几天不敢出战,都懈怠放松了,毫无准备。深夜,黄忠带领军队破寨而入。魏军从梦中醒来,人来不及穿衣服,马来不及配置马鞍,各自慌忙逃命,军马自相践踏,死伤无数。到天亮时,黄忠不但夺回了三座营寨,而且一直追到汉水边。

夏侯尚、韩浩和张郃兵败,逃到天荡山⑮求救。天荡山是魏军的粮草基地,黄忠追来后杀了韩浩。这时魏军背后火光冲天,原来黄忠早派严颜在这里埋伏,等黄忠军到就放火烧粮草。夏侯尚和张郃只好放弃天荡山逃走。黄忠和严颜夺了魏军的粮草基地,大获全胜。接着,在定军山⑯一战黄忠又杀了魏军前方总帅夏侯渊⑰,立下了大功。

后来,人们就把老英雄称为黄忠。

注释:

①三国:中国古代的一个历史时期,公元220—280年。三国指的是魏(在长江以北的曹氏政权),吴(在长江中下游的孙氏政权),蜀汉(在今四川一带的刘备政权)。

②罗贯中 Luó Guànzhōng:约1330—1400年期间在世,古代小说家。

③《三国演义》:中国第一部历史题材的长篇小说,以三国的历史为主要依据,吸收民间传说再创作而成。

④刘备 Liú Bèi:三国时蜀汉的君主,161—223年。

⑤诸葛亮 Zhūgé Liàng:刘备的军师,智慧过人,见本书"诸葛亮"条。

⑥张郃 Zhāng Hé:魏军的重要将领。

⑦葭萌关 Jiāméng Guān:地名,在今四川省。"关"是山口等险要的战略重地。

⑧张飞 Zhāng Fēi:蜀汉的勇将,见本书"张飞"条。

⑨阆中 Làngzhōng：地名,在今四川省。

⑩严颜 Yán Yán：人名,蜀汉的大将。

⑪小子 xiǎozi：用于对男人的蔑称。

⑫成语"宝刀不老"即出自此,"宝刀不老"用来比喻本事还在,没有减退。

⑬夏侯尚 Xiàhóu Shàng：人名,魏军将领。

⑭韩浩 Hán Hào：人名,魏军将领。

⑮天荡山 Tiāndàng Shān：山名。

⑯定军山 Dìngjūn Shān：山名,在今陕西省。

⑰夏侯渊 Xiàhóu Yuān：魏军的重要将领。

黄世仁　Huáng Shìrén

例句： 1. 兄弟俩为富不仁，横行乡里，欺压村民，人们背地里都叫他们黄世仁。
　　　 2. 在旧社会东乡有东乡的黄世仁，西村有西村的黄世仁，他们就是因为
　　　　受不了黄世仁们的压迫才参加八路军的。

含义： 黄世仁是恶霸地主的典型。

出处： 黄世仁是现代歌剧《白毛女》中的反面人物。这个歌剧1944年写成公演
后，在50年代拍成电影，60年代又改编为舞剧，在中国大陆广为流传，影响很
大。歌剧的剧情是：

　　在20世纪30年代的河北农村，有一个贫苦的老农民叫杨白劳，他的老伴
已经死了，只有一个女儿，名叫喜儿。喜儿当年17岁，父女俩过着苦日子。因
为家里穷，杨白劳欠着地主黄世仁的地租和钱，一年又一年，如今连本带利比
原来多了好几倍，杨白劳还不起。黄世仁常常派人来讨债。这一年黄世仁看
上了喜儿，要杨白劳用喜儿来抵债，把喜儿卖给他。杨白劳怎么能卖自己的女
儿呢？　他不肯答应。但是恶霸地主黄世仁强迫杨白劳在卖身文书上按了手
印[1]。杨白劳不愿意看着喜儿被地主霸占，又找不到出路，愤恨之下就在除夕
深夜自杀身死。

　　第二天早晨就是大年初一[2]，黄世仁还没等喜儿埋葬父亲，就派人来把她
抓走了。喜儿先是给黄世仁的母亲当丫头，受尽折磨，后来黄世仁又强奸了
她。当黄世仁知道喜儿怀孕了以后，就想把她卖给人贩子。喜儿得到这个消
息以后就逃出了黄家。紧接着黄世仁就派人去追赶喜儿，要杀死她。喜儿无
处可去，只好逃进深山。

　　从此，喜儿过着野兽一样的生活，一年又一年，她的头发全白了，像鬼一
样。万恶的旧社会把一个年轻可爱的女孩子变成了鬼。黄世仁就是恶霸地主
的代表，他们欺压劳动人民，把人间变成了地狱。后来，八路军来了，才救出了
喜儿，打倒了黄世仁。

　　现在人们常常把恶霸地主称为黄世仁。

注释：
①按手印 àn shǒuyìn：旧时不会写字的人用按手印的办法来代替签字。
②大年初一：即农历新年。

曹操　Cáo Cāo

例句：1. 要说阴险、狡诈和残暴，那他实实在在地是一个曹操。
　　　2. 这几个人既没有曹操那样的雄才大略，当然也没有曹操那么坏，他们
　　　　不过是一些守家看院的庸才。

含义：作为文学形象的曹操，代表乱世奸雄。

出处：曹操是汉①末、三国②时的历史人物，生于 155 年，死于 220 年。作为历史人物的曹操是中国历史上的一位杰出政治家、军事家和文学家。他先后消灭了中国北方的几个军事势力，统一了中国北方。他重视人才，发展生产，是三国中魏国的实际创业者。

　　但作为中国文化中典型人物的曹操是文学形象，出自罗贯中③的小说《三国演义》④。罗贯中认为曹操是篡国乱世⑤的奸雄。《三国演义》中曹操具有极其复杂的性格，其中最突出的是他的"奸"和"雄"。"奸"是说他非常坏，"雄"是说他眼光远大，很有才能。

　　曹操有雄才大略，他的机智与见识不是常人可比的。他善于打着为国家为人民的旗号来标榜自己的行为。他善于发现人才、使用人才，因此他身边人材济济、猛将如云。所以在三国中他的势力最强大。他还常用假仁假义、小恩小惠来笼络人心。他并不是那种一眼就可以看出来的坏蛋。但他阴险、狡诈、残暴和极端利己的性格在小说中随处可见。

　　《三国演义》第四回写董

卓⑥专权，曹操当时还很年轻，想借献宝刀的机会暗杀董卓。结果暗杀未成，他慌忙逃了出来。董卓下令全国各地捉拿曹操。有一天曹操逃到他父亲的好朋友吕伯奢⑦家中，说要住一晚上，第二天就走。吕伯奢赶紧殷勤招待，发现家里没有酒，就亲自到邻村去打酒。曹操坐了一会儿，忽然听见后面有磨刀的声音，心中大疑，悄悄地去偷听，听到一个人说："缚住他杀了。"曹操当时正被官府追杀，听了这话以为要杀的是自己，就冲进去把里面的人全都杀死了，一共杀了八个人。再一看地上缚着一口猪，原来那人说的是杀猪，不是要杀他。曹操知道自己误杀了好人，就赶紧骑上马离开吕家。走了不到二里地，碰到吕伯奢打了酒回来。吕伯奢说："怎么就走了呢？我叫家人杀猪招待你，快回去吧。"曹操没有理他，骑马走了几步忽然又回过来，对吕伯奢说："你看那是谁来了？"吕伯奢回头看时，曹操一剑杀了吕伯奢。随行的人大吃一惊说："刚才是误杀好人，现在明知道他是好人，为什么要杀他？"曹操说："他回到家中，看到死了那么多人，一定去报告官府，带人来杀我。宁教我负天下人，休教天下人负我。"⑧这就是曹操的价值观念。

第十七回写曹操带领十七万大军进攻袁术⑨，袁术叫人守住城门，不要出战。曹操的军队在城外一个多月，粮食快要吃完了。当时好些地方旱灾，老百姓本来就没有粮食，军队搞不到粮食。管粮食的军官王垕⑩向曹操请示说："兵多粮少，怎么办？"曹操说："发粮食的时候可以用小斛⑪，先救一时之急。"王垕说："要是士兵们不满意怎么办？"曹操说："我自有办法。"王垕依曹操的办法做了。曹操又暗暗派人到各军营中探听情况，发现士兵们对自己都大为不满。曹操于是把王垕叫来说："我想跟你借一样东西，用来稳住军心，你一定不要太小气。"王垕问："什么东西？"曹操说："我要借你的头来示众。"王垕大惊说："我没有罪"。曹操说："我知道你没有罪，但要是不杀你军心就变了。"王垕还要再说话，曹操早叫刀斧手把王垕推出去杀了。然后就把王垕的头用竹竿挑起，出告示说："王垕故意用小斛代替大斛，盗窃军粮，所以按军法处置。"这样士兵们才不再怨恨曹操。

第十七回写张绣⑫作乱，曹操统领大军前往讨伐。正是初夏麦熟的时候，老百姓因害怕军队都逃避在外，不敢割麦。曹操叫人到远近各村庄去告诉老百姓不要害怕，并出布告说："我奉皇帝的命令，出兵讨伐叛逆，为民除害。现在正是麦熟的时候，不得已起兵，全军上下，过麦田的时候，如果有谁践踏麦田，一律处死，军法严厉，你们老百姓不用惊慌。"老百姓看了布告都称颂曹操。全军上下看了布告一路上都很小心，经过麦田时都下马用手扶住麦子，递相传送着走过去，没有人敢践踏麦田。只有曹操自己还骑着马，正走着，忽然麦田中惊起一只斑鸠，那马受了惊，窜入麦中，踏坏了一大片麦田。曹操把随军的

106

主簿⑬叫过来,叫他给自己定罪。主簿说:"我怎么能定您的罪?"曹操说:"我自己制订了法规,现在我自己触犯,要是不处罚,怎么能叫别人服气?"说着,拔出剑来假装要自杀。周围的人赶紧拉住他的手,他的一位谋士给他找台阶说:"古代《春秋》⑭一书说:法不加于尊⑮。你统领着大军,怎么可以自杀?"曹操想了一想,就顺着台阶说:"既然《春秋》有'法不加于尊'之说,那么我先免死。"就用剑割下自己的头发,扔在地上说:"我割下头发,用来代替我的头。"叫人拿着头发去告示全军。士兵们知道后都害怕,都更加小心谨慎地遵守军令。

作为文学典型的曹操是一个坏人,代表乱世奸雄,所以在民间的戏曲中总是把曹操的脸涂上白颜色,表示他是白面奸臣。

民间还有谚语"说曹操,曹操到",意思是:正说着某一个人,某一个人就来了。《三国演义》后来又被改编为评书,这个谚语来自评书。曹操是《三国演义》中的主要人物之一,他在三国中力量最强,他又常常亲自带领军队东征西战,所以他就常常是其他各方军事力量中人们谈话的话题,有时人们正说着曹操,这时候他已经来了。说书人就把这归纳为"说曹操,曹操到",其实这跟曹操的典型形象没有什么关系。

注释:

①汉:这里指东汉,公元 25 年—220 年。

②三国:紧接着东汉的一个历史时期,220—280 年。三国指的是魏(长江以北的曹氏政权),吴(长江中下游的孙氏政权),蜀汉(四川一带的刘备政权)。

③罗贯中 Luó Guànzhōng:约 1330—1400 年在世。古代小说家。

④《三国演义》:中国第一部历史题材的长篇小说,以三国的历史为主要依据,吸收民间传说创作而成。

⑤篡国乱世:"篡"(cuàn)意思是夺取。曹操当时名义上是汉朝的丞相,实际上控制着国家大权,皇帝只是一个傀儡。所以人们认为曹操篡夺了汉朝的皇权,造成了国家的混乱。

⑥董卓 Dǒng Zhuō:汉末豪强,曾经篡夺皇权,是个很残暴的人。

⑦吕伯奢 Lǚ Bóshē:人名。

⑧负 fù:背弃,违背。全句意思是:宁可我对不起天下所有的人,也不能让别人对不起我。

⑨袁术 Yuán Shù:人名,汉末豪强之一。

⑩王垕 Wáng Hòu:人名。"垕"同厚。

⑪斛 hú:过去的一种量器,用来量粮食。

⑫张绣 Zhāng Xiù:人名,汉末豪强之一。

⑬主簿 zhǔbù:当时的官名。

⑭《春秋》:古代编年史,起于公元前 722 年终于公元前 481 年,是儒家经典之一。

⑮法不加于尊:"法"是指刑法,法律。"尊"是指地位高贵的人。全句的意思是:地位高贵的人不在法律惩罚的范围之内。

猪八戒　Zhū Bājiè

例句：1. 虽然他自己长得像个猪八戒,却常常喜欢对别人评头论足。

　　　2. 公司开张才两年,自然会有不少困难,按理大家应该同心同力去克服
　　　困难,可他倒像个猪八戒,动不动就想散伙。

　　　3. 你就是再能吃,像个猪八戒,这些东西也够了。

含义：猪八戒是长得丑陋、食量大、害怕困难、贪图安逸的典型。

出处：猪八戒是古典小说《西游记》①中的人物。他是唐僧②的三个徒弟之一,
保护唐僧去西天取经③。这是一个与孙悟空④性格完全不同的人物,是孙悟空
的一个陪衬。作为主要英雄人物的陪衬,他有很多缺点。猪八戒的形象有这
样几个特点:

　　第一是他长得很丑,头脸就像个猪的模样,长嘴大耳,脑后又有一溜鬃毛,
身体粗糙怕人。这样的嘴脸常常吓得别人心惊胆颤。所以后来人们把猪八戒
当作丑陋的典型。假如一个人长得很丑,就会说他丑得像个猪八戒。民间还
有一条歇后语:猪八戒照镜子——里外不是人。字面意思是说,当猪八戒照镜
子的时候,镜子里和镜子外看到的都是一个猪头,而不是人脸。间接意义是
说,事情办得不好,受到里外两方面的埋怨,都认为他(她)不是好人。例如:她
本想促成这桩婚事,在男方处夸女方怎么怎么漂亮,到了女方处又夸男方如何
如何有钱,待到双方一见面,才知道满不是那么一回事,这下她倒落得个猪八
戒照镜子——里外不是人了。

　　猪八戒的第二个特点是他嘴馋、好
吃⑤,而且吃相很差。他饭量惊人,一
顿饭要吃三五斗米饭,早间点心也得百
十个烧饼才够,什么米饭、馒头、卷子、
面条,吃起来如风卷残云,一扫而空。
自从跟唐僧去取经,一路上更是"长忍
半肚饥",因此见到食物更是连味道都
来不及品尝就一骨碌吞下肚。

　　第二十四回写猪八戒撺掇孙悟空
去偷人参果⑥。孙悟空将人参果偷来,

分给他和沙僧⑦一人一个。那八戒食肠大，口又大，一见了果子就拿过来，张开大嘴，囫囵吞咽下肚，却白着眼胡赖，向悟空和沙僧道："你两个吃的是什么？"沙僧道："人参果。"八戒道："什么味道？"悟空道："不要睬他。你倒先吃了，又来问谁？"八戒道："哥哥，吃得忙了些，不像你们细嚼细咽，尝出些滋味。我也不知有核无核，就吞下去了。哥啊，为人为彻；已经调动我这馋虫，再去弄个儿来，老猪细细地吃吃。"这一段把猪八戒贪吃的性格描写得淋漓尽致。后来人们就用"猪八戒吃人参果"来比喻因贪吃、吃得太快而没有辨出味道。

猪八戒还有另一些缺点，如自私、好色、贪小便宜、害怕困难、贪图安逸等等，这些在小说里也写得有声有色，都可以成为一种典型。例如，小说中常写到猪八戒害怕困难、贪图安逸，动不动就想分行李散伙。

他本来就是一个猪精，在高老庄骗得高太公⑧把女儿嫁给了他。如今虽然当了和尚⑨，跟唐僧去西天取经，却时时想回高老庄去。第七十五回写唐僧一行人经过八百里狮驼岭⑩，岭中有三个妖怪甚是厉害，那老魔与孙悟空斗了二十多个回合不分胜负，后来他张开大口，一口将孙悟空吞到肚子里去了。猪八戒在一旁见了大惊失色，哭哭啼啼地回去向唐僧报告。唐僧正在难过，那猪八戒也不来劝解，却跟沙僧说："你把行李拿过来，我两个分了罢。分开了，各人散伙：你往流沙河⑪，还去吃人；我往高老庄，看看我浑家⑫。将白马卖了，与师父买个寿器⑬送终。"把个唐僧说得气呼呼的，放声大哭起来。

猪八戒还好进谗言，常常撺掇唐僧念紧箍咒惩罚孙悟空，把个孙悟空头痛得死去活来⑭。

总之，猪八戒既是正面人物，又有很多缺点，他可恨、可气、可笑，有时候又挺可爱。

注释：

①《西游记》：以唐朝(618—907 年)僧人玄奘去印度学习佛经的事迹为线索写成的神话小说。成书于明朝(1368—1644 年)中叶。

②唐僧 Tángsēng：唐朝僧人，这里指玄奘。见本书"唐僧"条。

③西天取经：佛教起源于印度，古代中国人认为印度在中国的西方。所以《西游记》中说佛祖住在西天，西天为极乐世界。"经"是指佛经，"取经"是指到佛教圣地求取佛教经典。

④孙悟空 Sūn Wùkōng：《西游记》中的英雄人物，见本书"孙悟空"条。

⑤好吃 hào chī："好"在这里是喜欢的意思。

⑥人参果 rénshēn guǒ：《西游记》作者想像出来的一种仙果。

⑦沙僧 Shāsēng：唐僧的第三个徒弟。

⑧高老庄：是一个村子的名字。高太公是这个村子最富有的年老长者，过去用"太公"来称

年老长者。

⑨和尚 héshang：佛教的男性出家人，所以"和尚"不能结婚，也没有家庭。

⑩狮驼岭 Shītuó Lǐng：山名。"岭"是高山。

⑪流沙河：《西游记》中的河名，沙僧曾经在流沙河当妖怪。

⑫浑家 húnjiā：早期白话小说中称老婆、妻子为浑家。

⑬寿器 shòuqì：棺材。

⑭孙悟空的头上戴着一个金箍，唐僧一念紧箍咒，这个箍就会收紧，因此孙悟空就头痛难忍。见本书"孙悟空"条。

萧何 Xiāo Hé

例句：1. 你是萧何荐来了韩信①，立了一大功。

2. 我即使是一个萧何，想荐举人材，也得刘邦②肯听我的呀，要是不听还是白搭。

含义：萧何的名字常常跟荐举人材的事儿联系在一起。

出处：萧何是真实的历史人物，生年不详，死于公元前193年，是刘邦最重要的大臣之一。其事迹见《史记·萧相国世家》及《史记·淮阴侯列传》等。

　　萧何是刘邦的同乡，秦朝③时他是沛县④的县吏，在刘邦还是平民时就与刘邦有交往。后来刘邦起义，他随从刘邦，成为刘邦的左右手。刘邦的军队攻入咸阳⑤后，手下的军官、士兵们首先想到的是去抢金银财物。只有萧何想到先去收秦朝的档案图书。后来项羽⑥一把大火烧了咸阳，这些档案图书因为萧何保管，没有被烧掉，以后刘邦从这些档案中知道了当时中国的很多情况。

　　韩信是一个很有军事才能的将领，但他到刘邦军中以后一直得不到重用，默默无闻。他觉得很失望，于是就离开了刘邦。萧何曾经跟韩信交谈过两次，知道韩信是个难得的人才。他曾经向刘邦推荐过两次，但刘邦并不重视。萧何听说韩信走了，急忙连夜骑马去追赶，劝韩信回到刘邦军中去，并且向他保证，刘邦一定会重用他，于是韩信又随萧何回来了。这就是"萧何月下追韩信"的故事。第二天，萧何又向刘邦推荐韩信。虽然刘邦仍然不了解韩信，但他信任萧何，于是就破格任命韩信为大将军。后来韩信在消灭项羽以及其他军事势力的战争中起了很大的作用。

　　刘邦打败项羽以后，建立了汉朝，当时天下初定，仍然不够稳定，常有一些人造反。韩信也阴谋造反。他先让陈豨⑦在钜鹿⑧造反，当刘邦亲自带兵去钜鹿平叛时，韩信就想乘机在首都同时造反夺取政权。这时刘邦不在首都，刘邦的妻子吕后⑨得知韩信要造反的消息，就找萧何商量。萧何与吕后商定了一个计划，要把韩信骗到宫中，然后抓起来杀掉。吕后派萧何去骗韩信。萧何到了韩信家说："陈豨已经死了，现在大家都在宫中庆贺，请你也去。"韩信假装有病，不肯去。萧何说："你虽然有病，也去祝贺一下吧。"韩信没有想到这是一个阴谋，就随萧何进了宫。一进宫吕后就命令武士把韩信抓起来，杀了。当初韩信得到重用是因为萧何的大力推荐，现在骗他进宫，使他被杀的也是萧何。因此后来人们就说"成也萧何,败也萧何",用来比喻事情的成功和失败都由于同一个人。

　　刘邦做皇帝以后,命令萧何制定法令,萧何作为汉朝的第一个宰相,提倡俭朴,处理政事完全按照法令。后来萧何死了,曹参⑩接任宰相,一切遵守萧何的法令,实行清静无为、与民休息的政策。成语"萧规曹随","萧规"是指萧何制定的规定、法令,"曹随"是指曹参遵循这些规定不作改变,以此来比喻一件事情承袭前人的办法,不作改变。

注释:

①韩信 Hán Xìn:汉朝大将,见本书"韩信"条。此例选自戏曲唱词。

②刘邦 Liú Bāng:秦末反秦起义的领袖之一,后来逐渐消灭其他军事势力,统一中国,建立了汉朝,是汉朝的第一个皇帝。

③秦朝 Qíncháo:中国古时的一个朝代,公元前 221—公元前 206 年。

④沛县 Pèi Xiàn:县名,在今江苏省。

⑤咸阳 Xiányáng:秦朝的首都,在今陕西省。

⑥项羽 Xiàng Yǔ:秦末反秦起义的领袖之一,秦亡后成为刘邦的主要敌人,其力量曾经比刘邦强大得多,后来被刘邦打败,自杀。

⑦陈豨 Chén Xī:人名,曾经是刘邦的将领。

⑧钜鹿 Jùlù:地名,在今河北省平乡县。

⑨吕后 Lǚ Hòu:"吕"是姓,"后"是皇后。

⑩曹参 Cáo Shēn:人名。

韩信　Hán Xìn

例句：1. 问题是他这样的人根本不懂得什么是人才，即使韩信在他手下呆十年，也只能默默无闻，你怎么能怪人家要求调走？

2. 中国的知识分子素有忍辱负重之耐性，若用武之地尚存，单位也还倚重，我想"韩信"是不会贸然出走的；倘若刘邦①能早日筑坛拜将，又何致于深更半夜有劳那位萧大人②呢？

含义：韩信的名字通常用来指优秀的军事人才，也用来指优秀的人才。

出处：韩信是真实的历史人物，事迹见司马迁③的《史记·淮阴侯列传》。

　　韩信是秦汉时(公元前3世纪)淮阴④人，出身贫寒，年轻时因为不会务农，也不会做生意经商，没有职业，贫困潦倒，常常在别人家里寄食，被人轻视。

　　有时候韩信在城外河边钓鱼，河边有一些老妇在洗衣服，有一个老妇见韩信饥饿，就把自己的饭分给他吃。这样有几十天时间，韩信对她说："我以后一定重重地报答你。"那位老妇生气地说："你作为一个男子汉自己都不能养活自己。我只是可怜你这样的公子哥儿，才给你饭吃，哪里是为了报答。"

　　淮阴城中有些无赖少年要侮辱韩信，对他说："别看你长得这么高大，又喜欢带刀剑，实际上你只是一个胆小鬼罢了。"又说："如果你不怕死，就拿剑刺我；要是怕死，就从我的胯下⑤爬过去。"韩信看看这些人，然后俯下身体，从那个人的胯下爬了过去。这就是有名的"胯下之辱"。

　　后来韩信参加了反秦起义军。先投在项羽⑥的部队里，没有得到项羽的重用。后来就逃离项羽的军队，去投刘邦。刘邦也不重视他。刘邦有一个重要的大臣叫萧何，韩信曾经几次跟他谈话。萧何觉得韩信是一个奇才，就向刘邦作了推荐，但是刘邦并没有放在心上。当时正好刘邦被封为汉王⑦，从关中⑧到了南郑⑨。手下的将士因家乡在中原⑩，不愿意呆在南郑。有几十个人逃走了。韩信心想，我已经几次找萧何谈话，萧何也已经几次向刘邦推荐，但到现在刘邦还不重用我，看来没有什么希望，我也走吧。

　　萧何听说韩信也走了，来不及向刘邦报告，就连夜骑马亲自去追赶韩信。有人向刘邦报告说："萧丞相⑪也逃走了。"刘邦大怒，因为萧何对他就像左右手一样重要。

　　过了两天，萧何回来了，去见刘邦。刘邦又生气又高兴，问萧何："你为什

113

么要逃走?"萧何说:"我哪里敢逃走? 我是去追回逃走的人。"刘邦问:"你去追谁了?"

萧何说:"追韩信。"

刘邦骂萧何说:"离开我的将士有几十个,你都不去追,倒去追个韩信,我不相信。"

萧何说:"要得到那些将领是容易的,但像韩信那样,决没有第二个。您如果一辈子只想在这南郑呆着,那么韩信这样的人对您没有用。如果您想回到中原去争天下,那么非韩信不可。所以要看您作什么打算?"

刘邦说:"我当然想回到中原去,怎么能老是憋在这儿呢?"

萧何说:"您既然决心要回到中原去争夺天下,假如能够重用韩信,韩信就能留住;假如不能重用,韩信迟早会离开您。"

刘邦说:"看在你的面上,我任用他为将军。"

萧何说:"只是当将军,韩信肯定留不住。"

刘邦说:"那么当大将军。"

萧何说:"这还差不多。"

于是刘邦就想派人把韩信叫来,宣布任命他为大将军。

萧何赶紧说:"等等,大王您高高在上,平常对下面的人怠慢无礼惯了,现在拜一个大将军就好像招呼一个小孩儿。这不行,韩信就是因为不受重视才走的。假如您决定要拜他为大将军,就应该举行隆重的仪式。"

刘邦答应了,按萧何的要求,举行了隆重的仪式。后来韩信果然在刘邦打败项羽、争夺天下的过程中起了决定性作用。

因为韩信功劳太大,有人劝他背叛刘邦自立为王,与项羽、刘邦三分天下。如果继续在刘邦手下,那么"勇略震主者身危","功盖天下者不赏"(勇武与谋略使君主震惊的人一定会有危险,功劳大大超过别人的人得不到奖赏),就不会有好结果。韩信当时觉得刘邦对自己很好,不忍背叛刘邦。

刘邦统一中国、建立汉朝以后,封韩信为楚王⑫。韩信的家乡淮阴在楚,回到淮阴他找到了过去给他饭吃的洗衣服老妇,就送她千金来报答她。又叫曾经侮辱他、让他从胯下爬过去的那个少年来,给他一个官做,并对别人说:"这个人是一个壮士,他侮辱我时我为什么不杀他? 因为他没有死罪,所以我一口气忍下了。"

后来刘邦终因韩信功太高而猜忌韩信,把韩信抓了起来。韩信叹道:"果然像人家说的那样,兔子死了,狗就没有用了,可以煮着吃掉了。飞鸟已经没有了,弓也就没有用了,可以藏起来了。敌国破了,天下太平了,有功劳的大臣也就应该死了。"不过,后来刘邦没有杀他,把他放了。

有一次刘邦跟他谈起手下的将军们各能带多少兵。问韩信:"你看我能带多少兵?"

韩信说:"陛下顶多能带 10 万兵。"

刘邦又问他:"你能带多少兵?"

韩信回答道:"臣多多而益善耳。"(我带的兵越多越好)

刘邦笑了起来,说:"你多多益善为什么被我捉住?"

韩信说:"陛下不能带兵,但是善于带将军,所以我被您捉住。再说您当皇帝是天意,不是靠人力。"

韩信总是觉得自己的功劳比别人大得多,因此瞧不起别的将军们,对刘邦也心怀不满;后来真的有意要造反,终于被刘邦的妻子吕后⑬骗进宫去,杀死在长乐宫。

韩信的一生有很多故事,有一些已经成为典型。

"萧何月下追韩信"用来比喻追回流失的人才。

"韩信胯下之辱"用来比喻为了长远的目标而忍受一时的屈辱。

"韩信将兵,多多益善"用来比喻人或物越多越好。

注释:

①刘邦 Liú Bāng:秦末反秦起义的领袖之一,后来消灭了其他的军事势力,统一中国,建立了汉朝。

②萧大人 Xiāo dàren:即刘邦的丞相萧何,见本书"萧何"条。

③司马迁 Sīmǎ Qiān:中国古代伟大的历史学家,公元前 145 年—公元前 86 年,著有《史记》。

④淮阴 Huáiyīn:地名,在今江苏省。

⑤胯下 kuàxià:两腿之间的空间。

⑥项羽 Xiàng Yǔ:秦末反秦起义的领袖之一,后来被刘邦打败,自杀。

⑦汉王:项羽势力强大时,刘邦对项羽称臣。项羽故意封刘邦为汉王,领地在汉中和四川一带偏僻的地方。

⑧关中:地名,在今陕西省。

⑨南郑 Nánzhèng:地名,在今陕西省。

⑩中原:指黄河中下游,长江以北一带。

⑪萧丞相 Xiāo chéngxiàng:"丞相"为古代官名,相当于总理,萧何当时为刘邦的丞相。

⑫楚王 Chǔ Wáng:"楚"为古地名,在今湖北、湖南北部以及安徽、江苏北部。

⑬吕后 Lǚ Hòu:"吕"是姓,"后"是皇后。刘邦当皇帝以后,刘邦的第一个妻子当了皇后,故称吕后。

登徒子　Dēngtú Zǐ

例句： 1. 他算什么艺术家？不过是一个登徒子,借艺术之名追逐漂亮女人罢了。

　　　 2. 这小子既不结婚,又喜欢女色,成天在女人堆中鬼混,落下一个登徒子的坏名声。

含义： 好色而不择美丑的人称为登徒子,后来又泛指好色的男人为登徒子。

出处： 登徒子的名字出自战国①楚②宋玉③的《登徒子好色赋》。"登徒"是复姓,"子"是古代男子的通称。《登徒子好色赋》的大意如下：

　　大夫④登徒子伴随在楚王的身边,说宋玉的坏话道："宋玉这个人,长得漂亮,行为举止典雅,嘴巴很会讲话,他的本性又好色,请大王不要带他入后宫⑤。"后来,楚王拿这些话去问宋玉,宋玉回答说："我长得漂亮,行为举止典雅,这是天生的。嘴会讲话,这是跟老师学的。至于好色,我没有这样的事。"

　　楚王说："你说你不好色,能解释清楚吗？如果说得有道理,就留在这里;如果说得没有道理,就要叫你离开这里。"

　　宋玉说："天下的美女,都比不上楚国的美女;楚国的美女都比不上我家乡的美女;我家乡的美女都比不上我东邻的女子。她如果再增加一分就显得太高,减少一分又显得太矮;要是擦粉就显得太白,要是涂脂就显得太红。她的眉毛就好像翠鸟的羽毛,她的肌肤好像冬天的冰雪,她的腰像一束细细的绢,牙齿像一排洁白的海贝。她嫣然一笑,能使阳城、下蔡这些贵族封地中的贵族公子们神魂颠倒。然而这样的美女爬墙头张望我已经三年,我至今都没有答应与她通好。但是登徒子可就不一样了,他的妻子蓬头垢面,牙齿露在嘴唇外边,长得很丑,走路都歪歪斜斜,弯腰驼背,还有疥疮和痔疮,登徒子却很喜欢她,跟她生了五个孩子。请大王您仔细考察一下,究竟谁是好色的人？"

　　这时另一个官员也在旁边,他上前对楚王说："我自以为是坚守德操的人。但是我实际上不如宋玉。我年轻时曾经出外远游,当时正是春末夏初,妇女们结伴采桑。我看中其中一位美丽的姑娘,便赠她一首诗,采了一束鲜花献给她,向她说了很多美妙动听的话。于是那姑娘神魂荡漾,心里很喜欢,眼光流动,偷偷地看我。她吟诗答道：'春风吹来花芬芳,希望你郑重地来求婚,这样轻佻的大路赠诗,我感到太可恨。'说着就缓缓地离去了。我多么爱看她的容貌,但是我心里没有忘记道德观念,彼此的爱恋之心只是精神沟通。宋玉对着

116

美丽绝顶的姑娘,连通好的要求都没有答应,始终没有越轨的地方。所以我不如宋玉,他是值得称赞的。"

于是楚王认为宋玉说得有道理,就没有驱逐宋玉。

这个故事先是登徒子说宋玉好色,但是因为宋玉的这篇《登徒子好色赋》很有名,从古流传至今,所以后来反而是登徒子成了好色的代表人物。

注释:
①战国:中国古代的一个历史时期,从公元前 475 年到公元前 221 年。
②楚 Chǔ:楚国,战国时的一国,在今湖北、湖南北部以及河南、安徽一带。
③宋玉 Sòng Yù:战国时楚国的大臣,著名的赋作家,后人有时把他作为美男子的典型。
④大夫 dàfū:战国时的官职名。
⑤后宫 hòugōng:王宫中的后院,是国王或皇帝的妻子们居住的地方。

鲁班　Lǔ Bān

例句： 1. 现代鲁班创奇迹①。

　　　 2. 这些都是我们鲁班建筑公司青年鲁班们的杰作。

含义： 鲁班是中国古代杰出的建筑工匠，后来人们把能工巧匠比喻为鲁班。

出处： 鲁班，亦作鲁般，是春秋②时人，姓公输，名般，后人讹为班，亦称公输子，因为是鲁国③人，所以被人们称为鲁班。

　　传说鲁班是一位木匠，他的木工手艺非常高超。别人解决不了的困难，他都能一一解决，其构思之巧妙常常令人叹绝。他还有很多发明，所以建筑工匠历来把鲁班尊为祖师。民间有很多关于鲁班的传说。现在民间使用的木工尺，称为鲁班尺。集木工建筑经验的书籍称为鲁班经。但是鲁班的事迹在史书上并未见系统的记载。古书中提到的都很简单，如《孟子④·离娄⑤上》："离娄之明，公输子之巧，不以规矩，不能成方圆。"（离娄的目力超人，公输子构思的巧妙，都必须依靠一定的规矩。）《墨子⑥·公输》记载的是公输子为楚国⑦造攻城的云梯，墨子劝说楚王放弃攻宋⑧的想法。这里公输子是墨子的对立面，属于反面人物。汉⑨王充⑩《论衡⑪·乱龙》："鲁般、墨子，刻木为鸢，蜚之三日而不集。"（鲁般、墨子把木头刻为鹰，这木鹰能飞，连飞三天而不停。）

　　成语"班门弄斧"中的"班"就是指鲁班，"弄斧"是指卖弄木工和建筑方面的本事。鲁班是建筑工匠的祖师，在他面前卖弄这方面的本事，就显得很可笑，很幼稚。所以这个成语用来比喻在专家面前显示本事。例如"你不要班门弄斧，还有头号诗人在这里呢。"这个成语也常常被用作当事者的自谦，例如"我早就听说先生的大名，今天班门弄斧，献丑了。"

注释：

①此例选自报刊标题。

②春秋：中国古代的一个历史时期，从公元前 722 年到公元前 481 年。

③鲁国：春秋时的一个诸侯国，在今山东省。

④《孟子》Mèng Zǐ：四书之一，是战国时（公元前 475 年—公元前 221 年）孟子及其学生的著作。

⑤离娄 Lí Lóu：人名。

⑥墨子 Mò Zǐ：公元前 468? —公元前 376?，墨家学说的创始人，主张人与人平等相爱，反

118

对侵略战争。

⑦楚国 Chǔguó：春秋时一国，在今湖北、湖南北部一带。

⑧宋 Sòng：春秋时一国，在今河南商丘一带。

⑨汉：中国古代的一个历史朝代，公元前 206—公元 220 年。

⑩王充 Wáng Chōng：东汉时哲学家。

⑪《论衡》Lùn Héng：王充写的一部哲学著作。

鲁智深　Lǔ Zhìshēn

例句：1. 门口坐着一个胖大汉，光着膀子，拿一把大蒲扇，像一个鲁智深。

　　　2. 这块石头重一千多公斤，不要说你们这几个人，就是鲁智深也搬不动。

　　　3. 怎么，你也想倒拔垂杨柳？可你那样儿像鲁智深吗？那么干干瘦瘦的，倒像个店小二[①]。

含义：鲁智深喻指身高体胖、满脸胡须、力大无穷、性格粗鲁的人。

出处：鲁智深是古典小说《水浒传》[②]中的人物，第三至第八回写的是鲁智深的故事，第十七、五十七、五十八、九十九等回也写到鲁智深。

　　第三回写鲁智深当时的名字叫鲁达，在山西当军官。有一天与两个朋友在酒楼上一边喝酒一边谈论武艺，正高兴时，忽然听到隔壁传来啼哭声。哭得鲁达心里烦躁，便把碟儿丢在楼板上。酒保[③]听了，慌忙上来看，鲁达道："我们吃酒正吃得高兴，你怎么叫人在隔壁啼哭扫我们的兴！"酒保道："不是我叫人啼哭，是有两个卖唱的在隔壁。他们因为自己的日子苦啼哭，不知道这儿有人吃酒。"鲁达道："真是怪事，你去把他们叫来。"

　　过了一会儿，这两个人过来了。一个十八九岁的女人，背后是一个五六十岁的老头儿。那女人说，她们是东京[④]人，到这里来投奔亲戚，不想亲戚已搬到南京去了。她母亲因病去世，现在父女两个流落在这里。这里有个财主叫镇关西[⑤]，强要娶她作妾[⑥]。写了文书，文书上写明娶她为妾后，给她父亲三千贯[⑦]钱。谁知把她娶去后却没有给钱。他家的大老婆很厉害，不到三个月，就将她赶了出来。这镇关西却来向她们要还三千贯钱。当初没有得到一文钱，现在哪有钱还他？他又有钱又有势，没办法,我们只得到酒楼来卖唱,每天挣一点儿钱来给他。这几天因酒客少了,没挣到钱,怕他来催逼,想起有苦又无处说,就啼哭了起来。

鲁达说:"你姓什么? 那个镇关西在哪儿住?"

老头说:"小人⑧姓金。镇关西就是这条街上卖肉的郑屠⑨。"

鲁达听了道:"一个杀猪的却原来这么欺负人!"就对两个朋友说:"你们先在这儿吃酒,等我去打死了那家伙就回来。"那两个朋友赶紧抱住他,再三劝他明天再说。好容易劝他又坐了下来。

鲁达对老头儿说:"我给你路费,明天你们就回东京去吧。"说着拿出十五两银子⑩,叫那老头儿父女俩去了。

第二天,鲁达先到老头儿父女住的小店。那金老头带着女儿正要离开小店,店小二赶出来道:"金公,哪里去?"

鲁达问道:"他少你房钱?"

小二道:"房钱却算清了,只是欠镇关西的钱没有还清,要我看管着他们呢!"

鲁达道:"郑屠的钱我来还他,你放他们回乡去。"

那店小二不肯放,鲁达大怒,又开五指,去那小二的脸上打了一掌,打得那店小二口中吐血,又打了一拳,打下两个门牙来。小二从地上爬起来,赶紧走了。金老头父女忙离开店里,叫了一辆马车,出了城。鲁达怕店小二去追赶他们,又在店门口坐了两个时辰⑪。估计他们去得远了,才起身往郑屠的肉店来。

那郑屠的肉店两间门面,他正坐在柜台前看十来个刀手卖肉。鲁达走到门前,叫道:"郑屠!"郑屠见是军官鲁达,慌忙走出来。

鲁达说:"要十斤瘦肉,要切成肉末,不要见半点肥的在上头。"

郑屠对人说:"你们快切十斤瘦肉,剁碎。"

鲁达道:"不要他们动手,你自己给我切。"

郑屠道:"是,是,小人自己切。"

这郑屠整整忙了半个时辰,把肉剁碎,包好了,递给鲁达。

鲁达又说:"要十斤肥的,不要见些瘦的在上面,也切成肉末。"

郑屠道:"这肥的切成肉末有什么用?"

鲁达瞪着眼说:"你问这干什么?"

郑屠道:"是,小人切就是了。"

又忙了半个时辰,把肥肉末也包好了。

鲁达又道:"再要十斤软骨,也切得细细的。"

郑屠笑道:"你这不是来找碴嘛!"

鲁达听了,跳起身来说:"我正是要找你的碴。"说着,拿起包好的肉末,劈面向郑屠打去,像是下了场肉雨。

郑屠大怒,心头的怒气按捺不住,抢了一把尖刀,跳了出来。鲁达早走到街上。郑屠右手拿刀，左手便要来揪鲁达。被鲁达按住左手，往小腹上一脚踢倒在街上。鲁达又向前一步，踏住他的胸脯，提起拳头对郑屠说：

"你这个卖肉的，狗一般的人，也叫作镇关西，你如何欺负金老头父女俩！"

扑的就一拳，打在鼻子上，打得鲜血迸流，鼻子歪在半边。郑屠挣不起来，那把尖刀也丢在一边。鲁达又打了一拳，打在眼睛上。第三拳下去，打在太阳穴上。鲁达看时，只见郑屠挺在地上不动弹了，心里想："我本只想打他一顿，没想到三拳就把他打死了。打死人得吃官司，又没有人给我往牢里送饭，不如赶快走。"就说："你假装死了，我以后再来找你。"说着大踏步走了，谁敢来拦他？

为了逃避官司，鲁达到处躲藏。后来来到五台山⑫，剃去了头发，当了和尚⑬，改名叫做鲁智深。由于他本不是修行的人，在庙里又喝酒又吃肉，别人说他时，他喝醉了还打人。他的师父只好介绍他到东京的大相国寺去。

鲁智深到了大相国寺以后，被派去管菜园子。那菜园子附近，有二三十个天天赌博不成才的泼皮⑭，常来园里偷菜，以前看园子的老僧哪敢管他们。鲁智深来了以后，第一天就收服了他们。泼皮们争着要向鲁智深学武艺。一天众泼皮买了酒肉到菜园子里来，请鲁智深喝酒。墙角边的一棵柳树上有一个乌鸦巢，每日那乌鸦叫个不停。众泼皮听那乌鸦叫心里烦⑮，要爬树去拆那乌鸦巢。鲁智深走到树前，看了看，把上衣脱了，弯下腰去，两手向下把住树，一直腰，把那棵树连根都拔了起来。众泼皮见了，一齐拜倒在地说："师父不是凡人，没有千万斤力气怎能拔得起！"从此，鲁智深倒拔垂杨柳的事就传遍了东京。

鲁智深心怀正义，好打抱不平，而且武艺高强。他的外形特征是：身高体胖，满脸胡须，力大无穷，性格粗鲁。后来人们就把具有这种外形特征的人称为鲁智深。

122

注释:

①店小二:早期白话小说中,饭馆、客店中接待顾客的服务员。

②《水浒传》Shuǐhǔ Zhuàn:成书于14世纪中叶,描写北宋末年(12世纪初)的农民起义。

③酒保:旧时酒店的服务员。

④东京:北宋时的首都汴州,即现在的河南开封。

⑤镇关西 Zhèn Guānxī:"关西"是古地名,即现在的山西。"镇关西"的意思是:武艺高强能打败关西所有的人。这里用作一个人的外号。

⑥妾 qiè:小老婆。旧时有钱人一夫多妻。

⑦三千贯:旧时的铜钱用绳子穿在一起,每一千称作一贯。"万贯家财"是指很有钱,所以这里的"三千贯"大约是三千铜钱的笔误,不会要这么多钱。

⑧小人:古代地位低下的老百姓对地位高的人自称为小人。

⑨郑屠 Zhèng Tú:杀猪的人称为屠夫,所以人们在背后叫镇关西为郑屠。

⑩银子 yínzi:古时以银子为主要货币,以两为单位,十六两为500克。

⑪时辰 shíchen:中国旧时的计时单位,一昼夜为十二个时辰,一个时辰是现在的两个小时。

⑫五台山 Wǔtái Shān:山名,佛教名山,在今山西省。

⑬和尚 héshang:佛教的男性出家人,和尚必须遵守戒律,如不能吃肉、不能喝酒等。

⑭泼皮 pōpí:流氓,无赖。

⑮听那乌鸦叫心里烦:中国人的文化心理认为,听见乌鸦叫要倒霉,所以人们讨厌听见乌鸦的叫声。

程咬金　Chéng Yǎojīn

例句: 1. 他就像个程咬金,只有三斧头。现在三斧头已经砍完,你看他还有什么办法?

2. 女子撑杆跳高半路杀出"程咬金",澳大利亚乔治越过4米25。

3. 你这就算是不错了,有程咬金的三斧头。我连那两下子也没有呢!

含义: 程咬金代表本领有限的人,或者代表作为突如其来的力量而取胜的人。

出处: 程咬金是隋唐①时人,但作为典型人物的程咬金是文学人物,出自评书《说唐》。

唐朝开国以前,中国社会动荡,战争频繁,这时也是英雄辈出的时代。这一段历史常常被后代人编为故事,宋朝②时就有评书在民间流传。经过明、清③两代说书艺人的不断加工,逐渐形成了众多的文学形象。以后又由清代文人根据评书整理成小说《说唐全传》。由于评书是民间喜闻乐见的艺术形式,因此《说唐》中的人物也就家喻户晓。程咬金是其中最为人熟悉的人物之一。程咬金出身寒微,曾经靠卖柴为生。他面貌丑陋,性格鲁莽,但不失天真质朴;身长体壮、勇力过人、惯好闯祸,但又滑稽可笑;他武艺并不高强,却常常碰运气立功。

现在民间作为典型人物的程咬金,主要有两个方面的特点:

第一,"程咬金的三斧头"。

程咬金虽然身高体壮,很有蛮力,却是不会武艺。尤俊达④想拉他入伙去当强盗,就教他武艺。程咬金喜欢拿斧头当武器,尤俊达就教他用斧头的武艺,一路路从头教起。不料这程咬金心性不通,学会了第二路就忘了第一路;学会了第一路又忘了第二路。从上午一直教到晚上仍然一路也不会。尤俊达没有办法,只好说:"算了,今天到这儿吧,吃了晚饭睡觉,明天再教。"

那程咬金睡下去刚合眼,就觉得刮来一阵风,等那风过去,来了一个老头儿,对他说:"快起来,我教你斧法。"程咬金起来,看那老头儿举斧在手,一路路使来,把六十四路斧法都教会了。忽然老人不见了,程咬金大叫一声:"有趣。"却醒了,原来是做了一个梦。他坐起来想:"我赶快练一遍,不要忘了。"就在厅上,把板凳当作马骑,双手抡斧在厅上练习起来。那板凳在地板上撞得乱响,尤俊达在里面被惊醒,不知是什么事,就出来看。见是程咬金在那里练习斧法,那斧法比白天自己教他的更是奇妙,心中大喜,忍不住叫道:"好!"

124

这一声叫出时，程咬金刚刚练了三斧头。一听见喊声，程咬金一楞，停了下来，再想接着练下去，却怎么也想不起来了，后边的斧法全都忘了。所以，以后程咬金上战场，也就只有这三斧头厉害。三斧头要是赢不了，那他肯定就要输。例如《说唐全传》第六十三回，写程咬金战朱登⑤。他当头一斧劈下，朱登把枪一架，大叫一声："啊呀，好一员勇将！"话未说完，扑地又是一斧，一连三斧，把朱登劈得汗流浃背，说声："好厉害！"正想逃走，不料第四斧下来就没有力了。朱登笑道："原来是个虎头蛇尾的丑鬼！"就又挺枪来战，战得程咬金只有招架之功，被朱登一鞭打中左臂，慌忙回马，大败而逃。

后来人们就把那种只有那么两下子的本事，那两下子一用完，就再也没有别的本事，称为程咬金的三斧头。见例句1，例句3。

第二，"半路杀出（一个）程咬金"。

程咬金虽然只有三斧头厉害，但常常碰运气立功。有时突然出现在敌人面前，使敌人猝不及防。例如第二十三回，写靠山王杨林⑥派人送十六万两银子去长安给皇帝，来到半路上，在一个叫长叶林的地方，突然杀出程咬金，三斧头杀败护送的人马，把银子抢去了。

又如第四十六回，写程咬金被军师赶出军营，无处可去，就又到山上当了强盗。正巧敌方阵营的将领尉迟恭⑦解押粮草，走在半路上路过山下。程咬金得知消息后，领着人马突然杀出来。他虽然打不过尉迟恭，但那山路多弯多岔，打了一会儿就被他逃脱。等尉迟恭回去一看，粮草全都被程咬金手下的人抢走了。

后来，人们就把事情进行到一半，突然出现意想不到的力量，使事情中途受阻，叫作半路杀出程咬金。例如："本来已经说好，他买我们这批货，谁知半路杀出程咬金，天津一家公司出的回扣比我们多，生意被他们拉去了。"

注释：
①隋、唐 Suí、Táng：中国历史上的两个朝代。隋：581—618 年。唐：618—907 年。
②宋朝 Sòngcháo：中国历史上的一个朝代。960—1279 年。
③明、清：中国历史上的两个朝代。明：1368—1644 年。清：1616—1911 年。
④尤俊达 Yóu Jùndá：人名。
⑤朱登 Zhū Dēng：人名。
⑥杨林：人名，"靠山王"是他的贵族封号。
⑦尉迟恭 Yùchí Gōng：人名，"尉迟"为复姓。

雷锋 Léi Fēng

例句： 1. 感谢部队培养了这样的好战士，雷锋没有消失。

2. "的士"司机救"雷锋"。①

3. 今天我们仍然应该提倡雷锋精神。

含义： 雷锋的名字通常指全心全意为人民服务的人。

出处： 雷锋是当代人物，中国人民解放军某部汽车连班长，1962 年因公殉职。雷锋生前有很多模范事迹。1963 年毛泽东和中共中央的其他领导人都题词，号召全国人民向雷锋学习。

雷锋并没有惊人的事迹，他的模范事迹见于日常生活中。他响应毛主席的号召，全心全意为人民服务，无论走到哪里都积极做好事。例如旅途中帮助老年人上车、下车、找人，火车上帮助服务员送茶送水。有一次雷锋下火车，遇上了大雨，见一位老大娘抱着孩子在大雨中艰难地行走，雷锋就把自己的雨衣给老大娘披上，抱过孩子，扶着老大娘走了 20 里路，送她们到家。像这样的事在雷锋的生活中是常见的。雷锋有一句名言：对待同志要像春天般的温暖，对待个人主义要像秋风扫落叶一样。所以他总是帮助同志，关心同志。

雷锋的生活非常俭朴，衣服破了补好再穿，袜子破了也补了又补。一个战士的生活津贴是很少的，但雷锋竟在短短的几年里积存下 200 元钱，他把这些钱寄给了当时遇到困难的一个人民公社。这些钱对于一个人民公社大家业来说是很少的，但它反映了雷锋的一种精神。

雷锋紧跟当时的形势，用钉子精神挤时

间学习毛泽东著作,反对帝修反,反对包产到户,②反对单干风③,念念不忘阶级斗争。

　　现在作为典型人物的雷锋通常是指他全心全意为人民服务、做好事这一点。

注释:

①此例选自报刊标题。"的士"(dī shì):出租汽车,此词来自广州方言,而广州方言又来自英语 taxi。

②包产到户:是指把土地分散到个体经营,由个体完成一定的产量。

③单干风:"单干"是指个体经营。"风"是指风气、潮流。反对单干风,是指反对个体经营的那种潮流。

愚公　Yú Gōng

例句: 1. 三十年来,他们在这沙漠的边缘种树、植草,一年又一年不怕失败,不怕辛苦,真有一点儿愚公精神。

2. 学习外语也好像愚公移山,需要不急不躁、持之以恒、一点一滴地积累。

3. 几十年过去了,荒山秃岭终于变成了花果山,他们被称为新时代的愚公。

含义: 愚公用来比喻做事有顽强毅力、不怕困难的人。

出处: 愚公的故事出自《列子·汤问》[①]。故事的大意如下:

在冀州南边、河阳的北面有两座山,一座是太行山,一座是王屋山。这两座山方圆有七百里,高有万仞[②]。

北山有一个叫愚公的人,年纪已经将近九十了,他的家面对着这两座山。因大山的阻塞,他们家的人出入必须绕道,很不方便。有一次愚公召集全家的人商量说:"我跟你们一起,竭尽全力铲平这两座大山。这样,我们家就可以直

128

接通达豫州的南部、汉水的南岸。这样做行吗?"大家纷纷表示赞成。愚公的妻子提出疑问说:"凭你的力气,连一个小山头都削不平,想要削平像太行、王屋这样的大山就更不可能了。况且挖下来的土和石头往哪儿堆放呢?"大家纷纷说:"扔到渤海的边上去。"于是,愚公率领子孙中能挑担的三个人,凿石头,挖土块,用畚箕运往渤海的边上去。从冬天到夏天,才往返一次。

河曲智叟③讥笑地劝阻他说:"你真是太不聪明了,看你这年老体衰的样子,恐怕连山上的一根草也拔不掉,还能把泥土、石头怎么样呢?"愚公说:"你的思想太顽固,顽固得不会改变。我死了,还有儿子在,儿子又会有孙子,孙子又会有儿子;儿子又会有儿子,儿子又会有孙子。子子孙孙是无穷无尽的。但是山不会再增高,为什么还愁挖不平呢?"智叟无话可答。

山神听到了这番话,害怕他不停地挖下去,就把这件事报告了天帝。天帝被愚公的诚心感动了,就派人把这两座山搬走了。从此以后,冀州的南部、汉水的南岸就再也没有高山了。

这个故事是说一件事情再困难、再艰巨,即使像两座大山,只要一点儿一点儿坚持不懈地做下去,总有一天能够做完。后来,人们把这种知难而进的人比喻作愚公。

注释:
①《列子》Liè Zǐ:相传是战国(公元前475—公元前221年)时郑人列御寇著,书中保存了不少民间故事、寓言和神话传说。
②万仞 wàn rèn:"仞"是古代长度计量单位,一仞大约是两米多一点。"万仞"是说极高。
③智叟 Zhì Sǒu:意思是聪明的老头儿,与"愚公"的意思正好相反。与"愚公"一样,这里"智叟"也用作人名。

潘安　Pān Ān

例句: 1. 多半是因为吃了什么神果仙草,他才长成这宋玉①之容、潘安之貌呢。

2. 难道她真个嫌我丑陋,一定要选个潘安不成?

3. 那潘安之貌也不过是奶油小生,并无几分男子汉的气概。

含义: 潘安容貌英俊,后来常用潘安的名字作为美男子的代称。

出处: 潘安,名岳(Yuè),字安仁,省称为"潘安"。他是晋朝②时的大才子,文才很有名,其诗赋至今流传。南朝③梁④钟嵘⑤在《诗品》⑥中说:"陆(陆机)⑦才如海,潘(潘岳)才如江。"潘安不仅才气横溢,而且貌美,被人们羡慕。

《晋书·潘岳传》⑧载:"岳美姿仪,辞藻绝丽,尤善为哀诔⑨之文。少时常挟弹出洛阳,道妇人遇之者,皆连手萦绕,投之以果,遂满载以归。"(潘岳容貌很美,所写的诗赋辞藻华丽,特别善于写哀祭的文体。年轻时常常坐车出洛阳去游玩。路上的妇女见了他,就手拉手地把他的车围起来,向车里投入各种果子,以表示爱慕的感情,于是他就满载而归。)可见潘安的美貌英俊非同一般。

后来,文学作品中常以潘安作为美男子的典型。有时也称潘安为潘生、潘郎。

注释:

①宋玉 Sòng Yù:战国(公元前475—公元前221年)时人,长得很美。见本书"登徒子"条。有时也以宋玉为美男子的典型。

②晋朝 Jìn cháo:中国的一个历史朝代,265—420年。

③南朝:中国的一个历史时期,420—589年。

④梁 Liáng:南朝四个朝代之一,502—557年。

⑤钟嵘 Zhōng Róng:人名。

⑥《诗品》:一本评论南朝以前诗歌的论著。

⑦陆机 Lù Jī:西晋诗人,文学理论家。

⑧《晋书》:记载晋朝一代的历史书。

⑨哀诔 āilěi:悲痛地悼念死者的文章。

薛宝钗　Xuē Bǎochāi

例句： 1. 选团支书得选薛宝钗那样的，那林黛玉①当不了团支书。

　　　　2. 我找对象首先考虑性格，一定要找一个薛宝钗，可如今的姑娘个个像王熙凤②！

含义： 薛宝钗通常指那种对上顺从，对下随和，善于处世的姑娘。

出处： 薛宝钗是古典小说《红楼梦》③中的主要人物之一。她本是金陵④人氏，家中巨富，父亲早死，跟母亲、哥哥一起生活。后来她们到了京城。因她的母亲跟贾宝玉⑤的母亲是亲姐妹，所以她们到京城后，就住在荣国府⑥内。

　　这薛宝钗容貌丰美、举止端庄，年纪虽然不大，但知书识礼，行为豁达。并不像林黛玉那样孤高自傲，目无下尘，她的性格与林黛玉正好相反。《红楼梦》中常常写她与林黛玉的性格对比。因为她对上顺从，对下随和，知大体，识大礼，又聪明博学，所以在荣国府中竟大得人心，上上下下都很喜欢她。

　　一天，宝钗生日，贾母⑦因喜欢她稳重和平，就出钱要置酒演戏给宝钗庆贺生日。到晚上贾母问宝钗爱听什么戏？爱吃什么？宝钗深知贾母老年人喜欢看热闹的戏，爱吃甜烂的食品，就依贾母平日喜欢的说了几样。贾母就更加喜欢起来。这样的事情多了，贾母后来说："千真万真，从我们家四个女孩儿算起，全不如宝丫头⑧。"

　　王夫人⑨的丫头金钏儿⑩投井死了，是因为她在王夫人面前与宝玉说笑，王夫人看着不顺眼，打了她一掌，赶出了荣国府去。那金钏儿觉得冤屈，就投井自杀了。宝钗听说这事儿就过来向王夫人道安慰。王夫人正觉得良心不安，哭着对宝钗说道："我只说气她两天还叫她上来，谁知她就投井死了，岂不是我的罪过？"宝钗劝道："姨娘是慈善人，所以这么想。据我看来她并不是赌气自杀，多半是在井跟前玩，失脚掉下去的。她怎么会对您生这么大的气？即使她生这么大的气，说明她是个糊涂人，也不值得可惜。"王夫人道："虽然这样说，到底我心里不安。"宝钗道："姨娘也不必不安，不过多给她家几两银子⑪，就尽了主仆的情了。"王夫人道："我刚才赏了她娘五十两银子，原来想再给她两套新衣服下葬，可巧你妹妹们最近又没做新衣服，只有准备给你林妹妹⑫过生日的两套，那孩子平日是个有心的，况且她又多病多灾，既说了是给她过生日穿的，又拿去给死人穿，她岂不忌讳？所以我只好叫裁缝去赶制两套。"宝钗道："姨娘不用特意去赶做，我前些日子刚做了两套新衣服，拿来岂不省事，况

131

且她活着时也穿过我的衣服，身量差不多。"王夫人说："虽然这样，难道你不忌讳？"宝钗说："姨娘放心，我从来不计较这些。"一面说着一面起身去拿衣服。

林黛玉因众人总是称赞薛宝钗，她一向觉得不服气。有一回，荣国府的女眷们在大观园[13]宴饮，行酒令[14]时，轮到林黛玉，她无心中说出了"良辰美景奈何天"、"纱窗也没有红娘报"两句诗，这是《牡丹亭》[15]、《西厢记》[16]中的句子。在当时，女孩子是不准看这种书的。别人没有听出来，只有薛宝钗听出来了。第二天她就把林黛玉找去，问她行酒令时说的是什么？林黛玉这才想起来自己说错了话，不觉红了脸，求宝钗不要告诉别人，以后再也不说了。宝钗见黛玉央告，就不再往下追问。一边拉黛玉喝茶，一边说自己小时候也看各种杂书，后来长大了，知道女孩儿只该做一些针线、纺织的事。不识字的倒好，既识了字也只可拣一些正经的看看，连作诗写字也不是分内的事，最怕看这些杂书，移了性情就不可救了。这一席话，说得黛玉低下头喝茶，心中佩服，暗暗感激。后来黛玉就把宝钗引为知己，向她说出了自己的心里话："你平时待人固然是极好的，但我是个多心的人，只当你心里藏奸。从前日你说看杂书不好，又劝我那些好话，竟大感激你。往日是我错了。如今细细算起来，我母亲去世的早，又无姐妹兄弟，我长到今年十五岁竟没有一个人像你前日的话教导我。怨不得别人说你好，我往日见她们赞你，我还不受用[17]。昨天我亲自经过了才知道了。要是你说了那个，我再不轻放过你的，你却不介意，反而劝我那些话，可知是我自己误解了你。"接着又把自己客居外祖母家的种种烦难告诉了她。宝钗道："你放心，我在这里一日，就与你消遣一日；你有什么委屈烦难，只管告诉我，我能解的自然替你解一日。"

薛宝钗曾经劝贾宝玉要注意"仕途经济的学问"[18]，谁知这是贾宝玉最厌恶的，他也不管人脸上过得去过不去，咳了一声抬起脚来走了。这里宝钗话也没说完，见他走了，登时羞得脸通红。但薛宝钗并不因此生气。所以宝玉的丫头说："幸而是宝姑娘，那要是林姑娘不知又闹到怎么样，哭的怎么样呢？提起这些话来，真正的宝姑娘叫人敬重。自己赳了一会子去了。我倒觉得过意不去，只当她恼了，谁知过后还是照旧一样。真正有涵养，心地宽大。"

正因为薛宝钗有这许多优点，所以后来贾母与王夫人替贾宝玉选妻子时，选的是薛宝钗，而不是林黛玉。

对薛宝钗的性格，人们有不同的评价。有不少人喜欢这种性格，而不喜欢林黛玉那样的性格。但也有不少人对薛宝钗性格中上下讨好、左右不得罪人的一面持批评态度。

注释:

①林黛玉 Lín Dàiyù:《红楼梦》中的主要人物之一。贾母是她的外祖母,因她父母早亡,所以寄居在外祖母家。见本书"林黛玉"条。

②王熙凤 Wáng Xīfèng:《红楼梦》中的主要人物之一。漂亮、能干,但十分厉害。见本书"王熙凤"条。

③《红楼梦》:中国古代小说中最优秀的一部。小说通过描写一个贵族官僚家庭的盛衰,深刻地剖析了封建社会的腐败。

④金陵 Jīnlíng:地名,今南京市。

⑤贾宝玉 Jiǎ Bǎoyù:《红楼梦》中的主要人物之一,见本书"贾宝玉"条。

⑥荣国府:贾宝玉家住宅的名称,因贾宝玉的祖上曾经是荣国公,所以住宅称为荣国府。

⑦贾母 Jiǎ Mǔ:贾宝玉的祖母,当时荣国府中最高的长辈。

⑧宝丫头:这里是指薛宝钗,"宝"是宝钗的简称。"丫头"本来是指未婚的年轻女仆,如下文中"王夫人的丫头金钏儿"。但这里是对自己家女孩子的一种昵称。

⑨王夫人:贾宝玉的母亲,薛宝钗的姨娘。

⑩金钏儿 Jīn Chuànr:人名。

⑪银子:中国古时用银子作为主要货币,以两为单位,十六两为 500 克。

⑫林妹妹:即林黛玉,因她的年龄比较小,所以叫她林妹妹。

⑬大观园:荣国府中的花园名。

⑭行酒令:喝酒时助兴取乐的游戏,每个人按要求轮流说一句诗或填词造句,如不符合要求则罚喝酒。

⑮《牡丹亭》Mǔdān Tíng:明(1368—1644)汤显祖的传奇剧本,歌颂自由恋爱,控诉封建礼教对青年男女的精神摧残。

⑯《西厢记》Xīxiāng Jì:元(1279—1368)王实甫写书生张君瑞与崔莺莺自由恋爱故事的剧本。见本书"红娘"条。

⑰不受用:即不爱听,不高兴。

⑱仕途经济的学问:指通过科举考试、求取功名富贵的学问。

穆桂英　Mù Guìyīng

例句： 1. 如今是阴盛阳衰，男人们都没有能耐，我们公司是穆桂英挂帅。

2. 一听说是女的，你就瞧不起。女的还有穆桂英呢！实话跟你说，这位还真是穆桂英，人家两三年就使一个快要破产的企业起死回生了！

含义： 穆桂英是传说中的巾帼英雄，女中豪杰。

出处： 穆桂英的故事出自《杨家将演义》①，她是一个文学人物，历史上是否真有其人现已无从考证。据说，穆桂英是鲜卑族人②，复姓慕容③，因慕容两字说快了与"木"相似，所以小说中最早写的是"木桂英"。又因为"木"不是汉族的姓，所以民间传说中又改成了"穆桂英"。

穆桂英是杨家将第三代杨宗保的妻子。杨家将故事在北宋④杨家父子死后不久，就在民间广为流传，至今已有 900 多年。民间先是以口头方式传播，后来被说唱艺人编为话本。到元朝⑤时就被编为杂剧，明朝⑥出现了各种杨家将小说，虽然这些小说都写得很粗糙，但人们仍又根据小说改编为各种戏曲。杨家将故事是中国戏曲的重要内容之一。其中与穆桂英有关的有《穆柯寨》、《穆天王》、《辕门斩子》、《背子破阵》、《天门阵》、《双挂印》、《穆桂英挂帅》、《破洪州》等。

杨家将故事主要描写北宋初年的战争。当时中国的中原刚刚统一，位于北方辽国的契丹族⑦那时正强大，屡次入侵中原。杨家父子为抵抗辽国的入侵前仆后继，不怕牺牲，男人们在战争中一个个倒下了，杨门女将们又勇往直前，担当起抗敌的任务。故事具有强烈的爱国主义精神，很感动人。

穆桂英是杨门女将中最突出的一个。她不仅武艺高强，生有勇力，箭艺极精，会使三口飞刀，百发百中，在阵前英勇无敌，她的本领比她的公公⑧杨六郎、丈夫杨宗保都高得多，而且她懂得用兵韬略，是一个帅才，屡次作为军中的主帅，在抗辽战争中建立奇功。连她的公公和丈夫都自叹不如。所以穆桂英的形象在爱国主义、英雄主义的基础上又增加了一层使妇女扬眉吐气的喜剧色彩。这是她的形象特别受老百姓喜爱的原因。尤其在农村中，有关穆桂英的剧目总是久演不衰。正因为如此，穆桂英才成为中国妇孺皆知的女英雄的典型，人们常常以穆桂英来比喻不输男子的女中豪杰。

花木兰⑨也是女中豪杰，但比较起来穆桂英的形象主要是指有帅才的女英雄。

注释：

①《杨家将演义》：成书于明代(1368—1644 年)的一本小说，原名《北宋志传》。

②鲜卑族 Xiānbēizú：中国历史上的一个民族，居住在今东北、内蒙古一带。

③慕容 Mùróng：中国的一个姓，很多鲜卑族人姓慕容。

④北宋 Běi Sòng："宋"是中国的一个朝代，分为北宋和南宋。北宋从 960—1127 年。

⑤元朝：中国历史上的一个朝代，1271—1368 年。

⑥明朝：元朝以后的一个朝代，1368—1644 年。

⑦契丹族 Qìdānzú：中国古时的一个民族，曾经建立辽国(907—1125 年)。

⑧公公：丈夫的父亲。

⑨花木兰：中国古代的女英雄，见本书"花木兰"条。

下 编

中国文化中的典型事件

春秋战国时期

从"秦智虞愚"到"百家争鸣"是春秋战国时期的历史事件。

公元前1111年,周武王克商建立周朝,以后大封诸侯,把王族成员封到中原各地去实行统治。当时这些诸侯力量弱,周王室力量强大,诸侯服从周王室的号令,所以中国是一个统一的国家。周朝前期首都在镐京(Hàojīng),即现在陕西长安县西南。公元前770年,周王室把首都东迁到洛邑(Luòyì),即现在的洛阳。所以历史上把迁都以前称为西周,迁都以后称为东周。

东周的历史又可分为春秋和战国两个时期。春秋时期从公元前770年到公元前476年。战国时期从公元前475年到公元前221年。东周时王室的力量逐渐衰弱,诸侯的力量逐渐强大。这样,周王室实际上只有一个空架子,已经不可能对诸侯发号施令,诸侯领地逐渐变成独立的国家。

春秋初期诸侯国很多,现在还可以考查到国名的就有170多国。这些诸

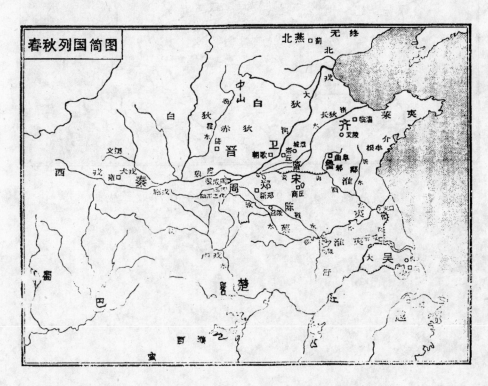

转引自范文澜《中国通史》1978年6月第五版

139

侯国强弱不一,领土的大小也相差很多。整个春秋战国 548 年期间,是强国吃掉弱国、战争不断的时期。战争的结果弱国逐渐被吞并,到春秋后期只剩下齐、晋、楚、秦、鲁、燕、吴、越等十几个国家。到战国后期就只剩下秦、楚、齐、魏、韩、赵、燕七国。最后秦国消灭其他六国,秦王政在公元前 221 年又建立起统一的国家——秦朝。

　　春秋战国是中国历史上非常重要的时期,是中国文化的渊源所在,所以很多典型事件来自这个时期。

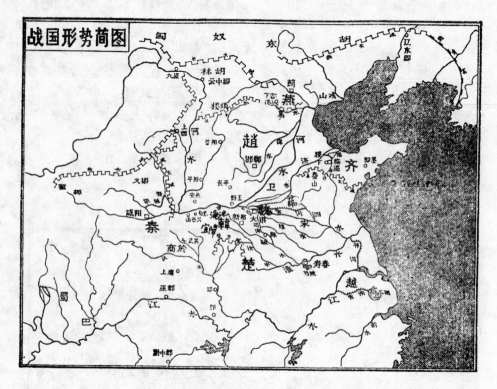

转引自范文澜《中国通史》1978 年 6 月第五版

秦智虞愚　Qín zhì Yú yú

例句： 1. 在你们那儿吊儿郎当的张明，到我们公司以后受到了重用，他的积极性发挥出来了，表现很出色。这真是秦智虞愚。

2. 他很有才，但不得志，我常劝他换一个环境。秦智虞愚，他这样的人只要有合适的环境一定会大放异彩。

含义： "秦"和"虞"是春秋时的两个国家。"智"是聪明的意思，"愚"是笨的意思。"秦智虞愚"用来比喻一个人的才能只有在适当的环境中才能充分发挥。

出处： "秦智虞愚"故事出自《史记·秦本纪》①。

春秋的时候，有一个人叫百里奚(Bǎilǐ Xī)。他很有才能，曾经在虞国当大夫②。虽然官位很高，但虞国的国君并不重视他的意见。公元前655年强大的晋(Jìn)国进攻虞国，虞国灭亡了。百里奚的才能一点儿也没有发挥出来，虞国的国君和百里奚都当了俘虏，成为奴隶。

后来晋国国君的姐姐嫁给秦国国君秦穆公(Qín Mùgōng)，把百里奚当作陪嫁的奴隶带到了秦国。百里奚找到一个机会，从秦国逃了出来。好容易逃出了秦国的国界，到了楚(Chǔ)国，却被楚国边界上野蛮人抓住了，又成了奴隶。秦穆公听说百里奚有才能，就想赎他回来，恐怕楚国边界上的野蛮人不肯放他，就派人去跟他们说："百里奚是我们陪嫁的奴隶，现在我们用五羖(gǔ)羊皮(五张公羊的羊皮)来赎他行不行？"楚国人同意了。

于是百里奚又被带到了秦国，当时他已经七十多岁了。秦穆公释放了他，并且跟他讨论国家大事。百里奚说："我是亡国之臣，很惭愧，不值得您来问我。"秦穆公说："那是因为虞国国君不肯听从你的意见，所以虞国灭亡了，这不是你的错。"秦穆公再三坚持跟他讨论国家大事。后来他们长谈了三天。秦穆公听了百里奚的意见，非常高兴，叫他参加管理国家。因为他是用五张羊皮换来的，就称他为"五羖大夫"。

百里奚很感激秦穆公对他的信任和赏识，替秦穆公出了很多好主意，多数被采纳了，秦国因此逐渐强大起来，开始称霸于诸侯。百里奚到了秦国以后，才能智慧充分发挥出来了。

后来人们把这个典型事件归纳为"秦智虞愚"。这并不是说百里奚在虞国时笨,到秦国就变得聪明了。而是说环境不同了,在虞国他不受重视,所以他无所作为;到了秦国以后他受到了重视,所以就能发挥他的才能。

作为典型事件,现在"秦"和"虞"已经泛化,用来指不同的地方。

注释:
①《史记》:中国第一部纪传体通史,西汉(公元前 206—公元 25 年)司马迁撰。
②大夫 dàfū:春秋时官名,地位很高。

楚材晋用　Chǔ cái Jìn yòng

例句：1. "楚材"能够"晋用"这应该说是好事，不是坏事。有人材，你不用，他
　　　　用，比千里马默默无闻老死枥下要强得多。
　　　2. 要发展，没有人材不行。于是他们广告天下，楚材晋用，所以这几年
　　　　经济已经有了起色。
含义："楚"和"晋"是春秋时期的两个国家，"材"是指人材。"楚材晋用"是说
　　　　晋国使用楚国的人材，用来比喻人材的流动。

出处：春秋战国时期虽然中国分裂成很多小国，但各国之间交往很频繁，较少
阻碍。这个时期是人材辈出的时代，私立学校已经兴起，培养了大量人材。当
时各国君主为了抵御邻国的侵略与扩张，迫切希望富国强兵，这就需要人材。

按照过去的传统，国中的大官都是
国君的兄弟等贵族来担任，后来形
势发展使他们不得不放弃传统，转
而寻求有才能的人材，即使这些有
才能的人原来出身贫贱地位低下，
也并不计较。本国的人材他们欢
迎，外国的人材也决不歧视。只要
有才能就信任他们，给他们很高的
官职，授以大权。因此，那时的知识
分子特别活跃，如果得不到本国国
君的重用，就会跑到其他各国去。
当时各国有成就的大臣很多是外国
人材。

　　"楚材晋用"故事出自《左传·襄
公二十六年》①。

　　公元前 551 年，楚国的大臣声
子出使到晋国去了一趟，回到楚国
以后，令尹②子木找他谈，问他晋国
的情况。子木说："晋国的大夫③跟

143

楚国的大夫相比谁更有才能?"

　　声子回答说:"晋国最高级的官员'卿'④的才能不如楚国,但是大夫们则很有才能。以他们的才能来说,可以担当'卿'这样的职务。你知道像杞梓(qǐzǐ)这样的木材,还有皮革等,都是楚国出产的,后来运到晋国被晋国人所用一样,晋国的大夫多数都是楚国人。虽然是楚国的人材,但是在楚国他们不能发挥作用,所以都跑到晋国去了,在晋国他们发挥了自己的才能。"

　　后来"楚材晋用"用来比喻人材外流被他人所用,有时候还与"秦智虞愚"⑤连起来用,例如:"他们希望尽快扭转楚材晋用、秦智虞愚的局面,做到人尽其才,各有所用。"

注释:

①《左传》:又名《左氏春秋》,是一部解释孔子删定的鲁(Lǔ)国史《春秋》的著作,是中国古代史学和文学名著,儒家经典之一。相传作者是春秋末年的左丘明。

②令尹 lìngyǐn:官名。

③大夫 dàfū:高级官职的名称。

④卿 qīng:最高的官职名称。

⑤秦智虞愚:见本书 141 页。

欲加之罪，何患无辞

yù jiā zhī zuì，hé huàn wú cí

例句： 1. 他便一口咬定，李先生煽动工潮，这自然是"欲加之罪，何患无辞"。

2. 虽然这个罪名摆不到桌面上去，但是"欲加之罪，何患无辞"，另外找
一个罪名也是极容易的事。

含义： "欲"：想。"之"：代词，指那件事或那个人。"何"：表示反问，意思是"怎
么会……"。"患"：愁。"辞"：同词，这里的意思是理由。"欲加之罪，何
患无辞"比喻想要加害于人，即使那个人没有过错，也总是可以找到一
些理由作为罪名的。

出处： 事见《左传·僖公十年》。

春秋战国的时候，不仅各国之间不断发生战争，以强欺弱，以大并小，而且
在每一个国家内部也充满了争权夺利的斗争。"欲加之罪，何患无辞"这个典
型事件出自当时的宫廷斗争。

晋国的国君晋献公(Jìn Xiàngōng)有很多妻子，因此也就有很多儿子。由
哪一个儿子来当太子，以后接替他当晋国的国君呢？这就成了宫廷内外明争
暗斗的焦点。晋献公的大儿子叫申生(Shēnshēng)，按照通常的做法是立长
子为太子，所以当时申生是太子。可是晋献公所宠爱的骊姬(Líjī)夫人却想立
她自己的儿子奚齐(Xīqí)为太子。由于宠爱骊姬，晋献公同意改立奚齐为太
子。但是骊姬知道这还不够，必须除掉申生，她才有安全感。

申生的母亲已经死了。有一次晋献公叫申生去祭祀母亲，申生祭完了以
后把祭祀用的酒肉拿回来献给父亲，这是当时的规矩。那一天正好晋献公出
去打猎，不在家。骊姬就乘机在酒中放了毒药，等晋献公回来，就把这毒酒拿
出来，并且说："这酒肉从外边来，是不是安全应该试一试。"于是晋献公拿了酒
先用来祭地，把一杯酒洒在地上。因为酒很毒，地都鼓了起来；用来喂狗，狗马
上就死了；叫一个人来试，那个人也死了；骊姬于是哭着对晋献公说："这是太
子送来的酒肉。"

晋献公听了大怒，叫人把太子抓来杀了。太子得到消息，知道自己遭到骊
姬的陷害，马上就逃到他自己的封地新城去了。晋献公派去的人没有抓到太
子，就把太子的老师抓来了。晋献公把太子的老师杀了。

太子逃到新城以后，有人劝他说："你应该向你父亲说明，不是你放的毒

药。"

太子说："如果我申辩，要是父亲听了我的话，那么骊姬就有罪，她一定会被杀死。她一死，我父亲一定很难过，我还不是一样使父亲难过吗？"

所以他不愿意向他父亲申辩。他的随从们又说："那么你不能留在晋国，赶快逃走。"

太子说："我有这样的罪名，逃到哪儿去？谁肯接纳我？"所以，后来他上吊自杀了。

太子一死，骊姬当然很开心。但她并没有因此就变得仁慈一些。她进一步对晋献公说："二公子和三公子也都知道酒里放毒的事。"吓得二公子重耳（Chóng'ěr）、三公子夷吾（Yíwú）都赶快逃到了自己的封地。

晋献公就派军队去攻打二儿子重耳。重耳的随从们想派兵去抵抗，重耳说："这是我父亲派来的军队呀，我怎么能够去抵抗？谁要是抵抗谁就是我的仇人！"于是他逃到别的国家去了。

接着晋献公又派军队去攻打三儿子夷吾。夷吾并不是不想抵抗，而是觉得力量不够，打不过父亲派来的军队，所以他也逃到了外国。

于是奚齐就当了太子。

过了几年晋献公死了。临死时他把大夫①荀息（Xún Xī）找来，叫他保护奚齐，并且辅助奚齐执政。荀息答应尽自己最大的努力去做，要是做不到他就宁可自杀。

以里克（Lǐ Kè）为首的大臣们认为不应该由奚齐当国君，申生死了，还有重耳和夷吾。所以晋献公一死，晋国就发生了混乱。里克要杀奚齐，他先跑去对荀息说："全国的人都支持三位大公子，应该立长者为太子。你怎么样？"

荀息说："那我就自杀殉死。"

里克说："这不值得。"

荀息说："我已经答应先君②，不可言而无信。"

里克见荀息不动摇，就把奚齐杀死了。荀息正要自杀，这时有人对他说："不如再立奚齐的弟弟卓子（Zhuōzǐ）为国君，你来辅助他。"于是荀息就立卓子为晋国的国君。

过了一个月里克又把卓子杀了。这回荀息也立即就自杀了。

逃到国外的三公子夷吾派人用重金贿赂秦(Qín)国的国君，请秦国帮助他回到晋国去当国君。秦国答应了，于是秦国的军队和齐(Qí)国的军队会合起来，帮助夷吾回到晋国，当了国君。这就是晋惠公(Jìn Huìgōng)。

夷吾执政以后，马上就派人去杀里克。因为按里克的想法，当国君轮不到他，申生死了还有重耳呢，所以他也有被杀的危险。他对里克说："没有你，我也当不了国君。虽然如此，但你杀死了两个国君和一个大夫，当你的国君真是太危险了。"

里克认为自己并没有罪，杀奚齐和卓子是为维护晋国的传统。他说："不有废也，君何以兴？欲加之罪，其无辞乎！"(我不杀死那两个国君，你怎么能够回来当国君？现在你要想处死我，当然不怕找不到理由。)于是他就自杀了。

"欲加之罪，其无辞乎"后来变成了"欲加之罪，何患无辞"。这个典型事件用来比喻想要迫害一个人，总是可以找到理由的。

注释：
①大夫 dàfū：高级官员的名称。
②先君：已死去的国君。"先"是对已死去的人的尊称。

退避三舍　tuì bì sān shè

例句：1. 既然你们力量不及，那么就暂且退避三舍，反正来日方长，后会有期。
　　　　2. 他的棋艺不仅在本县无人可及，连市里的众多棋手也要退避三舍呢！

含义："退避三舍"表示退让，不敢相争，避免冲突。

出处：这个事件出自春秋时晋国公子重耳（Chóng'ěr）逃亡以及后来回国执政的历史。事见《左传·僖公二十三年》。

　　晋献公（Jìn Xiàngōng）晚年宠爱美丽的妃子骊姬（Líjī）。骊姬为了让自己的儿子当太子，千方百计地害死了太子申生（Shēnshēng）。她还想进一步害死晋献公的二儿子重耳和三儿子夷吾（Yíwú），吓得重耳和夷吾都逃到国外去了①。

　　这重耳本是一个胸无大志、养尊处优的公子哥儿，哪里吃过什么苦。但是逃亡的生活却使他历尽艰险，受尽磨难与苦楚。幸亏他带着一批很有才干的人，帮助他克服困难。他们曾经在好几个国家呆过。有的国家因为他已经失去势力与地位，认为不值得巴结，就对他很不好。有的国家眼光放得远，觉得他有可能重新回到晋国，说不定还能执政，因此对他不错。

　　后来他们来到了楚（Chǔ）国。楚成王（Chǔ Chéngwáng）对他很好，招待得很周到。有一次楚成王在宴会上问重耳："你将来要是回到晋国当了国君，怎样报答我呢？"

　　重耳当然没有想过这样的问题，所以他说："楚国的物产丰富，取不尽，用不完，我真想不出拿什么东西来报答您呢！"

　　楚成王说："话虽这么说，可你总得想法报答我呀！"

　　重耳想了想说："要是托您的福②将来我能回到晋国当国君，万一我们两国发生了战争，我一定退避三舍。要是那样做，您还不答应，那么我只好跟您周旋周旋了③。"

　　"舍"是古代的距离单位，一舍是三十里，即十五公里，三舍就是四十五公里。

　　后来重耳来到了秦（Qín）国。借了秦国的兵力回到了晋国。当然他的父亲晋献公早就死了。骊姬的儿子已经被人杀死，他的弟弟夷吾曾经当过国君，也已经死了。当时的晋国国君是夷吾的儿子。他杀死了夷吾的儿子，自己做了国君。这就是历史上有名的晋文公。重耳在国外逃亡十九年，吃尽千辛万苦，获得了不少人生经验。回到晋国的时候，他已经六十多岁了，从一个胸无大志的公子哥儿，变成了一个精明的政治家。他手下的那些大臣曾经跟随他流亡，都是很能干的人，所以经过他们的齐心努力，晋国很快就富强起来了。

这时的晋文公就不再是当初的重耳了。晋国和楚国既然是邻国就免不了会发生战争。原来的朋友就变成了敌人。

先是原来被迫依附于楚国的宋（Sòng）国，看到晋国强大起来了，就背叛了楚国去投靠晋国。楚王大怒，就派兵去攻打宋国。宋国自然就向晋国求救。晋文公与大臣们商量对策，决定先不去救援宋国，而是派兵突然占领了依附于楚国的另外两个小国——曹（Cáo）国和卫（Wèi）国。于是楚王就派人去晋国说，你们如果从曹国和卫国撤军，那么我们也从宋国撤军。

晋文公到这时候已经很有野心，想要称霸中原④，他可不会这样就罢休了。于是他玩了一个花招儿：一面把楚国的使臣扣押起来，并且派人去请求秦国和齐国出兵攻打楚国；一面在暗底下答应恢复曹国和卫国，但是却叫他们宣告脱离与楚国的关系。这一下楚国可真的火了，他们干脆就直接向晋军进攻。

但是晋军并不应战，只是往后退。将士们都觉得很奇怪，我们为什么一个劲儿往后退呢，这不是太屈辱了吗？

这时一个曾经跟随重耳流亡的将军解释说："当初我们的国君在楚王面前曾经答应过，两国要是打仗，我们一定退避三舍，表示不敢接战，以报答楚国的恩惠。话说了要算数，不可失信。要是我们退兵，他们也退兵了，两国就讲和；要是我们往后退，他们还是步步紧逼，那么他们就理亏了，打起仗来对我们就有利。"

晋国的军队真的一直退了四十五公里才停下。楚军没有因为晋军后退就停止前进，而是步步紧逼。这样两军终于打了起来。晋军虽然退避三舍，但是他们是作了打仗准备的，一切都准备得很好。那楚军只是在气头儿上，并没有很好地准备，结果楚军大败。

"退避三舍"这个历史事件后来用来比喻退让，不敢相争。

注释：
①见本书"欲加之罪，何患无辞"条。
②托您的福：客套话，意思是"借助您的福气，我的运气也很好。"
③周旋 zhōuxuán：这里的意思是较量，用武力抵抗。
④中原：指黄河中下游地区，当时是中国经济文化最发达的地区，所以诸侯都想称霸中原。

三令五申　sān lìng wǔ shēn

例句: 1. 中央已经三令五申不许购买高级轿车,你们这里为什么不听?

2. 仅仅三令五申并没有什么用,必须对不服从命令的人严加惩处才行。

含义: "令":命令;"申":说明。"三令五申"是指再三下命令,多次说明要求。

出处: 这个典型事件出自《史记·孙子吴起列传》。

春秋的时候有一个军事家叫孙武(Sūn Wǔ),他是齐(Qí)国人。他写了一本兵书,并且把书献给齐国国王。但是齐国国王不识货,看也没看就扔到一边去了。于是他就跑到临近的吴(Wú)国,求见吴王阖闾(Hélú),又一次献上他的兵书。

过了几天吴王阖闾便召见了他,对他说:"你的十三篇兵法我都看过了,不知能不能用我的军队试一试?"

孙武马上回答说:"当然可以。"

吴王又问:"你训练军队可以用妇女来试吗?"

"可以。"孙武回答得很有把握。

于是吴王召集宫中的美女一百八十人,交给孙武指挥训练。孙武把她们分为两队,用吴王最宠爱的两个美人作两队的队长,叫她们拿着长戟,然后问她们:

"你们知道你们的胸口、左右手和背后吗?"

"知道。"美人们回答。

"我说看前面,你们就看胸前。看左边,就看你们的左手。看右边,就看你们的右手。向后看,就看你们的背后。"操练之前,孙武很耐心地对各项要求加以说明。

美人们说:"好的。"

交待过了,孙武就叫人拿出大斧来。这大斧是用来杀违反纪律、不听从命令的人的。同时,孙武又一次对操练的要求加以说明;然后就击起鼓来,指挥她们向右看。那些美人们看到真要叫她们像军队一样来操练,觉得很好玩,竟都嘻嘻哈哈地笑起来,谁也没有按照命令向右看。

这种场面使孙武很尴尬,但他并没有发脾气,而是说:"约束不够明确,命令不够熟悉,这是将领的过失,不能怪你们。"于是他三令五申,将命令与要求又一次详细加以说明;然后击鼓,命令她们向左看。这些美人们并没有把这当作军事训练,她们觉得这不过是一场游戏,用得着这么认真吗? 所以仍然嘻嘻哈哈地笑作一团。

这一回孙武可就不客气了,他很严厉地说:"如果约束不够明确,命令不够熟悉,那是将领的过失。但是刚才我已经三令五申,反复将命令与要求讲明了,仍然不服从命令,那就是士兵和长官的罪了。"说着就叫人把两位队长拉出去,要把她们斩首示众①。

这一下不但两位队长和全体美人们吓得花容失色,连高高地坐在台上观看的吴王阖闾也大吃一惊。不是叫你试一试怎样操练军队吗? 怎么动起真的来了? 吴王赶紧派人来对孙武下命令说:"不要杀这两个美人,我已经知道你很会用兵了。没有这两个美人,我连饭也吃不下去 ,放了她们吧。"原来阖闾和美人们都没有把这次操练当真。

但是孙武认为这是一次真正的军事训练。用什么人来训练都是一样的,只要纪律严明,就可以训练成一支有战斗力的军队。既然是认真的军事训练,怎么能随随便便地训练到一半就停了呢? 于是他说:"我既然受命为将军,按理将军在军队里必要时是可以不接受君命的。"所以他拒绝接受阖闾的命令,真的把两个队长斩了。同时另外指定了两个队长,再一次击鼓发出命令。

这一次这些美人们都知道这可不是闹着玩的,弄不好会掉脑袋,所以个个都认认真真地按命令去做,谁也不敢出声,所有的动作都做得很整齐,前后、左右、跪、起等样样都做得很好,跟一支真正的军队一样。

于是孙武叫人去向吴王报告:"士兵们已经练得很整齐,大王现在可以下来亲自试一试。只要您下命令,不管前面是水还是火,她们都会照您的命令去做。"

吴王被孙武杀了两个最宠爱的美人,正一肚子火,哪里还会再下去试,一甩袖子走了。不过他还是知道这个孙武真的能用兵,于是就让他当了将军。后来孙武指挥吴国的军队打败了西边强大的楚(Chǔ)国,并且使北边的齐国、晋(Jìn)国感到很害怕。

这个孙武就是中国古代著名的军事家孙子(Sūn Zǐ),那部兵书就是流传至今的《孙子兵法》。后来人们用"三令五申"来概括这个典型事件,比喻将命令与要求再三加以说明,反复强调。

注释:
①斩首示众:古代把罪犯或犯法的人的头砍下来,用竹竿挑起,让大家看,以为警戒。

卧薪尝胆　wò xīn cháng dǎn

例句: 1. 遭受这次失败以后,他不再急功近利,而是卧薪尝胆苦下功夫,他相信他总有一天会成功。

　　　2. 经过三年时间卧薪尝胆,公司终于起死回生,重新出现了生机。

含义: "卧":躺,睡。"薪":柴草。"胆":动物的内脏之一,味苦。"卧薪尝胆"原意是睡在柴草上,尝苦胆的味道,不敢贪图安逸,用来比喻刻苦自励,奋发图强,念念不忘要达到的目标。

出处: "卧薪尝胆"出自越(Yuè)王勾践(Gōujiàn)复仇的故事,见《史记·越王勾践世家》和《吴越春秋·勾践归国外传》。

　　春秋时期,长江下游有两个国家,一个是吴(Wú)国,在现在的江苏省南部,另一个是越国,在现在的浙江省东部。这两个邻国之间常常发生战争。

　　公元前496年,吴王阖闾(Hélú)带兵攻打越国,越王勾践率兵进行抵抗。两军在越国的东部大战了一场。越军勇猛,吴军抵挡不住,大败而逃。吴王阖闾也受了重伤,回到吴国就死了。临死前阖闾对太子说:"你可别忘了向越国报仇啊!"

　　太子当了国王,这就是吴王夫差。他发誓要为父亲报仇,就叫人经常提醒他报仇的事。每当他进出宫殿的时候都会有人问他:

　　"夫差,你忘记越王杀死你的父亲了吗?"

　　夫差就坚决地回答:"我永远也不敢忘记!"

　　吴王手下有两个很得力的大臣,一个叫伍子胥(Wǔ Zǐxū),另一个叫伯嚭(Bó Pǐ)。夫差叫伯嚭当宰相,操练兵马。他即位后的第三年,越王勾践听说夫差日夜练兵要报前仇,就先发兵去攻打吴国。结果这一次越军被打得落花流水。越王勾践逃回到首都会稽(Guìjī)以后,收拾残兵败将,只剩下了五千人。夫差紧追不舍,追到会稽,把越军包围了起来。

　　形势真是万分危急,越国眼看就要完了。越王勾践的手下也有两位得力的大臣,一个叫范蠡(Fàn Lǐ),一个叫文种(Wén Zhǒng)。勾践就跟他们商量对策,商量来商量去,觉得只有一个办法了,那就是求和投降。于是他就派文种去求和。

　　文种见到了吴王夫差,跪在他面前苦苦哀求,说越王愿意当吴王的臣子,请求吴王答应求和。夫差想，自己报仇的目的已经达到，可以答应求和。但是他的大臣伍子胥劝告他说："越国失败，就是天把越国赐给吴国。您不要同他们讲和。勾践是实在没有办法才来投降的，我看他这个人能吃苦，能忍耐，不是一个没有出息的人，只要一有机会，他一定会来报仇，不如现在一下子就把越国消灭掉。"

夫差觉得伍子胥的话有道理，于是就不同意讲和了。

文种回去把夫差拒绝讲和的情况向勾践作了汇报。断绝了求和的希望，勾践就下决心要杀掉妻子，烧掉珍宝，跟吴军拼死一战。但文种制止他说："求和的事并不是完全没有希望了，吴国的太宰伯嚭是个贪图财富、见钱眼开的人，我们可以设法拉拢他，悄悄地送他重礼，请他帮我们说话。"

于是勾践派文种带着美女和财宝悄悄地去贿赂伯嚭。伯嚭果然高高兴兴地收下了礼物，带着文种去见吴王夫差。文种见到夫差后，跪下来说："请大王饶恕勾践的罪过，答应他求和吧！这样越国的财富就都是您的了。要是您不肯赦免勾践的罪，那么他就只好杀掉妻子、烧毁财宝，带着剩下的五千人拼死打一仗。仗虽然打不赢，但吴国也不免要受到相当大的损失啊！"

伯嚭接受了越国的贿赂，自然要为越国说话。这时他乘机帮腔说："既然勾践情愿投降作大王的臣子，那么大王就赦免他的罪吧，这样对吴国也有好处。"

夫差觉得他们说得也有道理，就想答应勾践投降。这时伍子胥又出来阻止说："大王要是现在不灭掉越国，以后一定会后悔。勾践是一个贤明的君主，文种和范蠡都是很能干很忠心的大臣，如果放他们回去，将来一定会作乱。"

但是这一次吴王没有听伍子胥的劝告，答应了越国求和的要求，带着军队回吴国去了。

勾践把国家大事委托给文种等大臣，自己带着妻子以及大臣范蠡离开祖国，到吴国去给吴王夫差当奴仆去了。

夫差叫他们住在阖闾坟墓旁边的石屋子里，叫勾践喂马。夫差坐车子出去的时候，就叫勾践牵马。从一个国王变成一个奴仆，勾践心中有着多少悔恨！他尤其悔恨当初不听范蠡的劝告，没有经过很好准备就轻率地向吴国进攻。现在他不得不忍受这一切。

日子过得很慢，一天又一天，一年又一年。三年过去了，这三年中他吃尽了人间各种苦，受到了各种常人难以忍受的羞辱。但是他没有发怒，也没有垂头丧气、哭天抹泪，而是把仇恨深深地埋在心里。从表面上看，他每天总是那么勤勤恳恳、老老实实地干活。有时候吴王夫差会远远地看他们三个人表现怎么样，每次都看见他们在埋头干活，就觉得他们很忠顺，因此就开始同情他们。

只有伍子胥知道勾践的忍耐是为了复仇。表现得越顺从、越忠心，他内心的复仇烈火也一定燃烧得越猛烈。因此他不断地劝吴王杀死勾践，但是吴王没有听他的。一方面是因为吴王自己开始同情勾践，不忍心杀死他；另一方面是勾践留在国内的大臣文种常常派人送礼物暗中贿赂伯嚭，因此伯嚭就不断地在吴王面前替勾践说情。吴王很喜欢听伯嚭的话，越来越讨厌伍子胥。三年后，他终于把勾践放回越国去了。

勾践回到越国以后，就一心一意地准备报仇。他怕舒适的生活会使他逐渐忘记从前的仇恨，因此就"卧薪尝胆"。晚上他不在王宫的锦床绣被中睡觉，而是睡在柴草堆上，屋里吊着一只猪苦胆，每天起床之后，睡觉、吃饭之前都要尝一尝猪苦胆的味道，问自己："你忘了过去的苦了吗？"以此提醒自己不要忘了报仇。他叫文种管理国家大事，叫范蠡操练军队，他自己亲自下田劳动耕作，他的夫人亲自织布，每天吃饭都没有肉，身上不穿好衣服，与老百姓同甘共苦。由于他自己吃过苦，所以他能同情穷苦人，救济他们，因此老百姓就更加拥护他。

越国从战败以后人口大大减少了。于是勾践就奖励生育，下命令规定壮年人不准娶老妻，老年人不准娶少妇。女子十七岁不出嫁，男子二十岁不娶亲，父母就有罪。

勾践知道以越国当时的国力要想报仇完全不可能，所以他一方面要尽快让国家富强起来，另一方面仍然向吴王表示忠心，时常派人送礼物给吴王。

有一次他问文种："我想报仇雪恨，怎样做才能达到目的？"

文种向他提了七条计策。其中包括两个方面。在自己这方面，要尊天事鬼以求上天保佑；要使国家富起来；要准备强大的军队并且操练有素。在敌人这方面要使他们一天天腐败衰落下去；要促使他们常常跟别的国家打仗；要派良工巧匠去，促使他们大规模兴建宫殿，这样可以消耗他们的实力；要送美女给吴王夫差，使他每天沉溺于酒色；要挑起他们君臣之间的矛盾，有伍子胥在吴国，我们就不好办，必须让吴王杀掉伍子胥。

后来这些阴谋计划一一实现了。

吴王夫差却一点儿都没有察觉这些阴谋。他大规模地建造宫殿的时候，越国送来了工匠和木材。越国又送来了绝世美人西施，因此吴王就更加沉湎于享乐，不理政事。他觉得越国对他很忠诚，用不着担心。所以他一心一意想到中原去争霸。为了去攻打北方的齐（Qí）国他下令开挖运河，消耗了很多人力、财力，老百姓的生活痛苦不堪。伍子胥劝他说："齐国对我们没有什么威胁，我们的心腹大患是越国。请大王不要去攻打齐国，应该准备对付越国。"

夫差很讨厌伍子胥常常跟他扭着劲儿，越来越不愿意听他的意见。这时候勾践为了消除夫差的疑虑，一方面假意派兵帮助吴国去攻打齐国，另一方面又给伯嚭送厚礼。伯嚭经常得到勾践的贿赂，就不断地在吴王面前说勾践的好话，说伍子胥的坏话。听了伯嚭的挑拨，吴王更加觉得伍子胥这个老家伙太讨厌，就派人送去了一把剑，叫他自杀。

伍子胥知道，吴王总有一天会后悔，但那时候就已经太晚了。现在他没有办法挽救吴国，于是他自杀了。

吴王夫差为了争霸中原，两次率领全国的军队去攻打齐国，都打了胜仗。但是他在国内留下的只有一些老弱残兵，后方空虚。这时勾践经过二十年精心准备，已经建立起一支强大的军队。现在机会终于来了，乘着吴国国内空虚，他率领大军一下子攻占了吴国的首都。吴国的太子也战死了，吴国人心大乱。

夫差听到这个消息惊骇不已，匆匆忙忙带兵回吴国。但他的军队军心涣散，而且精锐部队已经在攻齐的战争中丧失。越国的军队正兵强马壮，士气高昂，而且训练有素。两军交战，吴军大败。这次轮到夫差去向勾践求和了。勾践看到自己一下子还消灭不了吴国，就同意讲和。但他并没有放松机会，以后又几次进攻吴国，吴国很快就衰落下来了。

公元前473年，勾践终于发动了最后的战争，把吴王夫差包围了起来。夫差终于后悔当年没有听伍子胥的劝告，以至于现在落得个这么悲惨的下场。勾践虽然允许夫差投降，但夫差觉得自己已经老了，不可能像勾践那样再有报仇雪恨的机会，于是就自杀了。吴国从此灭亡。

勾践派人埋葬了夫差。他没有忘记那个见钱眼开的伯嚭，这次不是派人去送礼，而是派人去把他杀了。

后来，人们用"卧薪尝胆"这个历史事件来比喻为了达到某一目的，不敢贪图安逸，激励自己发奋图强。

兔死狗烹　tù sǐ gǒu pēng

例句: 1. 每一个朝代都要杀戮开国功臣,兔死狗烹嘛。让这些人存在,皇帝就没有安全感,非把他们杀了,心里才踏实。

2. 公司现在发达起来了,你们就兔死狗烹,要把当初创业的人赶走。

含义: "烹":放在水里煮。"兔死狗烹"比喻事情成功之后,把出过大力的人杀掉或者抛弃。多指统治者杀戮功臣。

出处: 事见《史记·越王勾践世家》。

范蠡(Fàn Lǐ)做越王勾践(Gōujiàn)的大臣二十多年,跟着勾践吃过很多苦①。勾践在吴国当奴仆的时候,范蠡也跟着去当奴仆。当勾践不知怎么办时,范蠡替他出主意。在勾践意志消沉的时候,范蠡鼓励他,使他恢复报仇的信心。三年之后,吴王终于放勾践回国。吴王很欣赏范蠡的才能,曾经叫范蠡离开勾践,不必当奴仆,到自己身边去当大臣。但是范蠡婉言谢绝了,他要帮助勾践完成复国大业。

在越国,像范蠡这样忠心耿耿的大臣还有很多。比如文种(Wén Zhǒng),在勾践到吴国去当奴仆的时候,文种代替勾践管理越国,他兢兢业业,不敢有丝毫差错,而且常常派人送金银财物去贿赂吴国的大臣伯嚭(Bó Pǐ),让伯嚭在吴王面前说勾践的好话。勾践回国后,他的大臣们跟他同心协力卧薪尝胆,谋图富国复仇。文种还替勾践设计了七条强国复仇的计策。经过十多年的努力,越国终于强大起来,积聚了足够的力量。同时,吴国因为不断地发动战争国力逐渐衰弱。复仇的机会终于到来,最后越国消灭了吴国。越国不但报了仇,而且还成为强国称霸诸侯。勾践很高兴,重重地奖赏了他的大臣们。范蠡因指挥作战有功,升为上将军。

范蠡并没有因此忘乎所以,相反他觉得这样的好日子不会很长久。因为他的功劳大,现在名气又那么大,以后一定会有危险。他清醒地认识到,越王勾践这个人,只能跟他共患难。在危难的时候,你跟他在一起是安全的,他会听从你的意见;但是一旦成功了,他不会与你分享荣华富贵,这时你如果仍然在他身边,那就极不安全的了。

于是他向勾践写报告要求退隐。那时候刚刚取得成功,勾践还没有对大臣们起疑心,因此他表示不同意范蠡辞职。但是范蠡已经下决心放弃官位,离开这个危险的地方。他带着家人乘船离开越国,再也不回来了。他改姓换名到了齐国。

在齐国他给自己的好朋友文种写来了一封信,信中说:"当飞鸟被消灭了以后,良弓就会被收藏起来。当兔子都被消灭了以后,猎狗就再也没有用,会被煮熟了吃掉(原文:狡兔死,走狗烹)。越王这个人,长得脖子很长,嘴突出像鸟一样,他仿佛是一只要啄人的鸟。只可与他共患难,不可与他共享乐。你为什么还不走?"

文种见了这封信,心里将信将疑。也许是他舍不得放弃已经得到的功名富贵;也许是他对勾践的为人认识不足。他仍然没有走,但他心里还是很害怕,所以常常说自己有病不去上朝。而这并不能使他避开灾祸。越王觉得文种的功劳太大,对自己不利,逐渐开始怀疑他。后来有人造谣说文种要造反作乱,乘着这个机会,越王就给文种一把剑,对他说:"在准备向吴国复仇的时候,你向我献了七条计策,我只用了其中三条就把吴国打败了;有四条计策还没有用,你现在替我到阴间②去为我的父亲当大臣,试一试这些计策吧。"到这时,文种只好自杀。果然像范蠡说的那样"狡兔死,走狗烹"。

由于范蠡能够清醒地认识到那些帝王们只可共患难,不能同享乐,所以他及时地退隐了。先是在齐国务农,后来又搬家到一个叫"陶"(Táo)的地方经商,财富积累到巨万,天下人称他为陶朱公。

注释:
①见本书"卧薪尝胆"条。
②阴间:过去人们认为,人世间是阳间,人死了以后就到了阴间。

谗言三至，慈母不亲

chán yán sān zhì，cí mǔ bù qīn

例句： 1. 虽然领导们现在很信任你，但你仍然应该多加小心，预防小人们的谣言，须知"谗言三至，慈母不亲"呢！

2. 一有点成绩，便有谣言跟着来了。成绩越大，谣言越多，以至于"谗言三至，慈母不亲"，直到把人搞得灰头灰脑才算罢休。

含义： "谗言"：不符合事实的坏话。"至"：到来。"谗言三至，慈母不亲"比喻如果谣言不断地传来，甚至连最信任的人也会动摇。

出处： 事见《史记·樗里子甘茂列传》。

春秋的时候，鲁(Lǔ)国有一个人叫曾参(Zēn Shēn)。他是孔子的学生，品行端正，好学上进。在孔子那里学习的时候，学习刻苦努力，所以深得孔子喜爱。其实曾参并不是很聪明的人，相反孔子说他"鲁"，用现在的话说就是"迟钝"，或者说比较笨。但孔子并没有因为他"鲁"就不重视他。由于曾参学习很努力，后来成为孔子最得意的门生之一。孔子弟子三千，贤人七十二。曾参以"贤"出名，后人尊称他为曾子。

曾参跟家人一起住在费(Fèi)这个地方的时候，有一个人跟曾参同名同姓，也叫曾参。有一次这个人杀了人，于是街上就到处传说"曾参杀人"。有一个认识曾参的人就急急忙忙跑到曾参家里去，告诉曾参的母亲说："曾参杀人。"

曾参的母亲当然不相信。知子莫若母，还有谁比她更了解儿子呢？儿子是她从小带大的，一直都是规规矩矩，好学上进，从来没有做过违法的事。她的儿子当然不可能去杀人。所以她坐在织布机上织布，好像没有听说这件事一样。

过了一会儿，又有一个人跑来向她报告说：

"曾参杀人。"

曾参的母亲仍然不相信，杀人的一定是那些游手好闲、惹事生非的年轻人。她的儿子决不是这样的人。所以她坐在织布机上仍然照样织布。

过不多久，又有第三个人来报告说：

"曾参杀人。"

这次她不能无动于衷了。这样一而再、再而三地来报告"曾参杀人"，那很可能真的出了事，她心里不禁害怕起来。不知道儿子为什么会杀人？于是她放下手中的梭子，走下织布机，要去看个究竟。

像曾参这样正直、品行端正的贤人，他的母亲又这么了解、信任自己的儿子，然而当谣言一而再、再而三地传来的时候，连他的母亲都发生了动摇，害怕儿子真的杀了人。可见谣言确实很可怕，会使没有罪的人遭受冤屈。

世界上常常发生造谣诽谤这样的事，所以"谗言三至，慈母不亲"就成了典型事件。《史记·樗里子甘茂列传》中引用这个典型事件是因为当时秦（Qín）国的秦武王叫他的丞相甘茂（Gān Mào）带领军队去攻打宜阳（Yíyáng）。甘茂说："攻打宜阳很难成功。不但因为宜阳地方大，而且因为它离秦国太远。要经过几个险要的地方，远到千里之外去打仗，这很难很快成功。如果不能很快取胜，就会有各种谣言、诽谤传到您的耳朵里。就像有人报告'曾参杀人'那样，'谗言三至，慈母不亲'。再说，我并没有曾参那么贤，大王您对我也不如曾参的母亲对她的儿子那么信任，而且怀疑我、诽谤我的又远远不止三个人。恐怕大王您听了这些谗言也会像曾参的母亲那样，放下手中的梭子，走下织布机。"

甘茂又举另一个例子说："过去魏文侯（Wèi Wénhóu）①派乐羊（Lè Yáng）去攻打中山②。打了三年才打下来。乐羊回国以后，向魏文侯论功，说自己功劳多么多么大。这时，魏文侯拿出一只箱子来给乐羊看。乐羊一看这个箱子，出了一身冷汗。原来这整整一箱子都是别人诽谤他的信。魏文侯没有相信这些信，全都收起来放在箱子里了。这时乐羊感动地说：'我这才知道，这次打下中山功劳最大的不是我，而是大王您。'"所以甘茂说，只有秦武王不相信谗言，他才能带兵去进攻宜阳。

中国还有一个成语，叫作"人言可畏"，与"谗言三至，慈母不亲"意思相同。

注释：
①魏文侯：魏国的国君，"文侯"是他的称号。
②中山：春秋时的一个小国。

高枕无忧　gāo zhěn wú yōu

例句: 1. 只有黄河得到彻底治理,不会再闹水灾,我们才能高枕无忧。

2. 市场情况瞬息万变,如果以为我们公司实力很强,就可以高枕无忧了,那以后一定会犯大错误。

含义: "高枕"是指垫高枕头放心睡觉。"高枕无忧"比喻不会有危险发生,用不着担忧。

出处: 事见《战国策·齐策四》[①]。

战国时,齐(Qí)国有一个人叫冯谖(Féng Xuān)。他家里很穷,无法维持自己的生活,就托人介绍到孟尝君(Mèng Chángjūn)[②]那里作一个门客。孟尝君是齐国的贵族,他的封地在薛(Xuē)[③]。当时他是齐国的宰相,是一个有权有势的人物。他想把天下有才能的人都搜罗到自己身边来,就礼贤下士,请他们到自己家里来,给他们地方住,给他们饭吃。如果有事情,就请他们去做。这样可以提高自己的声望。很多贫穷但又有才能的人都去依附他,到他那里去作门客。因为供给饭食,所以门客也叫食客。战国时很多有权有势的人物家里都养有大批门客。

第一天冯谖见到孟尝君的时候,孟尝君问他:"你爱好什么?"

冯谖说:"我没有什么爱好。"

孟尝君又问:"你善于做什么事?"

冯谖说:"我没有特别的本事。"

孟尝君笑了笑接受了他,说:"好吧,我知道了。"

在孟尝君家里,几千个门客分为三等。最低的一等吃的食物不太好,比较粗糙。中间的一等可以吃鱼。最高的一等有肉吃而且外出可以坐车。因为冯谖自己说既没有什么爱好,也没有特别的本事,于是孟尝君手下的仆人就看不起他,把他算作最低的那一等,给他吃粗糙的食物。

过了没多久,有一天冯谖倚着房屋的柱子一边弹一把长剑,一边唱歌:"长剑回来吧,我吃的饭里没有鱼。"

仆人们把这个情况向孟尝君作了报告,孟尝君说:"让他吃得跟那些吃鱼的门客一样吧。"

160

又过了些日子,冯谖又倚着柱子弹那把长剑,并且唱道:"长剑回来吧,我出门没有车。"

仆人们都嘲笑他没有什么本事还想坐车。不过他们还是向孟尝君作了报告。孟尝君说:"替他驾车,使他跟其他乘车的门客一样。"

在生活上得到了平等的待遇以后,冯谖坐着车,带着他的长剑去访问朋友,说:"孟尝君以宾客的待遇对待我。"可是过了不多久,他又弹他的剑,唱道:"长剑回来吧,我无法养我的家。"

仆人们都讨厌他,认为他又贫穷又不知足。但是孟尝君知道了以后,问:"冯公有亲属吗?"

冯谖说:"有老母亲在家。"

孟尝君就派人常给他母亲送吃的和用的。这以后,冯谖就不再唱歌了。

后来,有一天孟尝君拿出账簿来,对仆人们说:"去问问门客们,谁能当会计,为我到我的封地去收债?"

冯谖站出来说:"我能。"

孟尝君有几千个门客,他想不起来有冯谖这个人,就问:"这是谁?"

仆人们回答说:"就是那个弹着剑唱歌的人。"

孟尝君笑着说:"他果然是有本事的,我没接见他,亏待了他。"说着就叫仆人们把冯谖请来,对他说:"我的能力很差,每天处理国家的事就觉得又忙乱又疲劳,所以过去对先生多有得罪。承蒙先生不介意,愿意为我去薛收债吗?"

冯谖说:"愿意。"

于是就为他准备马车及行装,带着所有的债据上路。临行时,冯谖问:"收完了债,买些什么回来呢?"

孟尝君说:"你看着办吧,看看什么东西我家没有,你就买一些回来。"

冯谖赶着车到了薛,让当地的官吏把应该还债的人都召集起来。检验过借据以后,他自作主张地说:"孟尝君把这些钱赏赐给你们,不要你们还债了。"当时就把债据烧掉了。人们非常高兴,高呼万岁。冯谖也就赶着马车连夜回来了,一大清早就去求见孟尝君。

孟尝君赶紧穿好衣服出来见他,说:"债收完了吗?怎么回来得这么快?"

冯谖说:"债收完了。"

"买了些什么回来?"

"您说:'看看什么东西我家没有,就买一些回来。'我心里想,您家什么都有,珍宝积了一大堆,外边狗马挤满了马房,屋里美女成群。您家里缺少的只有'义'。所以我自作主张,给您买了'义'回来。"

孟尝君被他说得摸不着头脑说:"什么叫作买了'义'回来?"

冯谖回答说:"您现在只有一个小小的薛作为封地,但您并没有把那里的人民当作自己的子女那样来爱护,反而在那里放高利贷来获利。这是不义的。所以我把那些债赏赐给了您的子民,把债据烧掉了。人民很高兴,都高呼万岁。这就是我为您买的义。义就是民心呀!"

孟尝君听了很不高兴,说:"好了,你算了吧。"

过了几年,孟尝君被齐王解除了官职,就只好回到自己的封地去住。薛的老百姓听说孟尝君回来了,扶老携幼地都出来迎接。受到如此盛大的欢迎,孟尝君完全没有想到,这使他十分满足。这时他才信服冯谖,对冯谖说:"先生为我买的民心,今天终于见到了。"

但是冯谖却更有远见地说:"一只兔子为了避免被猎人捕获,会挖三个洞穴,这也仅仅是能够免死。您现在只有一个'洞穴'可以安身,还不能高枕而卧。我请求您允许我再为您挖两个'洞穴'。"

于是孟尝君给他五十辆马车,金五百斤。冯谖立即赶到西边的魏(Wèi)国,对魏国的国王说:"齐国免去了孟尝君的官职。孟尝君是一个很有才能的大臣,哪个国家能得到他,哪个国家就能富国强兵。"

魏国国王早就听说孟尝君的大名,这时马上答应让出魏国最高的官职,请孟尝君到魏国来当宰相,并且派使者带着金千斤,车一百辆前往薛,去聘请孟尝君。

冯谖一看事情办成了,就马上在魏国使者动身之前赶回薛,来见孟尝君,对他说:"千金,那是很多钱。马车一百辆,那也是很显贵的车队。但你不要去魏国,这是做给齐王看的。"

魏国的使者来来回回跑了三趟,孟尝君都谢绝去魏国。齐王听说了,心里很害怕,恐怕孟尝君到了魏国或者别的国家以后,对自己不利,就派人带着金千斤,四匹马拉的高级轿车两辆,一把剑和一封信去请孟尝君再回齐国去当宰相。这是冯谖想达到的目的,是他为孟尝君挖的第二个"洞穴"。

但冯谖劝孟尝君不要马上就去上任,应该要求在薛建立祖宗的宗庙④。因为孟尝君的祖宗也是齐王的祖宗,因此只要宗庙在薛,齐王就会保护薛不受外国的侵略。直到宗庙建成了,冯谖才对孟尝君说:"现在三个洞穴都已经挖好,你可以高枕而卧了。"

孟尝君当齐国的宰相几十年,没有一点儿危险,这都是出自冯谖的计策。

"高枕而卧"后来演变成为"高枕无忧",人们用这个典型事件来比喻可以放心睡觉,不会出什么问题。

注释：

①《战国策》：反映战国时期历史的一部著作，原书是一些史料汇编，经过汉朝学者刘向整理、校订以后定名为《战国策》，共三十三篇。

②孟尝君：姓田，名文。孟尝君是他的称号。

③薛：地名，在今山东省滕县东南。

④宗庙 zōngmiào：祭祀祖宗的庙宇。在古代，国君的宗庙是国家的象征。

游刃有余　yóu rèn yǒu yú

例句： 1. 我因为不喜欢统计学，所以做这个工作感到很吃力。如果你来做，一定是游刃有余。

　　　2. 经过两年时间的实际操作，他对计算机已经很熟悉，解决这些问题已经游刃有余。

含义： "游刃有余"比喻因为掌握了规律，所以做起事情来轻而易举。

出处： 这个典型事件出自《庄子·养生主》①。

　　庖丁(Páodīng)②为梁惠王(Liáng Huìwáng)③解牛④，分割牛肉。他的动作那么熟练自如，手碰到的地方、肩靠到的地方、脚踩到的地方、膝盖顶到的地方都"哗哗"作响，刀起刀落好像都有节奏，动作姿势那么优美，简直是随着音乐的节拍在跳舞。

　　梁惠王赞叹说："嘻，解牛的技术高到这种程度，真了不起！"

　　庖丁放下刀来说："我所重视的是做事情的规律，这比技术更重要。我刚学解牛的时候，眼睛看到的是整个的牛。三年以后，看到的就不是整个牛了。现在我只需要凭感觉，而不必用眼睛去看。因为我已经非常清楚牛体的结构，用不着等看清楚再动手，所以眼睛的视觉已经停止，但是下刀如有神助。依照牛体的自然生理结构，只把刀伸向牛筋骨之间的空隙，刀根本不碰到牛的骨头。一个好的厨工，一年得换一把刀，因为他不是像我这样解牛，而是拿刀去割肉。一般的厨工，一个月就得换一把刀，因为他们用刀去砍牛骨头，那样就会把刀砍折了。如今我用的这把刀都十九年了，已经解了好几千头牛了，然而刀刃仍然很锋利，就像刚在磨刀石上磨过一样。那牛的骨节之间是有空隙的，刀刃很薄，拿很薄的刀刃插进有空隙的骨节之中，显得宽宽绰绰，有足够的活动运转的余地(原文：其于游刃必有余地矣)。所以这把刀用了十九年之久，看上去仍然好像是刚从磨刀石上磨出来的一样。虽然如此，每次遇到筋骨相交的地方，我仍然是小心翼翼，动作放慢，运刃非常轻。这样，骨肉一下子脱开了，就像土散落在地上一样。这时我提起刀来，心满意足，自我感觉非常好。然后把刀擦干净，收藏起来。"

　　庖丁因为了解牛的结构，掌握了解牛的规律，所以解牛时轻松自如。这个

164

典型事件后来用来概括比喻做事情轻松，不费力气。

注释：

①《庄子》Zhuāng Zǐ：战国时学者庄周及其后学所著。

②庖丁：厨工。

③梁惠王：即魏惠王。因魏国国都在大梁（今河南开封），所以又称为梁国。

④解牛：牛杀了以后，把牛的不同部位分解开来。

五十步笑(一)百步
wǔshí bù xiào (yī) bǎi bù

例句： 1. 你说他太懒惰，那才是五十步笑一百步，你自己哪里谈得上勤快呢！

2. 我迟到了五分钟，本来颇觉不好意思，可竟还有人迟到了十分钟，这下子我五十步笑一百步，倒高兴起来了。

含义： "五十步笑一百步"用来比喻虽然缺点或错误程度不同，但实质是一样的。

出处： 这个典型事件出自《孟子·梁惠王上》①。

孟子(Mèng Zǐ)是战国时代的人，那时候各国之间战争不断，老百姓生活非常痛苦。孟子继承孔子的思想是提倡仁义的，所以他访问了一国又一国，劝说那些君主们不要打仗，要爱老百姓。可是那些君主们都不听他的。

那时候魏(Wèi)国的君主叫梁惠王②(Liáng Huìwáng)，他因为两年前被别国打败，所以就想多多地招聘人材，想出富国强兵的办法，以便报仇雪恨。孟子听说了，就去见梁惠王。他当然是劝梁惠王要实行仁义，不要打仗。只要实行了仁义，国家自然就会富强起来。

有一天梁惠王对孟子说："我对于管理国家可以说是够尽心尽力的了。河内③荒年闹灾，我就把河内的灾民移到河东去，同时又把河东的粮食调运到河内，以救济那里的老百姓。如果河东出现了灾荒，我也用同样的办法来解决。我看邻国的国君们没有一个像我这样爱护老百姓的。然而邻国的老百姓不见得减少，而我国的老百姓也不见得增加，这是为什么？"

我们可以看出来，梁惠王关心的不是老百姓，而是人口增加了就可以征集更多的士兵去打仗。因此孟子对他说："大王，您喜欢打仗，我就拿打仗的事来作比喻。打仗的时候，双方军队到了战场上，战鼓一响，兵刃相接，一场厮杀的结果，有胜有败。那打败了的一方，就会丢盔弃甲，各自逃命。有的人跑得快，逃了一百步；有的人跑得慢，逃了五十步。假如那跑得慢的嘲笑跑得快的，说他们没有勇气，贪生怕死，跑得那么快。你说有道理吗？"

梁惠王说："当然没有道理，跑得慢的虽然没有跑出一百步，但那是因为他跑不快才落后了五十步。"

孟子接着说："那就对啦！大王既然明白了这个道理，那么您刚才所问的问题也就有了答案了。您怎么能指望您的老百姓比邻国多呢？"

梁惠王一心要打仗报仇雪恨,虽然在一些小的地方照顾了老百姓,但是打起仗来老百姓成千上万地死亡,这和邻国君主们的所作所为并没有实质性的差别,不也是"五十步笑一百步"吗? 所以孟子告诉梁惠王,应该以仁义来治理国家。

　　后来人们就用"五十步笑一百步"来概括同类事件,指出错误的实质一样,只不过程度有些差别而已。

注释:
①《孟子》:儒家经典之一,由孟子及其弟子所著。
②梁惠王:因魏国的首都在大梁,所以又称为梁国,梁惠王是魏国的国王。
③河内:指黄河北岸的魏国属地,在今河南济源县一带。

刺股悬梁　cì gǔ xuán liáng

例句： 1. 从前他总是不肯用功学习，这一次忽然开窍，下决心从今以后要刺股悬梁。

2. 才气自然是重要的，但如果没有下过刺股悬梁的工夫，也难以达到这样的成就。

含义： "股"是指大腿，"刺股"是用锥子刺自己的大腿。"梁"是指房梁，"悬梁"是用绳子把脑袋悬挂在房梁上。"刺股悬梁"用来比喻刻苦学习。

出处： "刺股"与"悬梁"是历史上两个刻苦学习的事件，后来两事合在一起用来指发愤苦学。

"刺股"是战国时苏秦(Sū Qín)的故事，见《战国策·秦策一》①。

战国的时候，各国君主为了壮大自己的力量，吞并邻国的领土，迫切需要人材为他们出谋划策，并且在外交上为他们奔走。因此那时就出现了一大批策士。这些策士拿我们现代的话来说，就是政客。在个人品格上来说，他们都是一些很坏的人。他们与百家争鸣②中孟子③(Mèng Zǐ)、墨子④(Mò Zǐ)等人很不同。孟子、墨子等有自己的学说和政治主张，他们在各国君主之间奔走，是为了实现自己的理想，并不是为了个人的利益。因此，他们显得很高尚。但是那批策士们则不同，他们没有一定的学说，他们在各国之间奔走游说的唯一目的是为了自己的功名富贵。今天在这个君主面前宣传这样的主张，如果这个君主不听他的，明天他跑到另一个君主那儿会宣扬另一些主张。他们凭着自己的"三寸不烂之舌"能够把死的说成活的，把坏的说成好的。其中有不少人因此达到了做官发财的目的。

苏秦就是他们中间最突出的一个。

苏秦少年时代曾经在齐国求学，学成以后就开始为谋取功名富贵而奋斗。他先跑到秦国去见秦惠王(Qín Huìwáng)。他非常懂得统治者的心理，先奉迎阿谀秦惠王，使他高兴起来。然后说明秦国在地理环境、自然资源方面怎样得天独厚，现在国力如何强盛，人口很多可以征集很多士兵，又懂得用车骑打仗，又有兵法操练军队，因此完全可以消灭其他六国，统一天下做皇帝。为了达到自己做官发财的目的，他竟煽动秦惠王发动战争。

168

但是他碰了一鼻子灰,秦惠王不愿意听他的,而是说:"鸟的羽毛还不丰满的时候,不可以高飞,现在还不到统一天下的时候。对不起,改日再领教。"

　　出师不利,对苏秦是一个沉重的打击。实际上并不是苏秦到秦国之前对秦国的情况没有作过研究。他当然是事先经过认真研究的,但是他研究得还不到家,对秦惠王的心理还不够了解。秦惠王确实有吞并其他六国的野心,从这一点上来说,苏秦的主张正是投其所好,他没有搞错,但是他去的不是时候。因为那时秦国发生了一些政治上的变动,刚刚爆发过一场内部矛盾。秦惠王的父亲秦孝公重用卫国人公孙鞅(Gōngsūn Yāng)进行改革,公孙鞅就是商鞅。改革十年,秦国的生产很快发展起来了,老百姓也得到相当多的好处,秦国迅速强大。但改革损害了秦国贵族的利益,贵族们早就想除去商鞅,只因为有秦孝公支持,所以才对商鞅没有办法。后来太子犯了罪,按照商鞅的新法也是应该惩罚的,不过因为他是太子,不能把他杀了,于是就把太子的老师杀了。秦孝公死了以后,太子当了国君,这就是秦惠王。他一上台首先就处死了商鞅。因为商鞅是卫国人,是外来人材,所以连带着他对那些外来的游说策士都很厌恶,不愿意听这些人的意见。

　　首战失利,苏秦并不因此气馁。他再一次找秦惠王,进一步引用历史事件作为例子来说明非战不足以建大功,想用和平的方法统一天下,实际上是做不到的。他甚至说秦惠王昏庸迷惑,所以不能听从他的意见,想以此来激怒秦惠王。但是他用尽种种手段,说得口干舌燥都没有用。他在秦国住了很长时间,始终没有打动秦惠王。

　　这时候,他的钱花完了,衣服也穿破了,无可奈何地只好离开秦国回家。他的家在洛阳,要走很远的路。他穿着草鞋,打着绑腿,衣服破破烂烂,挑着自己的书和行李,垂头丧气地走在尘土飞扬的大道上,看上去面色枯黄,又干又瘦,像一个营养不良、又累又病的苦力。经过了长途跋涉,终于回到了家乡,他很惭愧地走进了家门。家里人看他那样落魄,并不同情他,更没有安慰他。他的妻子都没有从织布机上下来接他,嫂子不给他做饭,父母也不跟他说话。

　　这些更加使他感到失败的痛苦。但是他没有责怪家里人,而是认为都是由于那个秦惠王太愚蠢不肯听他的意见的缘故。同时他也意识到这次失败说明自己的本领还不到家,必须再下苦功,研究天下的形势与各国君主的心理。因此他不但没有灰心,反而意志更加坚定。他决定发愤读书。于是他把他的全部藏书都搬了出来,总共有十几箱书,找到了《太公兵法》⑤,连夜就趴在桌子上读起来,一边背诵一边反复研究捉摸。他是想通过研究兵法,来掌握君主们的心理。夜深了,他仍然在读书,可总是不由自主地要打瞌睡。这时他发狠用锥子刺自己的大腿,腿上的血一直流到脚跟。疼痛使他打起了精神,重新回到书本上来。这就是刺股事件。

应该说苏秦的意志很坚强。他很自信，相信自己一定能够取得君主们的信任，取得富贵。但是他为了个人的利益煽动战争，而不顾战争会给人民造成灾难。这是非常自私卑劣的。他的发愤读书只是一种个人奋斗。

经过一年时间的发愤努力，苏秦觉得这回行了，可以再次去为君主们出谋划策。这一次，他来到了赵（Zhào）国。他劝赵王联合其他五国共同来抑制强大的秦国。

赵国是秦国的东邻，常常受到秦国的军事威胁。秦国眼看越来越强大，因此赵王心里很着急。这时苏秦劝他联合其他五国来对付秦国，正中他的下怀。于是他们谈得很投机，赵王大喜，封苏秦为武安君，给了他赵国宰相的官印，又给了他很多钱和车辆，去联合其他五国。经过苏秦的游说，其他五国也同意联合抗秦，并且都给了他宰相的官印。这样，抗秦的联盟就建立起来了。这时苏秦就成了六个国家的宰相，他的腰里别着六国相印，一下子变得名声显赫。这一次他实现了他日夜追求的梦想，名利和地位都得到了。家里人对他的态度也完全不一样了。这使他非常感慨，他说："贫穷的时候，连父母都不亲近你；富贵的时候，连亲戚都靠拢你敬畏你。在这个世界上，怎么能不重视地位与富贵呢！"

苏秦第二次出来游说时，劝六国联合起来抑制秦国。这种主张在客观上制止了战争，对人民是有利的。但对人民有没有利不是他的出发点，他的出发点是对自己有没有利。所以他在秦国鼓吹战争，而在其他六国鼓吹和平。在封建社会中，他是一个追逐名利地位的典型。有不少人很欣赏苏秦的这种志气，因此"刺股"就成为典型事件用来比喻下狠心读书。

"悬梁"是另一个苦读的例子。据《太平御览》⑥引用《汉书》⑦的记载，汉朝时有一个人叫孙敬，他学习很刻苦，从早晨学到晚上都不休息。深夜觉得困倦，要打瞌睡的时候，他用绳子系住头部，绳子的另一头系在房梁上，这样就不能打瞌睡了。经过这样的苦学，孙敬后来成了当时的大儒。

"刺股"与"悬梁"虽然用来比喻刻苦学习，但从学习心理上来说，这样学习效果一定很差。因为人在疲劳困倦的时候记忆力减退，思维迟钝。这时候勉强坚持，学和不学效果差不多。人只有在大脑得到充分休息，脑子清醒、思维敏捷的时候，学习才有最好的效果。虽然我们主张刻苦学习，但事实上并不是学习的时间越长，学到的知识就越多。"刺股"与"悬梁"是两个极端的例子，他们的这种意志是值得学习的，但作为具体的方法却不值得提倡。

注释：

①《战国策》：战国时期的历史资料经过汉朝刘向整理以后，定名为《战国策》。

②百家争鸣：见本书"百家争鸣"条。

③孟子：战国时儒家的代表人物，继承孔子的学说，被后人称为亚圣。

④墨子：战国时墨家的创始人，他反对侵略战争，主张人与人之间应该平等相爱。墨家在战国时是除儒家以外最大的学派。

⑤《太公兵法》：太公即姜太公，见本书上编"姜太公"条。

⑥《太平御览》："御"（yù）：与皇帝有关的。"览"lǎn：阅读。《太平御览》是宋（960—1279）初李昉等人奉宋太宗的命令选辑的一部类书，供皇帝阅读。

⑦《汉书》：记载西汉（公元前206—公元25年）历史的一部史书，东汉班固著。

完璧归赵　wán bì guī Zhào

例句：1. 你借给我的这些资料对我很有用，谢谢你的帮助。我的文章写完了，
这些资料现在完璧归赵。

2. 前几天我是拿着一个笔记本电脑来着，但那是借人家的，现在已经完
璧归赵了。

含义："璧"是古代的一种玉器，圆形，扁平，中间有孔。"完"是完好无损。
"归"：归还。"赵"：赵国。"完璧归赵"比喻将原物完好无损地还给原
主。

出处：事见《史记·廉颇蔺相如列传》。

战国的时候，赵惠文王[①]（Zhào Huìwénwáng）得到了楚（Chǔ）国的和氏
璧[②]。这块璧在当时非常有名，也非常贵重，真的是价值连城。

秦（Qín）国的秦昭王（Qín Zhāowáng）早就想得到这块璧。他听说和氏璧
落入了赵王之手以后，就写了一封信给赵王，说秦国愿意用十五个城来换这块
璧。

赵王收到信以后，大觉意外，赶紧召集大臣们商量。大家都觉得要是答应
秦王的要求，把和氏璧送去，恐怕秦国不会真的把十五个城给赵国，这是白白
受他们的欺骗。但是如果不把璧送去，秦国现在很强大，而且很不讲理，恐怕
他们会派军队来进攻。商量来商量去没有一个结果。最后只好决定征求外交
人材，请大家推荐。

有一个人推荐了蔺相如（Lìn Xiàngrú）。于是赵王召见了他。赵王问："秦
王要拿十五个城来换和氏璧，我们换还是不换？"

蔺相如回答："秦国强大，赵国弱小，不答应恐怕不行。"

赵王又问："他拿到了我的璧，却不给我们十五个城，怎么办？"

蔺相如说："秦国用十五个城来换璧，如果赵国不答应，我们找不到借口。
如果我们把璧给了他们，而他们不给我们十五个城，那么错就在秦国。权衡这
两种做法，我们宁可把璧送去。"

赵王问："那么派谁去完成这项任务呢？"

蔺相如说："要是大王实在找不到合适的人，那么我愿意拿着璧出使秦国。
如果他们把十五个城给了赵国，我就把璧留在秦国。如果赵国得不到十五个

城,那么我就完璧归赵。"

当时很多人认为没有这么好的事。璧送去了,恐怕秦国不会再放手。但因为没有更好的办法,就只好让蔺相如去试一试。

于是赵王就派蔺相如为特使,拿着和氏璧去秦国。

秦王在章台接见了蔺相如,而不是在王宫。章台是一个游乐场所,可见秦王很轻视赵国。蔺相如双手捧着和氏璧,恭恭敬敬地献给秦王。秦王看到和氏璧,大喜过望。看完以后就交给身边的美人和侍臣传看。那些人看了以后对秦王高呼万岁。

蔺相如一看,秦王那么轻视赵国,根本没有给赵国十五个城的诚意,就走向前去对秦王说:"这块璧上有一个小黑点,让我指给您看。"于是秦王把璧递给了他。蔺相如接过璧以后往后退了几步,靠在一根柱子上,怒发冲冠,大声地对秦王说:

"大王想要得到和氏璧,派人送信给赵王。赵王专门召开了会议来讨论这件事。大家一致认为:'秦国贪得无厌,依仗强大的军队,想用一句空话来骗取和氏璧,并没有给赵国十五个城的诚意。'商量的结果是不可把璧送来。只有我一个人认为:'老百姓之间交往尚且不互相欺骗,何况一个堂堂的大国君主呢!而且为了一块璧,得罪强大的秦国,是不适当的。'于是赵王才非常郑重地沐浴斋戒五日,修了一封国书,派我捧着和氏璧来到秦国。为什么这样郑重其事?是为了尊重贵国,表示赵国的敬意。可是我来到贵国以后,大王竟在游乐场所接见我,而且如此傲慢,不讲礼节,拿到璧以后就传给美人们看,以此来戏弄我。我已经看出来,大王没有诚意给赵国十五个城,所以我才把璧拿回来。假如大王一定要逼我交出来,那么我的头跟这块璧一起就撞碎在这根柱子上!"

蔺相如手拿着璧,两眼怒视着那根柱子,作好了撞柱的准备。秦王恐怕他真的把璧撞碎了,只好对蔺相如表示歉意,然后叫人拿过地图来,亲自用手指着地图说:"这十五个城就割让给赵国吧。"

蔺相如看出秦王仍然是假意说割让十五个城给赵国,实际并不想给,因此就对秦王说:"和氏璧是天下公认的宝物。赵王恐怕得罪大王,所以不得不派我送来。但我来以前,赵王曾经斋戒五天,现在大王您也应该斋戒五天,然后以正式的外交礼节在宫廷接见我,到那时我才敢把璧献给大王。"

秦王没法从他手里强夺和氏璧,只好答应斋戒五天。暂时把蔺相如安置在宾馆里。

蔺相如想,秦王虽然同意斋戒,但是一定不会按照约定给赵国十五个城。于是就派他的一名随从,穿着普通老百姓的衣服,带着和氏璧从近路先回赵国了。

秦王斋戒了五天以后,就在王宫中按正式的礼节再次接见了蔺相如。蔺相如说:"秦国从很久以来,先后二十多个国君没有一个肯坚守信义的,我恐怕受大王的欺骗,而辜负了赵王交给我的使命,所以已经派人把和氏璧送回赵国去了。不过秦国强大,赵国弱小,大王只要派一个使臣去,赵王立即就会把和氏璧再送来。只要秦国先把十五个城割让给赵国,赵王怎么敢失信得罪大王?我知道我已经犯下欺骗大王的罪,所以请您处死我。不过,我说的话请大王深思。"

秦王跟他的大臣们听了个个面露怒色,有的人主张立刻把蔺相如拉出去杀了。秦王却说:"现在把他杀死,还是得不到和氏璧,反而断绝了秦赵两国的邦交。倒不如让他好好地回赵国,我相信赵王不会为了一块璧而欺骗我秦国!"最后他还是按礼节接见了蔺相如,接见完了以后,蔺相如就回国了。

蔺相如回到赵国以后,赵王以为蔺相如出使不辱使命,是一位很能干的人,于是就请他做上大夫③。最后秦国既没有给赵国十五城,赵国也没有把和氏璧给秦国。和氏璧完好无损地保存在赵国。

"完璧归赵"这个典型事件后来成为成语,用来比喻完好无损地物归原主。例如,借人东西,用完了以后完好无损地还回去,可称"完璧归赵"。

注释:
①赵惠文王:赵国的国君,惠文王是他的称号。
②和氏璧 Héshì bì:因发现这块玉的人叫卞和,制成璧以后就以他的名字命名为和氏璧。
③上大夫 shàngdàfū:高级官员的名称。

174

负荆请罪　fù jīng qǐng zuì

例句: 1. 我把你的书丢了,想再买一本也没买到,真对不起,只好向你负荆请罪了。

2. 做错了事不负荆请罪,反而遮遮盖盖吞吞吐吐,这更加不能原谅。

含义:"荆"是一种树枝。"负"是背在背上。"负荆请罪"表示向人赔礼道歉。

出处: 事见《史记·廉颇蔺相如列传》。

战国后期秦(Qín)国越来越强大,常常以武力欺压其他国家。赵(Zhào)国是秦国的东邻,有一年秦国派兵攻打赵国,占领了石城。第二年,又一次攻打赵国,杀死赵军两万人。这时秦王派使者到赵国,向赵王表示秦国愿意跟赵国和平相处,并约赵王在黄河以西的渑池(Miǎnchí)会见。

赵王害怕强大的秦国,觉得去渑池凶多吉少太危险,本来不想去,但大将廉颇(Lián Pō)和上大夫①蔺相如(Lìn Xiàngrú)都对他说:"大王如果不去,就显得我们赵国软弱无能,应该去。"赵王只好硬着头皮,由蔺相如陪同去赴会。

廉颇送他们到国境,临别时跟赵王约定:"大王此去,从开会到回国顶多需要三十天时间。假如三十天还不见大王回来,小臣就立太子为赵王,以便使秦国的阴谋绝望。"这是因为他们估计到秦国可能会把赵王扣留作为人质,从而对赵国提出领土要求。为了粉碎秦国的这种阴谋,就只能另立新君。赵王没有办法只好答应下来;这一去反正豁出去了。

到了渑池,秦王设酒宴款待赵王。秦王喝酒喝得半醉时说:"我听说赵王喜欢音乐,那就请赵王给我们奏瑟②。"赵王只好弹了一曲。刚弹完,秦国的史官就写道:"某年某月某日,秦王跟赵王会饮,叫赵王奏瑟。"这简直欺人太甚!蔺相如走上前去对秦王说:"赵王听说秦王最会唱秦国的民歌,就请把盆和坛子③呈递给秦王,以便我们互相娱乐。"盆是洗脸用的陶器,坛是装酒用的陶器,秦国人唱民歌时敲着这两种东西伴奏。

秦王很生气,不答应蔺相如的要求。但是蔺相如已经搬过一个酒坛子放在秦王跟前,跪下来再一次请秦王唱歌。秦王还是不肯唱。这时蔺相如说:"我距离大王只有五步远,如果我自杀我的血能溅到大王的身上。"那意思是用死来威胁秦王。秦王的侍臣们想上来杀死蔺相如,蔺相如怒目而视,吓得他们胆战心惊,都退了回去。秦王虽然很不高兴,这时也只好勉强地敲了一下酒坛子。

蔺相如赶紧回头对赵国的史官说:"快写,某年某月某日,秦王为赵王敲了一下酒坛子。"

秦国的群臣们不甘失败,就对赵王说:"请赵王用十五个城为我秦王祝寿!"可是蔺相如一点也不示弱,立刻说:"请秦王用咸阳(Xiányáng)为我赵王祝寿!"咸阳是秦国的首都,拿来给赵王祝寿,这不是开玩笑吗?双方就这样你来我往,明争暗斗,一直到酒宴完了,秦王也没占到什么便宜。因为廉颇率领的赵军已经集结在边境严阵以待,秦王不敢扣留赵王,只好放赵王回去。

从渑池回国以后,赵王认为蔺相如功劳很大,就升他为上卿(shàngqīng),这是当时最大的官。这样蔺相如的官比廉颇都大了。廉颇很不服气,气愤地说:"我在赵国当将军几十年,打了那么多次仗,攻城略地出生入死,功劳那么大,只不过当个将军。蔺相如只凭着一张嘴,官位就超过了我,况且他出身卑贱。地位在他之下,我感到耻辱。"蔺相如出身平民,家里很穷。在廉颇官居将军的时候,蔺相如还在人家家里当食客,地位当然很低,所以廉颇看不起他,扬言说:"我见到蔺相如,一定要侮辱他一顿。"

蔺相如听到这些话以后,就尽量回避廉颇。每当应该上朝(赵王举行例行会议)时,蔺相如常常装病不去,他不想跟廉颇发生争执。有一次蔺相如坐车出去,正好望见廉颇远远地走过来,他赶紧叫赶车人赶着车躲开。这时蔺相如的门客们都不干了,他们说:"我们之所以离开家到您这里为您做事,是因为仰慕您的高尚人格。您跟廉颇同在朝中为官,现在廉颇这样口出恶言,您听了竟吓得四处躲避。这样做连普通老百姓都会感到耻辱,何况您身为将相呢!我们不愿意跟您受这种屈辱,请准许我们辞职。"

蔺相如一再劝他们不要辞职,他说:"依你们看,廉颇将军厉害还是秦王厉害?"

"当然是秦王厉害。"门客们异口同声地说。

"那就对啦。像秦王那样有威势的人,我都敢当众责备他,并且羞辱他的群臣。我蔺相如虽然无能,为什么单单害怕廉颇将军?因为我认为,强大的秦国之所以不敢发兵侵略赵国,是因为有我和廉颇将军两个人的缘故。假如现在我们两个人互相斗起来了,最后必定有一方败亡,这对国家不利。我之所以忍让,就是想到应该把国家的利益放在第一位,个人的事不是那么重要,应该往后放。"

这些话使他的门客们恍然大悟,心里很佩服。后来,这些话传到了廉颇那里,廉颇非常后悔自己的所作所为,但他是一个正直的人,知道自己错了,就勇于承认错误。他脱下上衣,背着一根荆条,由蔺相如的门客陪同去向蔺相如认罪。见到蔺相如后,就跪下来说:"我是一个没有修养的人,现在才知道你的心胸这么宽大。我做错了事,请你用这根荆条打我吧。"

蔺相如看到廉颇胸怀如此坦诚，现在事情有这样好的结果，心里也很激动，赶紧走过去扶起廉颇。从此他们两个人就成了最好的朋友。

"负荆请罪"是表示承认自己有错，请对方用荆条责打自己，以表示愿意接受惩罚。后来这一典型事件用来比喻因为做错了事，向人赔礼道歉。

注释：

①上大夫 shàngdàfū：当时高级官员的名称。

②瑟 sè：古代弦乐器，像琴。

③史记原文为"缶"。"缶"音 fǒu，是一种口小肚子大的陶罐，像酒坛子，古人用缶当打击乐器。

纸上谈兵　zhǐ shàng tán bīng

例句： 1. 年轻人眼高手低，好说大话，只怕他们纸上谈兵，终无实际，使国家吃亏。

　　　　2. 我们虽然有很好的设想，但是当时客观条件不利，什么设想都无法付诸实践，所以终于不免纸上谈兵。

含义： "兵"是指用兵打仗。"纸上谈兵"是比喻只懂得空谈理论，而不知道实际情况。有时又用来比喻只是一种设想，并没有付诸实际。

出处： 事见《史记·廉颇蔺相如列传》。

赵奢(Zhào Shē)是战国时赵国的名将。有一次秦(Qín)兵进攻韩(Hán)国，韩国是赵国的邻国，如果韩国被秦国消灭，那么赵国就会受到很大的威胁。所以赵王派赵奢去援助韩国，赵奢率领赵军把秦军打得大败。因此赵奢的地位就与廉颇(Lián Pō)[①]相同。赵奢有一个儿子，名叫赵括(Zhào Kuò)。他从少年时就喜欢兵法，读了很多兵书，谈起用兵打仗的事来，头头是道，自以为天下的人都不是他的对手，连他的父亲赵奢也说不过他。但是赵奢并不以为儿子真有本事。赵括的母亲问，为什么？赵奢说："打仗是拼性命，你死我活的事。现在赵括却把它看得那么容易。以后赵国不用赵括为大将，那就没有事儿。如果真的用他当大将，赵国的军队必然会由于他而大败。"

公元前262年，秦国大将王龁(Wáng Hé)率领大军向赵国进攻，赵王派廉

178

颇统帅赵国所有的精兵,到长平②抵抗秦国的侵略。

两军一交战,赵国的军队几次吃败仗。廉颇认为秦军太强大,不能直接跟他们交战。于是命令军队筑壁坚守,不再向秦军进攻,想长期对峙下去寻找机会,待到秦军疲乏失去斗志时再战。秦军几次向赵军发起进攻,因为赵军的阵地很坚固,所以每次都不成功,因此他们对廉颇的战略非常恼火。

秦军久久不能取胜,消息报告到了秦王那里。有人给秦王出主意说:"廉颇是很有经验的名将,要取胜必须先除去廉颇。可以派间谍到赵国的首都邯郸(Hándān),去散布流言说:'廉颇怕死,不敢打仗,这样死守下去一定会被秦军打败。赵国只有赵括一个人是懂得兵法的军事天才,其他人都不行。秦国害怕的也只有赵括一个人。假如以赵括为大将代替廉颇,那秦军一定会被打得大败。'如果赵王听信了流言,撤换了廉颇,我们就有机会取胜。"秦王觉得这个主意很好,于是秦国的间谍就在邯郸到处散布这种流言。流言一起,赵国人也跟着传播,不久就传到了赵王的耳朵里。

赵王本来对廉颇的战略就不满意,所以竟相信了流言,真的要派赵括去代替廉颇。这时赵奢已经死了,蔺相如虽然病重仍然劝告赵王说:"赵括只能读他父亲的兵书,真的打仗时并不知道随机应变,派他去代替廉颇将军是不妥的。"赵括的母亲也向赵王报告说:"请大王不要派赵括为大将,他没有当大将的本领。"

赵王问:"何以见得?"

赵母就把赵奢对儿子的评价告诉了赵王,并且说:"我最了解他们父子两个人。以前赵奢当大将时,与部下的关系非常好,朋友有几百人之多。每当大王赏赐给他财物,他就把这些东西全部分给将士。只要一接到出征的命令,从这一天起就不再过问家事。但是现在赵括当了大将以后显出那种神气的样子,他的将士们都不敢抬头看他。大王您赏赐给他的财物,他全部都藏在家里,每天都在动脑子买合适的房屋田地。大王您看他们父子俩一样吗?"

但是赵王昏庸,相信流言,说:"我已经作出决定,你们都不必管了。"

公元前260年,赵括到了长平代替廉颇为将。他立即改变廉颇的各种规定,并且大规模地更换手下的各级将领。

秦国得知自己的阴谋得逞,就秘密地派名将白起去前线代替王龁。并且下令军中保守这个秘密,谁要是泄漏这个消息,就会被处死。他们害怕赵括听到白起的名字变得小心起来,不敢出击。因为他们知道赵括看不起王龁,只要王龁领军,他就敢全力出击。

果然,赵括开始采取攻势,率领全军出击。秦军假装败退,但在两侧早已布置好伏兵。赵军追赶秦军一直追到秦军的阵地。秦军一退入阵地就坚守不击,赵军攻不进去。这时秦国的伏兵杀出,把赵军分割为两部分,并且切断了赵军与原阵地中大本营的联络,以骑兵攻击被围赵军。赵军首尾不能相应,只好各自筑阵地自守。秦国也倾其全力来对付这场战争,把国内15岁以上的男子都征集来当兵,用这批人去切断赵军的粮道。

赵军被困46天,粮食断绝了。赵括把军队分为四队,轮流突围,但突不出去。最后他亲自率领精兵出战,被秦军的乱箭射死。主帅一死,赵军大乱,士卒全部投降。秦将白起是一个极其残酷的家伙,把几十万投降的赵国将士全部杀死或活埋了。

长平之战是战国时最惨烈的战争。赵国从此再也无力与秦国进行大规模的决战,赵国的灭亡已经不可避免。赵括这个人物也就成为一种典型。以后人们就用"纸上谈兵"来比喻脱离实际的空头议论。

注释:
①长平:地名,在今山西高平县西二十里。
②廉颇:参见本书"负荆请罪"条。

奇货可居　qí huò kě jū

例句：1. 今年苹果的收成不好，所以他们觉得奇货可居，要把手里的这几万斤
　　　苹果放到冬天才卖出去。

　　　2. 前些年他买了一张名画，当时津津乐道，以为奇货可居，后来却发现
　　　这是一张赝品，这一下气得他半死。

含义："奇货"：稀有的货物。"居"：囤积，存放。"奇货可居"是指商人把稀有
　　　的货物囤积起来等待机会，以后高价卖出去。后来又引申为以某种专
　　　长为资本，借以谋利。

出处：事见《史记·吕不韦列传》。

　　　中国在春秋的时候，由于铁的应用，农业手工业得到很大的发展，经济也
开始发达起来。到战国的时候，上万户人家居住的城市已经很普遍，因此商业
也繁荣起来。商业发达自然就有了很多商人，他们在一个城市贱买，运到另一
个城市贵卖。有的人因此发了大财，成了大商人。

　　　战国末年，卫国有一个商人叫吕不韦(Lǚ Bùwěi)。他很懂得怎样把一种
当时比较便宜的商品囤积起来先不卖，等到这种商品涨起价来了，才高价卖出
去。所以他经商总能获大利，发了大财，家里很有钱。

　　　有一次他到赵(Zhào)国的首都邯郸(Hándān)去做生意，见到一个人。这
个人叫异人(Yìrén)，在当时很穷困，但他竟是秦国的一个王孙，是当时秦昭王
(Qín Zhāowáng)的孙子。一个王孙怎么会这么穷困？再说他是秦国的王孙，
怎么会在赵国的首都邯郸？

　　　原来战国的时候，各国之间经常打仗。但有时他们也讲和，讲和时就把自
己的王子或王孙送到敌国去当人质，以表示和平的诚意。这个异人就是在赵
国当人质。秦昭王的子孙很多，异人在其中是很不得势的，所以才把他送到赵
国去当人质。送去以后，秦昭王差不多把他给忘了，不常派人给他送生活费，
而赵国因为恨秦国，对他也很不好，因此异人在邯郸穷困潦倒，处境相当困难。

　　　对于这样一个人，很多有钱人都不屑一顾。他有什么用呢？以后他能当
秦国的国王吗？当然不可能。所以异人在邯郸几乎没有人理他。

　　　但是吕不韦与众不同，他具有天才的商人脑袋瓜，对商品的价值有着非常
敏锐的感觉。他一下子预感到这个人说不定会成为一个重要人物。因为当时

秦国的太子死了,秦昭王就立他的第二个儿子安国君当太子。安国君就是异人的父亲。安国君有二十多个儿子,异人既不是长子,也不是安国君最喜欢的儿子。异人的母亲夏姬(Xià Jī),并不是安国君所宠爱的妻子。安国君宠爱的妻子是华阳夫人,但是华阳夫人没有儿子。一切的奥妙就在于华阳夫人没有儿子这一点上了。吕不韦灵感所至,觉得这个异人大有买卖可做。别看他现在很贱,以后说不定会大贵,这不正符合他经商的贱买贵卖的原则吗?想到这里他不禁兴奋异常,说了一句买卖人的行话:"此奇货可居也。"(这个人跟稀有的货物一样,可以囤积起来以后卖好价钱。)不过这次他要做的不是商业投机,而是政治投机了。但反正一样,他要做的是一本万利的买卖。

因为这桩买卖太大,为了慎重起见,他特意回家跟父亲商量。

"经营田地可以得多少利?"他问。

"十倍。"他父亲说。

"经营珠宝呢?"

"百倍。"

"那么拥立一个国王呢?"

"那可就算不清了。"

于是吕不韦下决心要做这桩买卖。他又回到邯郸,找到异人说:

"我能光大你的门庭。"

异人听了,笑了笑说:"你先去光大你自己的门庭好了,何必来光大我的门庭?"

吕不韦非常精辟地说:"你不知道,我虽然能光大你的门庭,但是我的门庭却要你来光大。"

异人听了一下子就明白了他说的是什么,觉得这个人很不简单,就引吕不韦进屋坐下,两人深谈起来。

吕不韦说:"秦王年纪老了,眼看你的父亲就要做秦王,做了国王就要立太子。在兄弟二十多人中你不是长子,而且多年在国外做人质。看起来谁都觉得你没有希望成为太子。但是你父亲最宠爱华阳夫人,华阳夫人没有儿子。你如果好好地孝敬华阳夫人,要是她一高兴收你作为儿子,那么你将来就一定会成为太子了。如果不是这样做,你怎么竞争得过你的兄弟们呢?"

虽然吕不韦分析得很有道理,但是异人却叹了一口气说:"话虽这样说,可是我现在处境这么艰难,哪里还有什么办法呢?"

吕不韦赶紧说:"你现在很穷困,又客居在邯郸,确实是没有办法到你父亲那儿去活动,也没有钱来结交朋友。我虽然并不是那么富贵,但是可以拿出千金来为你活动。"

异人听了大为感激,一拍大腿说:"你的计划要是真的成功,秦国江山我跟你对半分。"

吕不韦给异人留下五百金,作为他在邯郸交结宾客的费用。又用五百金购买各种奇物珍宝,自己带着去秦国替异人活动。他当然见不到华阳夫人,但他打听到华阳夫人有一个姐姐,就先去见华阳夫人的姐姐,送给她一份厚礼,托她把他带来的奇物珍宝献给华阳夫人,并且请她转告:异人是一个特别有才学的人,交结天下的宾客很有名气,并且对太子和华阳夫人有一片孝心。他把华阳夫人看作自己的母亲一样,日夜思念。"

华阳夫人得到了大批珍宝,又听了这些话,心里很高兴,自然对异人就有了好感。

过了些日子,她的姐姐又对她说:"妹妹受太子的宠爱是因为妹妹长得美丽。但人总是要老的,当你年老色衰的时候,太子也就不会那么爱你了。你又没有儿子,将来依靠谁呢? 应该及早在太子的儿子中挑选一个好的,过继过来。这样的话,现在太子在,你是受宠爱的。将来太子死了,你儿子做了国王,你仍然不会失势。要趁现在你还年轻,太子宠爱你,你说什么他都答应的时候,快做这件事。等将来年老色衰时,你还怎么开口呢? 我看异人这孩子挺好。他自己知道在二十几个兄弟里他位处中间,他母亲又不得宠,现在来依附于你,你何不乘机认他做儿子,现在就把这件事办妥了。"这些当然都是吕不韦的话,是吕不韦请她转告的。

华阳夫人本来正为没有儿子而发愁,现在听了姐姐的这一席话,觉得真是一个好主意,就对安国君说要把异人过继作为自己的儿子。安国君当然一口答应。

吕不韦的第一步计划实现了。从此以后异人的地位大大改变,安国君和华阳夫人给异人送去了很多钱作为生活费用,并且请吕不韦当异人的老师。吕不韦又回到了邯郸。

吕不韦在邯郸的时候,跟一个极漂亮又善歌舞的女子同居,这女子已经跟他怀了孕。有一天异人在吕不韦家里喝酒,见到了这个女子,非常喜欢她。吕不韦心中大怒,正想发火。不过他再一想,我已经倾家来做这桩买卖,决不可半途而废为这么个女子坏了大事,于是他干脆就把这女子献给了异人。异人就正式立这女子为夫人。当然他不知道她已经怀了孕。后来这女子生了一个儿子,取名政。他就是中国历史上著名的暴君秦始皇,其实他是吕不韦的儿子。

不久异人回到了秦国,吕不韦的商人脑袋瓜一拍,立刻想到这时应该去讨好顾客。他知道华阳夫人是楚(Chǔ)国人,为了迎合华阳夫人的心意,就叫异人穿了楚国人的衣服去见她。华阳夫人见了果然高兴得不得了，说："我是楚国人，你这么打扮，真是我的亲生儿子了。不过异人这个名字不好听，就改作子楚吧。"

于是异人以后就叫做子楚了。

秦昭王死了，子楚的父亲安国君当了秦王，他就是秦孝文王。他听华阳夫人的主意，没有立长子为太子，而是立子楚为太子。吕不韦的第二步计划也实现了。

秦孝文王在位一年就死了，当然子楚就成了秦王，他就是秦庄襄王。（Qín Zhuāngxiāngwáng）

吕不韦的这桩买卖自始至终顺顺利利，大获成功。秦庄襄王为了感谢他，就叫他做宰相，封为文信侯，食十万户。吕不韦一下子成了一人之下、万人之上的显贵了。这一次他所获得的利，正像他父亲所说的，已经算不清楚了。

秦庄襄王在位三年也死了。他的儿子嬴政继承了王位，当时只有十三岁。他尊吕不韦为仲父，叫他继续当宰相。那么点儿小孩儿当然不懂得什么事，秦国的大权实际上全部落到了吕不韦手里。这时的吕不韦与当年当商人时已经今非昔比。据《史记》记载"不韦家僮万人。"（吕不韦家里的仆人有上万人），可以想像他的权势之大。

"奇货可居"是吕不韦政治投机的故事。现在用来比喻把某种东西先收起来，等待以后卖高价。

图穷匕首见　tú qióng bǐshǒu xiàn

例句：1. 他们先是假装好人,可是图穷匕首见,很快就暴露了真实身份。

　　　2. 他们拿这么多钱给你干什么? 那时他们不肯明说,现在图穷匕首见了是不是? 还不是叫你替他们做事!

含义："图":地图。"穷":展开到最后。"见":同"现"即出现。"图穷匕首见"比喻事情发展到最后,真相暴露无遗。

出处：这个典型事件出自《战国策·燕策三》。此事《史记》也有记载。

　　战国后期,地处西北的秦(Qín)国越来越强大,到秦王政的时候,终于消灭了其他六国,统一了中国。秦王政在公元前221年建立秦朝,当了皇帝,自称为秦始皇。"图穷匕首见"是一件真实的历史事件,发生在公元前227年,秦国快要统一六国的时候。

　　当时北方有一个燕(Yān)国,在现在的河北北部。燕国的西边是赵(Zhào)国,赵国再往西是秦国,秦国在现在的陕西(Shǎnxī)一带。

　　那个时候比较弱小的国家为了避免战争,就把自己的太子送到强国去当人质。燕国的太子名叫丹(Dān),曾经在秦国当人质,受到秦王的凌辱。太子丹很愤怒,后来逃离秦国,回到了燕国。当时的形势是,秦国快要消灭六国了,秦兵已经到达易水河南岸,直逼燕国。太子丹很着急,对他的老师说:"燕国和秦国势不两立,希望老师想想对付秦国的办法。"

　　他的老师说:"秦国的军队虽然已经打到其他国家,威胁到我们西南的韩(Hán)国、魏(Wèi)国和赵国,但是还没有到易水河以北。你怎么可以因为自己曾经受到秦王的凌辱而去触犯他们呢? 这样做会自取灭亡的。"

　　太子丹说:"那怎么办呢?"

　　老师说:"先别着急,慢慢再想办法。"

　　过了些日子,秦国的樊于期(Fán Yúqī)将军因为得罪了秦王,逃到燕国来了。太子丹竟留下了这位逃亡者,像对待客人一样对待他。老师劝太子丹说:"这不行。你从秦国逃回来,秦王已经怀恨在心;现在你再收留樊将军,秦王不是更恨燕国了吗? 秦王的性格那么残暴,你这样做真叫人害怕。就好像在饿虎常走的路上放一块肉,一定会被它吃掉。那时候真的没有办法可救了。我

185

建议你把樊将军送到北边的匈奴①国去，这样秦王就找不到借口了。然后我们联合西南的韩、魏、赵，南边的齐国、楚国，北边的匈奴，一起来对付秦国。"

太子丹说："老师说的办法需要很长时间，慢慢地活动才见成效。现在人心惶惶，一时之间不可能成功。再说樊将军有难，来投奔我，我怎么能因为害怕强秦的压力，抛弃自己所同情的朋友呢！请老师再想想别的办法。"

其实，太子丹是想派人去劫持或者暗杀秦王。他的老师说："我认识一个人叫田光。他很有智慧和远见，可以找他来商量。"

太子丹说："您去把田光先生找来好吗？"

老师说："遵命。"

老师出来找到田光，对他说："太子想跟你商量国事。"

田光接受了邀请，赶紧去见太子。太子见到田光，为了表示自己的诚意和对他的敬重，用特殊的礼节来接待，跪着迎接他，倒退着为他引路，又跪着为他擦拭座席上的灰尘。

田光坐定以后，太子看看左右没有人，就离开座位小心翼翼地对田光说："燕国和秦国势不两立，请先生想想对付秦国的办法。"

在当时，离开自己的座位才开始说话，也是对人表示一种尊敬。田光是一个普通人，受到太子这样的礼遇，很受感动。但是他说："一匹好马在它年轻力壮的时候一天能够跑一千里。当它年老了以后，劣等马也能跑得比它快。太子您听说的是我青壮年时的事迹，可惜现在我已经老了，力不从心了。虽然如此，我也不敢耽误国家大事。我有一个很要好的朋友，他叫荆轲(Jīng Kē)，可以为您做事。"

太子说："请您叫荆轲来好吗？"

田光答应了，站起来走了出去。太子送到门口，嘱咐他说："刚才我们讨论的是国家大事，请先生不要泄露机密。"

田光听了，点头笑着说："是。"

田光急急忙忙跑去找荆轲，对他说："燕国人都知道我跟你是好朋友。现在太子听说我青壮年时的事迹，把我找去，想叫我去劫持秦王。他不知道我已经年老体衰，心有余而力不足了。不过我不是一个自私的人，我把你当作自己人。我向太子推荐了你，请你赶快到太子宫中去走一趟。"

荆轲爽快地说："我听您的吩咐。"

田光又说："年高有德的人做事不使人怀疑。刚才太子对我说：'讨论的是国家大事，请先生不要泄露机密。'这是太子对我不够信任。一个人做事如果让人不信任，这就不是侠士的作为。"

说着田光就要自杀。他最后对荆轲说："希望你快过去见太子，告诉他，我已经死了,不可能泄露机密。"说着就拿着剑抹了脖子。

田光自杀当然不单单是为了解除太子丹的顾虑,更重要的是为了激励荆轲。他知道要让荆轲去做的是豁出性命的事,他自己老了,把这样的事推给荆轲,让荆轲去拼命,难道他自己还会安心活着吗?所以实际上是为了解除荆轲的疑虑,他自己先死了。

荆轲去见了太子丹,说田光已经死了,并且转告了田光最后说的话。

太子丹真没想到田光会自杀。他又悲痛又悔恨,跪在地上痛哭流涕。哭了好久,才说:"我叫田先生不要说出去,是为了办成大事。田先生竟以死来表示,这真是我的错啊,我不该对田先生说这样的话!"

荆轲坐定以后,太子丹又离开座位,用以头叩地这种最隆重的礼节对荆轲行礼以后,才开口说:"田先生能够把您请来,这是上天可怜我们燕国,不抛弃我们啊!秦国野心很大,一定要吞并天下,消灭六国才能满足。现在秦国已经消灭了韩国,又举兵向南进攻楚国,同时用几十万军队往北进攻赵国。赵国肯定支持不住,一定会投降。赵国一投降就该轮到燕国了。燕国太弱小,几次受到战争的创伤,即使全国的人都去打仗也挡不住秦军。现在各国都害怕秦国,不敢联合起来抗秦。怎么办呢?我想来想去觉得只有一个办法,就是找一个天下最勇敢的人,出使到秦国。用重金贿赂秦王,秦王得到贿赂就会接见我们派去的使者。那时乘机劫持秦王,逼他归还被他占领的各国土地。

你听说过曹沫(Cáo Mò)的故事吗?曹沫是鲁(Lǔ)国的大臣,率兵与齐国作战,打了三次仗,败了三次,失掉了很多土地。后来鲁庄公(Lǔ Zhuānggōng)与齐桓公(Qí Huángōng)在边境谈判,当时曹沫随在鲁庄公身边。谈判时曹沫突然拔出短剑劫持了齐桓公,逼他退还鲁国的土地,齐桓公被迫答应了。

如果我们也能够这样,这是最好的结果。如果无法劫持他,就把他杀死。他的大将们带兵在外,秦王如果死了,内部就会出现混乱,我们就有可乘之机。这时我们六国联合起来,就能够打败秦国。这是我的心愿,不知道你能不能接受这个使命,请你考虑考虑。"

荆轲想了很久才说:"这是国家大事,我的能力不够,恐怕不足以胜任。"

太子丹又离开自己的座位,用叩头礼,一再请荆轲不要推辞。

荆轲终于答应了。于是太子丹就把荆轲作为最高贵的客人,住最好的房子,给他世上稀有的东西,送他车骑,又送他美女。荆轲想要什么,就给他什么。

可是过了好些日子,荆轲仍然不像要动身去秦国的样子。这期间,秦国的大军消灭了赵国,赵王成了秦国的俘虏。接着秦军挥师北进,到了燕国南部的边界。形势危急,太子丹感到很恐惧,就去找荆轲说:"秦兵早晚间就要渡过易水北上了,我虽然很想您在我身边多呆一些日子,但是现在看来不可能了。"显然他是急了,催促荆轲快点行动。

荆轲说:"不是我不着急。我很愿意尽力而为,但是现在这样去手里没有取信于秦王的凭证,无法接近秦王。秦王曾经悬赏千金封万户侯来捉拿樊于期将军,我听说他在您这儿。如果我拿着樊将军的头和燕国土地肥沃的督亢(Dūkàng)地区的地图去献给秦王,秦王一定愿意见我。那时我才有机会报答您。"

太子丹说:"樊将军被秦王迫害得这样惨,来这儿投奔我,我怎么能伤害他?请你另想别的办法。"

荆轲知道太子丹不忍心杀樊将军。但是除了这样做,再没有别的办法可以见到秦王。于是他就自己去找樊将军,先用话挑起樊将军对秦王的仇恨,他说:"秦王把你父母以及全族的人都杀死了,真是残忍极了。我听说他还悬赏千金封万户侯来捉拿你,你怎么办呢?"

荆轲这一问,分明是让对方意识到自己身处绝境,秦军很快就要进攻燕国,等秦军一到,自己还是逃不出一死。果然,樊将军仰天叹息,痛哭流涕地说:"每次想到这些,我总是恨得咬牙切齿,可是想不出报仇的办法呀!"

荆轲见樊将军报仇心切,就进一步说:"现在我有一个计划,可以解燕国的危难,报将军的仇恨。"

樊将军说:"有什么办法呢?"

荆轲说:"我要您的头。拿您的头去见秦王,秦王一定很愿意接见我。只要能见到秦王,那时我左手拉住他的衣袖,右手的匕首就刺入他的胸膛。这样您的仇报了,燕国的危险也解除了。将军您以为如何呢?"

樊将军一听,激动得甩脱上衣,左手握着右手腕,说:"我日日夜夜都在想着报仇,今天终于有了希望。我愿意把我的头给你。"说着就拔剑自杀了。

太子丹听说樊将军死了,伏在他的尸体上痛哭,悲伤极了。但是人已经死了,不可能救活。于是只好听荆轲的主意,把樊将军的头盛在一个木匣子里。

接着,他们就到处购买最好最快的匕首。花了百金,买到了一把非常好的匕首,叫人用毒药淬过,然后拿它来试验杀人。匕首的刀锋上只要沾上人的一点血丝,那人立刻就会死掉。不仅匕首极快,毒也非常厉害。

还得为荆轲找一个助手。燕国有一个勇士,名叫秦武阳。这个秦武阳还很年轻,但是可不能小看他。他十三岁就杀人,他在街上走,人们都不敢正眼看他。太子丹就叫他当荆轲的助手。

荆轲觉得秦武阳太年轻,没有经历过凶险,带他去虎狼一样的秦国,有些不妥。所以他还想等一等,等他的一个朋友,让他的那个朋友当副手更为可靠。但是他的那个朋友住得比较远,一时到不了,所以迟迟没有出发。

太子丹急了,看到荆轲迟迟不出发,怀疑他动摇退缩了。于是就一个劲儿地催促起来,说:"燕国离危亡已经没有多少日子了,你难道没有看到吗?要么我们先派秦武阳去。"

荆轲这样的侠士心高气傲,哪儿容得太子丹这样说。他是真诚、豪放又沉着的人,他受人之托,就以性命相许,决不能容忍别人轻视他。因此他怒斥太子丹说:"单单拼着一死去刺秦王那是蠢人。我现在只拿一把匕首,进入这么强大而且又不了解情况的秦国,得计划周全一些。我之所以还没有走,是等一个朋友与我一起去。现在你嫌我耽误时间,那么好,我这就走。"他虽然知道贸然出发要冒极大的危险,但也顾不了那么多了,立即就动身了。

太子丹以及他的心腹宾客们都穿着白衣戴白帽为荆轲送行。白色在中国是丧葬的颜色。这表示荆轲此去明知必死,但是义无返顾。这使送行的气氛更加悲壮。这一行人来到易水河边,就在这里送别。荆轲的朋友高渐离会演奏筑这种乐器,荆轲随着筑的音乐唱起歌来,歌声凄厉、悲怆:

"风萧萧兮易水寒,壮士一去兮不复返。"

在这样的时候,听到这样的歌声,人们纷纷掉下眼泪来。但荆轲不是那种贪生怕死的人,他并不喜欢这种悲悲戚戚的气氛。所以歌声接着调子一转,变得激越、昂扬:

"风萧萧兮易水寒,壮士一去兮不复返。"

人们受到歌声的感染,也变得怒目圆睁,情绪激奋起来。接着荆轲登上马车,头也不回地走了。马车渐渐地远去,最后消失在北国荒凉的原野上。

荆轲到了秦国的首都,花千金买了各种礼物,送到秦王最喜欢的大臣蒙嘉(Méng Jiā)家里,求他在秦王跟前说说好话,接见燕国的使者。蒙嘉见到礼物很开心,答应帮忙。他果然对秦王说:"燕王害怕秦国的强大军威,不敢兴兵抵抗,愿意投降,臣服于大王。他怕大王不相信,就杀了樊于期,现在派使者带着他的头以及献给秦国的督亢地区的地图来求见大王。他们等着听大王的吩咐。"

秦王听到杀了樊于期,燕王又愿意投降,觉得很高兴,就穿起上朝时的礼服,按接待外国使节的隆重礼节,在咸阳宫殿中接见燕国使者。

荆轲手捧盛着樊于期头的木匣子,秦武阳捧着盛地图的匣子,一前一后进来了。秦王以武力慑服天下,处处要显示自己的武威。这一次接见燕国使者,他的殿前当然是警卫森严,刀枪林立。一排排武士手中握着的兵器在阳光下明晃耀眼。荆轲一进来就感觉到这威严的气氛压得人喘不过气来。那个十三岁就杀人、走在路上别人都不敢正眼相看的秦武阳,走到大殿的台阶前时竟吓得脸色发白,浑身颤抖起来,使得殿内秦王的大臣们觉得奇怪。

荆轲一看,果然不出所料,秦武阳经不住这样的阵势,要坏事。但他没有心慌,他对秦武阳笑了一笑,然后对秦王说:"我们北方小地方的人没有教养,没有见过天子,所以恐惧发抖。愿大王宽容他一些,让他到前边来。"

荆轲的镇静以及机智的解释消除了危机。秦王相信了荆轲的话,让荆轲拿秦武阳手中的地图来看。荆轲拿过地图,双手捧着给秦王。地图是卷着的,秦王看地图时必须一只手扶住地图的上边,另一只手慢慢地往下移,压住地图才能看见地图。当秦王的手移到下面,地图快全部展现的时候,突然出现一把匕首。原来荆轲把匕首藏在地图之中。这时荆轲眼疾手快,右手抓过匕首,左手抓住秦王的衣袖。

秦王大吃一惊,急忙站起来逃命。荆轲紧紧抓住他的衣袖不放。秦王一挣扎,衣袖撕断了,被他挣脱出来。他赶紧拔他佩带的剑,但是剑太长,一着急被剑匣别住了,一时没拔出来。荆轲赶上一步又来抓秦王。剑没拔出来,秦王只好赶紧逃命。他们两个一个绕着宫殿的柱子逃,一个在后边紧追不放。

一宫殿的大臣们都傻了,这突然发生的事,他们哪儿能料到?所以个个惊慌失措,不知道怎么办。秦国有法律,规定所有的大臣到宫殿上来都不许带武器,而拿着武器的警卫都在大殿之外,没有秦王的命令是不许上殿来的。在这紧急的时刻,秦王怎么来得及下命令叫警卫进殿来呢?所以荆轲追逐秦王时,秦王的大臣们急得没有办法,拿什么来打荆轲呢?只好拿两只手来阻挡荆轲。这时秦王的医生拿起他身上背着的药袋向荆轲扔去,挡了荆轲一下。秦王慌张得只知道绕着柱子逃,旁边的人提醒他:"大王您带着剑,快拔剑。"秦王这时才想起来拔剑,乘着荆轲被医生的药袋挡一下的功夫,他拔出了剑。一剑砍去,砍断了荆轲的左腿。荆轲已经不可能抓住秦王了,他只好举起匕首向秦王扔去。可惜没有击中,匕首扎在柱子上了。秦王又用剑砍荆轲。荆轲中了八剑,知道这一次行动已经完全失败,这时倒反而从容起来。他背靠着柱子露出微笑,坐在地上大骂道:"我之所以失败,是想活的劫持你,让你在退兵的契约上签字。"

荆轲和太子丹都把这件事看得太容易,太理想化了。当时的形势与曹沫劫持齐桓公时已经完全不同。即使能够劫持,迫使秦王在契约上签了字,也不会有任何用处。秦王政不是齐桓公,他不会愚蠢到去信守这种契约。实际上在这种情况下能够杀死秦王就算成功了,而这一点荆轲本来是可以做到的,可惜一念之差,前功尽弃。

"图穷匕首见"指的就是这个历史事件。本来是说荆轲去刺秦王,一直到秦王打开地图,才看见匕首,荆轲的目的才暴露出来。后来人们用这个事件来比喻事情发展到最后,真相才暴露出来。

注释:

①匈奴　Xiōngnú:中国古代的民族,战国时在燕、赵、秦的北边。

百家争鸣　bǎi jiā zhēng míng

例句: 1. 由于提倡百家争鸣,带来了学术上的繁荣,各种思想活跃,学术成果很多。

2. 他这只是一家之言,现在百家争鸣,还有很多与此不同的见解。

含义:"百家争鸣"比喻在学术上、艺术上各种意见、各种流派自由争论自由发展,呈现出一种繁荣的景象。

出处:"百家争鸣"概括的是春秋战国时期学术繁荣的景象。

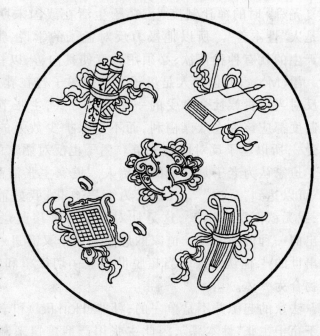

"百家争鸣"的历史时期,通常认为从春秋后期孔子时代算起,到秦始皇统一中国时为止,前后共三百多年时间。这个时期周王室①衰落,诸侯领地变为独立的国家。各国之间你攻我伐,战争不断,局势动荡不安。

在春秋以前,政治和学术是贵族所专有的,平民百姓没有权利受教育。到了春秋时,因为战争不断,各国君主为了富国强兵,迫切需要人材,所以纷纷起用新人,实行新政,以适应时代的需要。于是下级贵族以及平民中的优秀者纷纷走上政治舞台,执政掌权。同时教育走向了平民,出现了很多私人学校,例如孔子就有学生三千人。因此这个时期产生了一个"士"人阶层。用现在的话说,就是知识分子阶层。他们纷纷著书立说,开设学校,广收门徒,造成了学术繁荣的局面。

由于当时政治的多元化,因此士人们的思想没有受到束缚。他们可以凭自己的学识与经验来观察社会,发表意见,提出自己的主张,其思想之自由、学术之活跃、人数之众多都是前所未有的。

百家争鸣"中的"家",是指主张某种意见的学派,一种学派称为一家。"百"在这里并非确切指一百(100)这个数,是泛指多。"争鸣"是指各种意见互相争论。鸟叫为鸣,这里借用来比喻发表意见。百家中主要有儒家、墨家、道家、法家、名家、兵家、阴阳家、纵横家、农家、杂家等。在各个学派内部,又不断地分化,产生出新的学派。这样,到后来学派就越来越多。

孔子是儒家的创始人。孔子的弟子根据孔子的言论整理出《论语》一书,这是儒家最重要的经典。孔子的思想,核心是"仁"。他主张统治者要实行"仁政",要以"德"治天下。主张统治者要"爱民",对人民要施以道德的教化。孔子死后,孔子的学生以及后学也纷纷开设学校,发扬光大儒家思想。其中最突出的有孟子(Mèng Zǐ)和荀子(Xún Zǐ)。孟子继承孔子的思想,并且认为人"性本善"②,教育可以使人尽其性。孟子还提出了"民为贵,社稷次之,君为轻"③的思想。由于痛恨当时统治者的昏庸残暴,孟子反对君权世袭,他主张恢复尧舜④时的禅让制度⑤。荀子生活在战国末期,当时天下更乱,他看到的不是人"性本善"。所以他极力反对孟子的学说,主张人"性本恶"⑥。他认为人天生的就有种种情欲,必须用教育使其向善,以礼乐来节制人们的情欲。

墨(Mò)家的创始人是墨子。据说墨子曾在孔门受教,后来自创新说。墨子反对当时贵族社会享受的一切生活方式,主张节俭刻苦的生活。他认为一切制度都应该为大众谋福利,而不是保护少数人的利益。墨家的思想核心是兼爱⑦,所以墨子反对侵略战争。墨子也反对儒家的学说。

道家认为老子是道家的创始人。道家主张清静无为⑧,认为在政治上"无为"可以达到"至治"⑨。"我无为而民自化,我好静而民自正,我无事而民自富,我无欲而民自朴"⑩,这是针对统治者奢侈糜烂的生活和贪得无厌的欲望提出的一种治国方针。道家的思想到庄子又有进一步发展。庄子的思想完全是出世的⑪,他认为人应当超脱世界上一切欲望和情感的束缚,将自身与天地万物合为一体。

法家的起源并不是单一的,韩非(Hán Fēi)和李斯(Lǐ Sī)都是荀子的学生。由于荀子主张"性本恶",因此主张用严刑重罚来制裁人的天性就成为自然的结果。但法家人物也有出自墨家和道家的。法家的主张大致又可分为两种:一种主要讨论如何使国家人民致富用富;另一种讨论如何巩固政治的地位,加强君主的权力。他们都站在统治者的立场说话。

当时诸子百家的学术思想非常活跃,从我们上述简略的介绍中可以看出,孟子、荀子、墨子的学说如果进一步发展下去,就有可能产生民主思想,而且当时已经出现了大同思想。但就在这时(公元前221年),秦始皇用武力统一了中国。开始时士人阶层的思想仍然很活跃,各种议论很多。这使秦始皇这个

192

残暴专横的君主非常恐惧。他要维护他的家天下,就必须用武力来统一思想,所以他焚书坑儒⑫,残酷地镇压了具有自由思想的士人阶层。经过这一次巨大打击,百家争鸣的局面完全被摧毁了。

但是春秋战国时期"百家争鸣"的学术繁荣景象,作为一种典型,已经留在中国历史和文化中。人们每当说到各种意见自由争论时,都会想起"百家争鸣"这个成语。

注释:

①周王室:春秋战国时期也称为东周,周王室名义上仍然存在,但已经越来越衰落,实际上已经不起作用了。

②性本善 xìng běn shàn:孟子认为,人生下来时,天性是善良的。

③民为贵,社稷次之,君为轻:人民是最重要的,国家其次重要,作为统治者的君主最不重要。社稷 shèjì:国家。

④尧舜 Yáo Shùn:尧和舜是传说中远古时代的部落联盟首领。他们生活在公元前21世纪之前。传说尧年老时把帝位让给了舜。传说中尧舜统治时,中国社会安定至治。参见本书上编"尧舜"条。

⑤禅让 shànràng:帝王把帝位让给别人,而不是传给自己的子孙。

⑥性本恶 xìng běn è:荀子认为人的本性是坏的,有各种私念和欲望。

⑦兼爱 jiān'ài:是指"爱"应该没有差别等级,不分贵贱亲疏,要爱一切人。

⑧清静无为:道家把"欲"和"不知足"看作社会的最大祸害。由于"不知足",所以就要"有为",去做这样的事那样的事,社会就会越来越乱;统治者"不知足",就会发动战争,去掠夺别人的财富。所以道家主张要顺应自然,反对"有为",主张"无为",劝告人们不要"不知足"。这就是清静无为。

⑨至治 zhìzhì:最大的安定与繁荣。

⑩"我无为而民自化":统治者没有那么多欲望,那么老百姓也就自然会受教化。"我好静而民自正":统治者顺应自然,老百姓的行为也就会端正。"我无事而民自富":统治者不发动战争,不劳民,老百姓就富裕。"我无欲而民自朴":统治者没有过多的欲望,整个社会民风也就朴实。

⑪出世:超脱人世社会。

⑫焚书坑儒 fén shū kēng rú:"焚"是燃烧,烧掉。"儒"是指士人,读书人。据《史记》记载,公元前213年因为士人们拿出古书来批评当时的政治,秦始皇下令除医书、农书以及秦国的史书外,其余的书都集中起来烧掉。公元前212年,秦始皇派人暗暗查访在首都咸阳的士人们的言行,发现他们不满朝廷、讥讽朝政,不利于自己的统治,就一下子活埋了460多人,这就是"焚书坑儒"事件。

秦汉时期

从"指鹿为马"到"投笔从戎"是秦汉时期的历史事件。

秦始皇用武力统一中国以后,以为自己的家天下会万代相传,所以他开始大造宫殿,大修坟墓,同时大规模地修筑长城、扩展道路。这需要征集全国各地千千万万的老百姓来服劳役。本来,整个国家还没有从长期的战争中恢复过来,再加上繁重的劳役,就更加民不聊生,整个社会怨气冲天。最后终于爆发起义。

起义军很快形成了几股强大的力量,其中以项羽(Xiàng Yǔ)的力量为最强。项羽原来是楚(Chǔ)国人,所以他的起义军队称为楚军。在项羽之后,又有一股起义军很快突起,这就是刘邦(Liú Bāng)的部队。刘邦原来只是一个平民,起义时力量很小,依附于楚军。但是刘邦能够搜罗人材,因此力量很快壮大,不久他的地位就与项羽相当。

起义军的首领们约定,谁先攻下秦朝的首都咸阳(Xiányáng)谁就当关中王。当时刘邦的兵力只有十万,而项羽有四十万大军,他们都浩浩荡荡地向关中进军。但是项羽在路上遇到了秦军的主力,结果刘邦先入了关。公元前206年秦朝灭亡。

项羽听说刘邦自称为关中王,心中大怒,准备向刘邦发起进攻。刘邦觉得自己的力量不如项羽,所以只好让步,请项羽进关中。项羽封自己为西楚霸王(Xīchǔ Bàwáng)。他不让刘邦当关中王,故意把他封到边远的巴蜀(Bā Shǔ)做汉王。所以刘邦的军队称为汉军。这两支军队的决战已经不可避免。因为秦朝已经灭亡,接下来就是起义军之间的战争,成者为王,败者为贼。

项羽虽然勇武异常,威镇一时,但他残忍暴虐,好杀戮。他攻下襄城(Xiāngchéng)时,把全城老老少少全部杀死。二十万秦军向他投降,他把这二十万人全部坑杀。他到了咸阳,一把大火不仅烧了秦朝的皇宫,而且连整个咸阳城都烧了,大火烧了三个月都没有灭。他又骄横自大,轻视人材。所以他的失败是必然的。

刘邦虽然在很长时间里兵力比项羽弱,而且在战争中屡遭失败。但是刘邦比较得人心,又能够重视人材、使用人材,所以最后刘邦终于打败项羽,重新统一中国,建立了汉朝。

汉朝首都在长安,到公元元年前后统治阶级越来越腐败,社会又出现大动乱,最后由皇族成员刘秀重新统一中国,仍称为汉朝,首都东移至洛阳,所以历史上把汉朝的前期称为西汉,后期称为东汉。

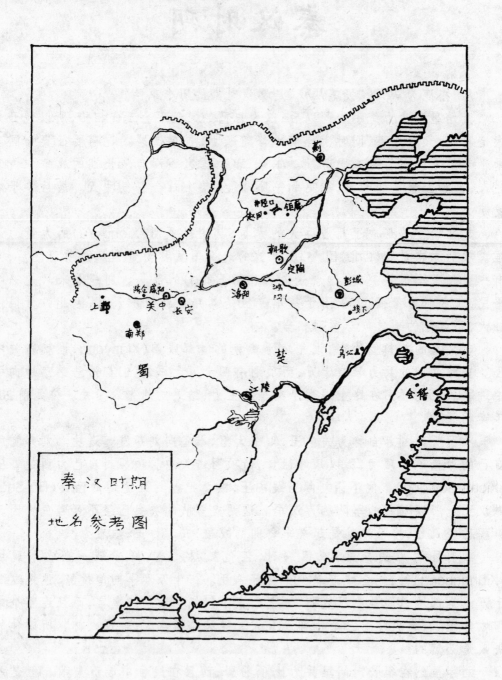

秦汉时期
地名参考图

指鹿为马　zhǐ lù wéi mǎ

例句: 1. 这一伙人欺行霸市,指鹿为马,欺骗顾客,把一个市场搞得乌烟瘴气。

　　　2. 官僚机构腐败,政客们指鹿为马,老百姓又没有说话的权利,因此那是个黑暗的社会。

含义: "指鹿为马"比喻有意颠倒黑白,混淆是非。

出处: 事见《史记·秦始皇本纪》。

　　秦始皇统一中国以后,喜欢到全国各地去巡视,以此来显示他囊括四海、威服天下的丰功伟绩,每到一个名山大川,就刻石树碑,为自己歌功颂德。他统一中国之后十年内,共出巡了五次。最后一次是在公元前209年,这一次他带着小儿子胡亥(Hú Hài)以及丞相李斯等一起出游。但是走到半路上他病了,病得很厉害。他知道自己快要死了,就挣扎起来给太子扶苏(Fú Sū)写了一封信,叫他赶快回首都咸阳,安排丧葬的事,并且即位当二世皇帝。

　　当时掌管皇帝出行时车辆事宜的一个官员名叫赵高(Zhào Gāo),他同时又掌管皇帝的文件收发。因此秦始皇死前把这封信交给了赵高。赵高在秦始皇活着的时候总是处处表现得忠心耿耿、恭恭敬敬,做事从来都是小心翼翼,不敢有一点儿差错,所以颇得秦始皇的信任。这时他一看秦始皇已经死了,觉得再也用不着那么小心害怕战战兢兢,一个念头突然闪过他的脑子,于是他扣留了这封信,没有把信发出去。

　　丞相李斯一看皇帝死在半路上了,怕人们知道以后,社会引起动乱,就没有发丧,秘密地把棺材放在车上。只有他和赵高、胡亥以及五六个宦官知道皇帝死了。当时正是夏天,尸体腐烂,发出阵阵臭气,怎么瞒得住人?李斯只好叫人去买一大桶咸鱼来放在车上,鱼腐烂了也有臭味,以此来掩人耳目。然后日夜兼程,赶回咸阳。

　　赵高曾经当过胡亥的老师,胡亥很喜欢他。这个赵高是个野心家、阴谋家。他想让胡亥当皇帝,然后利用他与胡亥的关系再往上爬。所以他拿着秦始皇给太子扶苏的信跟胡亥和李斯商量,阴谋拆开这封信,换上一封假造的信,这封假造的信里让胡亥继承皇位,并且赐太子扶苏死。李斯恐怕太子扶苏上台对自己不利,因此也同意这样做。三个人臭气相投,一拍即合。这样他们回到首都咸阳以后马上就发丧,胡亥就当了皇帝,称为二世皇帝。

197

胡亥当了皇帝以后，赵高当然就得宠了，马上当了大官。胡亥觉得自己的皇位不够稳固，就跟赵高商量说："现在大臣们不服，这些反对力量还很强，我的几个兄弟也一定会跟我争夺皇位，这怎么办呢？"

　　赵高建议胡亥用武力除去那些不服的人。于是胡亥首先杀死了自己的几个哥哥，接着又杀掉了那些对他不满的大臣。这样他就更加得依靠赵高了。后来赵高设计陷害李斯，秦二世把李斯也杀了。这样，赵高就当了丞相。秦二世有事只跟赵高商量，什么事都是他们两个作决定，别的大臣很少能见得到皇帝，他们如果要见皇帝就得先通过赵高。

　　这时天下的老百姓已经无法忍受秦朝的残暴统治，纷纷起来造反了。全国各地起义军风起云涌。秦二世派军队去镇压起义，结果打了败仗。军队派人去向皇帝报告战况，他们到了咸阳却见不到皇帝。要见皇帝必须通过赵高，他们等了三天，赵高都不接见他们。他们没有办法，预感要大难临头，心里很害怕，赶紧逃回到军队中去，说现在赵高专权，我们打了败仗会被处死，打了胜仗也会被处死。于是军队全体都投降了起义军。

　　起义军的力量越来越强大了，秦朝眼看就要灭亡。这时赵高想篡夺皇位，他怕别的大臣们不服，就先作了一次试验，叫人牵来一头鹿献给秦二世，却对他说："这是一匹马。"

　　秦二世是个很糊涂的人，到这时都没有看出赵高的阴谋。他反而笑着对赵高说："丞相你说错了，把鹿说成了马。"接着他问他身边的大臣："这是鹿还是马？"

　　大臣们有的默不作声，有的害怕赵高的势力顺着赵高的话，也说是马。只有很少几个人说是鹿。赵高记住了是哪些人说是鹿。过几天，就把这几个人杀掉了。这以后，所有的大臣都很害怕赵高，没有人敢与他对抗。后来，赵高杀死了秦二世胡亥。不过，不久赵高也被人杀死了。

　　"指鹿为马"是赵高考察自己的权势，有意颠倒黑白的一次试验，后来这个典型事件就用来比喻颠倒是非混淆黑白。

破釜沉舟　pò fǔ chén zhōu

例句：1. 长痛不如短痛，索性破釜沉舟作最后一搏，事情也许还有转机。

　　　2. 事情到了这个地步，已经没有别的办法，只有破釜沉舟，勇往直前了。

含义："釜"是古代做饭用的铁锅。"舟"是船。"破釜沉舟"是故意毁掉做饭的锅和渡河的船，表示除了胜利就是死，不作其它打算。以后用来比喻决心大，没有退路。

出处：这个典型事件出自《史记·项羽本纪》。

　　秦末，全国到处出现起义。秦二世派兵前去镇压。当时起义军队中楚（Chǔ）军最强大。秦军就先去镇压楚军。秦军在定陶（Dìngtáo）打败了楚军，楚军的领袖项羽（Xiàng Yǔ）的叔父项梁（Xiàng Liáng）战死。这时秦军以为楚地不必担心了，就渡过黄河往北去攻赵（Zhào）国，又打了一个大胜仗。赵国的军队只好退入钜鹿（Jùlù）城，形势很危急，就派人到楚国去求援。

　　那时候项羽还很年轻，只有 26 岁。楚王派宋义（Sòng Yì）带兵去援赵，项羽当宋义的副手。军队开到半路上就停了下来，一停 46 天都不前进。项羽对宋义说："我们应该赶快领兵渡过黄河，我们从外面向秦军发起进攻，赵军从城里出来反攻，两边一夹击一定可以打败秦军。"

　　宋义却说："我们应该让秦军跟赵军先打起来。如果秦军胜了赵军，自己也一定很疲乏，我们乘他们疲乏的时候再打他们，那时候一定能把他们打垮。"

　　当时天气冷，又下着大雨，士兵们饥寒交迫，而宋义却带着一些人天天大吃大喝。项羽心里想："现在士兵们吃的是蔬菜拌豆子，军中没有存粮，你宋义却在那里大吃大喝，不赶快领兵渡河。秦军这么强大，打败了赵国就会更加强大，还有什么可乘之机？"于是项羽就又一次去见宋义。见了宋义他什么也没说，就把宋义的脑袋割了下来，拿到外边，对大家说："宋义跟齐国同谋反楚，楚王命令我杀了他。"那些将领们看了都很害怕，没有人敢反抗项羽。

　　项羽杀了宋义以后，就先派兵两万渡河，解救钜鹿，然后率领全军渡过黄河。一过黄河，项羽就下令叫士兵们把船都凿沉了，做饭用的铁锅全都砸烂，每人只带三天干粮。以此来表示决心，这一过河只有拼死作战，不是胜就是死，已经没有后退的可能。士兵们没有办法，既然已经不能后退，就只好拼命向前。所以楚军个个奋勇杀敌,以一当十。经过几次交战,秦军大败,秦军的好几个重要将领都被杀死了。这是秦军的主力,这么快就被项羽打败,是人们没有想到的。当时还有其他一些起义军在附近,当项羽的军队与秦军打仗的时候,他们都在旁边看,不敢跟秦军打仗。看到楚军这么勇敢,打仗的时候喊声震天,他们心里都非常害怕项羽。从此他们只好服从项羽的命令,项羽就成了起义军的主要领袖。

"破釜沉舟"是项羽激励士兵打仗的一种策略,如果不能打胜仗就要死,那么就必须打胜仗。后来人们用"破釜沉舟"这个典型事件来比喻做事的决心大,只准备往前,决不后退。

鸿门宴　Hóngmén yàn

例句： 1. 你担心那是鸿门宴？不会，现在他们还不敢。你放心，多带几个保镖，保证你没事儿。

2. 香港的打斗电影也是千篇一律，总是黑帮两派尔虞我诈，鸿门宴上打得血肉横飞，老一套！

含义： "鸿门"是一个地名。"鸿门宴"是指那种以宴会的名义请人来，实际上却暗藏杀机，想置人于死地的酒宴。

出处： 鸿门宴故事出自《史记·项羽本纪》。

公元前207年，项羽(Xiàng Yǔ)的部队和刘邦(Liú Bāng)的部队都向秦朝的首都咸阳(Xiányáng)进发。路上项羽的部队遇到了秦军的主力，要打硬仗，不能迅速前进，而刘邦的部队一路受阻较少，结果刘邦先进入了关中，占领了咸阳。

按照事先的约定，谁先进入关中谁就为关中王。所以刘邦就自称为关中王，并且派部队守住关口，不让别的军队进入关中。

项羽的部队来到关口后，刘邦手下有一个大臣暗暗派人向项羽告密说，刘邦自称为关中王，秦朝的珍宝都被他占有了。项羽听了大怒，说："用酒食犒劳士兵，为我击破刘邦的军队。"

当时项羽有兵力四十万，驻在鸿门①，刘邦只有兵力十万，驻在霸上②(Bàshàng)。双方力量相差悬殊。项羽的谋士范增(Fàn Zēng)对项羽说："刘邦这个人过去贪财物，好美色。现在入了关，倒不掠取财物，也不迷恋女色，可以看出他的志向不小，必定是想当皇帝，应该赶紧消灭他，不要错过机会。"

项羽有一个叔父叫项伯，也在项羽军中做将领。他一向跟张良关系很密切。当时张良在刘邦那一边。项伯为救朋友连夜骑马到刘邦军中，私自去见张良。把项羽准备消灭刘邦的事告诉了张良，想叫张良跟他一起走，并且说："你犯不着跟刘邦一起死。"

可是张良说："我现在在刘邦这一边，他遇到紧急情况我就私自逃离，这样做不义。我不能不跟他说。"

于是张良去见刘邦，把这件事跟他说了。刘邦一听，大吃一惊说："那怎么办？”

张良说：“占领关中以后称王，这是谁给你出的主意？”

刘邦说：“全是那帮无知的小人说的，他们说把住关口，不要让别的军队进来，就可以在关中称王。我听了小人之言。”

张良问：“按您的兵力能够胜项羽吗？”

刘邦默然，说：“当然不能，那么现在怎么办呢？”

张良说：“请您跟我见一见项伯，告诉他说你不敢背叛项羽。”

刘邦问：“你怎么会与项伯有交情？”

张良说：“还是在秦朝的时候，我跟他一起游览各地，有一次项伯杀了人，被人追杀，我救了他。现在情况紧急，所以他来告诉我。”

张良出去以后，请项伯来见刘邦。刘邦一边请项伯喝酒，一边解释说：“我入关以后，财物丝毫不敢据为己有，造好官吏名册和户籍册，封存官府的仓库，等待项王③到来。我之所以派遣将士守住关口，是因为要防备盗匪，并且预防意外的事故。我们日夜盼望项王来，怎么敢背叛他呢？劳驾您回去跟项王说，我们是不敢忘恩负义的。”

项伯对于政治斗争完全是外行，他没有把刘邦当作敌人，所以一口答应下来了，并且对刘邦说：“不过，明天你得自己过去向项王谢罪。”

项伯连夜回去，到了军中把刘邦的话对项羽说了一遍，并且说：“刘邦要是不先破关中，你怎么能进来呢？现在他立了大功，你再去攻击他，这样做不义，不如对他好一点。”项羽听项伯这么一说，觉得有道理，就同意了。

第二天早晨，刘邦只带一百多人马来到鸿门见项羽。一见面就说：“我跟将军④合力破秦，将军在黄河以北作战，我在黄河以南作战，没料到我能先入关破秦。可是现在有小人进谗言，想使将军怨恨我。”

项羽说：“是你的手下人说的，要不然我不会产生这样的误会。”

项羽当天设宴，请刘邦喝酒。酒宴上在座的还有范增和张良。席间，范增多次暗示项羽要下决心杀死刘邦，但是项羽并不理会。

范增站起来，走到外边找到项羽的堂弟项庄，对项庄说：“项王不忍杀刘邦，你假装前去祝酒，祝完酒就要求舞剑给他们助兴，然后找机会攻击刘邦，把他杀死。否则，你们这些人迟早都是他的俘虏！”

项庄按范增的意思进去祝酒，祝完酒后说：“军中饮酒没有什么可以为乐，我来舞剑给你们助兴。”

项羽说：“好吧！”

于是项庄拔剑起舞，看看就要对刘邦下手，坐在一边的项伯很着急，生怕刘邦遭到不测，赶紧站起来说：“一个人舞剑没有意思，我们两个人舞剑才好看。"于是他一边舞剑一边用自己的身体掩护刘邦,使得项庄没有办法下手杀刘邦。

见到这种情况,张良赶紧到门口去找樊哙(Fán Kuài)。樊哙是刘邦亲信的一个勇将,见了张良就问:"事情怎么样了?"

张良说:"情况紧急,现在项庄舞剑,意在沛公⑤(Pèigōng)。"

樊哙说:"事情这么紧急,我进去跟他们拼命。"

樊哙带着剑和盾要进门去。门口的卫士想阻拦,樊哙侧过盾用力一撞,卫士们都摔倒在地上。于是樊哙闯了进去。拉开帷幕,瞪着眼睛怒视项羽,头发向上竖起,眼眶似乎都要裂开。

项羽一看进来了一个这样的人,按着剑站起来问:"这位客人是干什么的?"

张良说:"他是沛公手下的将军樊哙。"

项羽说:"是一位壮士,赏他一杯酒。"

樊哙拜谢,一大杯酒一饮而尽。

项羽又说:"赏他一条猪腿。"

项羽手下的人故意拿给他一条生的猪腿。樊哙把他的盾翻过来放在地上,再把猪腿放在盾上,拔出剑切着吃起来。

项羽说:"还能再喝酒吗?"

樊哙说:"我连死都不怕,一杯酒哪里值得推辞!秦王的心肠像虎狼一样,杀人惟恐不能杀尽,所有的酷刑唯恐不能用尽。所以天下的人都起来反叛他。现在沛公先破了秦,进入咸阳以后财物丝毫不敢据为己有,封闭秦朝的皇宫,把军队撤出来驻扎在霸上,等待大王⑥到来。还特意派将士守关,防备盗匪及意外的变故。这样劳苦功高,没有得到重赏,大王反而听信小人的谗言要杀有功的人,这是走已经灭亡的秦朝的老路,我以为这不是大王您的做法!"

项羽无言以对,只好说:"请坐。"

樊哙就坐在张良旁边。坐了一会儿,刘邦出去上厕所,把樊哙、张良也叫了出去。宴会上杀气腾腾、刀光剑影,把刘邦吓得胆战心惊,所以借口上厕所溜了出来,想就此离开这个地方回霸上的军营中去。但是他又挺有顾虑地说:"还没有跟人家告别,怎么办呢?"

樊哙说:"做大事不必注意细枝末节,行大礼不必讲小的谦让。现在人家好比是刀和砧板,我们像是砧板上的鱼肉,快要遭人宰割了,还告别什么呢!"

于是刘邦决定立刻就回霸上,叫张良留下来谢罪。

张良问:"您来时带了什么没有?"

刘邦说:"我带了白璧一双,想献给项羽,玉斗一双想献给范增。刚才正赶上他们发怒,不敢献出去。你替我献给他们吧。"

张良说:"遵命。"

霸上与鸿门两地相距四十里。刘邦决定不坐车,他骑上一匹马,让樊哙等四位将军步行,从小路回去。他对张良说:"走这条小路到我们的营地只有二十里,你在这里等一等,估计我们到了霸上,你再进去谢罪。"

刘邦走了以后,张良估计刘邦已经回到了军营,才进去向项羽谢罪说:"沛公酒量小,喝醉了,不能够亲自向大王辞行。叫我把白璧一双献给大王,玉斗一双献给大将军⑦。"

项羽问:"沛公现在在哪儿?"

张良说:"他知道大王要责备他,单身回去了,现在估计已经回到军营了。"

项羽接过玉璧放在桌子上。范增接过玉斗放在地上,拔剑一砍,玉斗碎成了几片,感叹地说:"唉,这混小子⑧不值得为他出谋划策,以后夺得天下的一定是这个刘邦。我们这些人都要成为俘虏了!"

几年以后,项羽果然兵败自杀。刘邦取得了天下,建立了汉朝。

"鸿门宴"故事写酒宴上的刀光剑影。这样的酒宴在权力斗争中并不少见,所以"鸿门宴"成了一种典型。在这个事件中,"项庄舞剑,意在沛公"也成为一个典型事件,意思是做一件事实际上暗中另有目的。

注释:
①鸿门:在今陕西省临潼县东。
②霸上:在今陕西省西安市东。
③项王:这里指项羽。
④将军:这里也指项羽。
⑤沛公:这里指刘邦,因为刘邦的家乡在沛,所以人们尊称他为"沛公"。
⑥大王:这里指项羽。
⑦大将军:这里指范增。
⑧这混小子:这里是骂项羽。因为范增比项羽年长得多,项羽称他为亚父。所以范增用骂晚辈的话骂项羽。

明修栈道，暗渡陈仓
míng xiū zhàndào，àn dù Chéncāng

例句： 1. 莫非她心里有这段姻缘，自己不好开口，却明修栈道，暗渡陈仓，先说
定了我的事，然后好借重我爹妈，给她作个月下老人①。

2. 有备无患，我带上一瓶五粮液，金纸包装，必要时与教官暗渡陈仓。

含义："明修栈道，暗渡陈仓"比喻正面制造假象迷惑敌人，从侧面突然袭击的
策略。后来也用来比喻故意向人展示某种明显的行为，掩人耳目，实际
上却另有打算。

出处： 事见《史记·高祖本纪》。

公元前206年，刘邦(Liú Bāng)的军队进入关中②，秦朝灭亡。紧接着项
羽(Xiàng Yǔ)也率领四十万大军逼近关中。关中这个地方，物产丰富，人口众
多，过去秦国就是从这里发迹，统一全中国的。项羽知道刘邦野心很大，是一
个强劲的对手，就不想让刘邦占领这块好地方。刘邦的兵力比项羽少得多，所
以只好屈服。秦朝已经灭亡，现在什么事都是项羽说了算。在项羽的头脑里，
还是战国时七国分治的思想，他并没有统一中国的欲望。所以他先封自己为
西楚霸王(Xīchǔ Bàwáng)，先占据中原最好的一块地方，然后把各路起义军的
领袖封为各地的王。他当然特别警惕刘邦的势力，故意把刘邦封为汉王，去统
治巴、蜀(Shǔ)、汉中一带，首府在南郑(Nánzhèng)。巴、蜀在现在的四川，当
时是一个偏远的地方。从关中去巴、蜀要翻崇山、越峻岭，很多地方是悬崖绝
壁，根本没有道路。为了通行，人们在悬崖绝壁上打洞，在洞里插进木桩，再铺
上木板，这样沿着绝壁修成一条窄窄的通道，称为栈道。项羽让刘邦去那样的
地方，就是想把他打发到偏远的地方，以后再也不能到中原来争霸。他把关中
封给了原来秦朝的三个降将，让三个人分而治之。

刘邦因为军力不如项羽，打不过人家，所以只好忍气吞声，服从项羽的安
排，带着人马去四川。他走的时候有很多人去送行，刘邦接受张良的建议，军
队走过以后，当众放火烧掉了栈道，表示到了四川以后决不再回到中原来，无
意与项羽争霸。当然，他只是为了麻痹项羽。

刘邦军队中的将士都是中原③人，父母妻子都在中原，他们当然不愿意去
偏僻荒凉的巴蜀，所以纷纷开小差溜走了。刘邦到南郑以后一点名，才知道很

多将士逃走了,连将军都逃走了几十个,而且还不断有人离开队伍。留下来的人也因思乡思亲,不能安心。同时刘邦的野心也决不甘心永远呆在巴蜀。

这时刘邦得到了一个很重要的军事人材——韩信(Hán Xìn)。韩信对刘邦说:"项羽把您封在这么荒凉的南郑,这等于是放逐。何况将士们多数是中原人,整天盼着回故乡。如果现在您利用将士们的思乡情绪采取行动,很快就能完成东归的事业。要是错过了这个机会,天下安定了,人心厌战,那时候就不可能再成功。所以最好是现在就打回去,跟项羽争夺天下。"

刘邦觉得韩信说得很对,就听从他的建议率领部队悄悄地翻山越岭,从另一条小路进入关中,突然出现在边缘城市陈仓,袭击雍(Yōng)王章邯④(Zhāng Hán)。章邯兵败,逃走。刘邦一路追击,不久就又占领了整个关中。这以后他以关中为根据地同项羽展开了争夺中原的战争。

刘邦烧毁栈道是当着众人的面明着做的,是为了做给别人看,所以是"明烧栈道"。他后来带着部队翻山越岭回到关中袭击陈仓是秘密进行的,所以是"暗渡陈仓"。查《史记》刘邦回关中并没有重修栈道的记载,而"明烧栈道,暗渡陈仓"已经构成很合理的故事。事实上要修复栈道不是一件容易的事,需要比较长的时间。一修栈道就很快暴露了目的,会引起敌人的警惕,从而做好作战的准备。因此刘邦不可能再去重修栈道。所以笔者疑"明修栈道"是"明烧栈道"之讹传。这两个说法一字之差,意思有一些不同。

"明烧栈道……"是说公开烧掉栈道,表示永不回到关中,用以麻痹敌人……。

"明修栈道……"是说公开地修复栈道,向敌人表示要从栈道进入关中,让敌人只对栈道的出口做打仗的准备……。

但是这两个说法的引申意义却差不多,都是比喻明里这样做,用来麻痹敌人,暗中却另有一套做法去达到目的。

现在我们从俗,称这个典型事件为"明修栈道,暗渡陈仓"。有时根据行文需要也可以省略"明修栈道",只说"暗渡陈仓"。

注释:
①月下老人:媒人,见本书上编"月下老人"条。
②关中:地名,指现在陕西一带。
③中原:地名,指黄河中下游一带。
④雍王章邯:章邯,人名,原为秦将,后投降项羽。项羽进入关中以后,封章邯为雍王。

背水一战　bèi shuǐ yī zhàn

例句: 1. 他们已经输了一场球,如果再输一场就失去了出线的希望,所以这一
场球是背水一战,志在必得。
2. 周围的商家纷纷让利降价,我们的销售额直线下降,逼得我们不得不
调整经营方针,背水一战。

含义: "背水一战"比喻打仗的时候没有退路,只能拼命向前。后来也用来比
喻做一件事情没有退路。

出处: 事出《史记·淮阴侯列传》。

公元前204年,刘邦(Liú Bāng)派韩信(Hán Xìn)和张耳(Zhāng Ěr)去攻
打赵(Zhào)国。他们带着几万人的部队,想从东面经过井陉(Jǐngxíng)进入
赵国。赵王以及成安君陈余(Chén Yú)听说汉军①来进攻,就把军队集结在井
陉口,号称有二十万大军。

井陉口是从河北进入赵国的一个山口,从来都是兵家必争之地。赵国的
广武君李左车劝陈余说:"听说韩信刚刚在别处打了大胜仗,现在又得到张耳
的支援,他们乘胜而来,一定势不可挡。但是井陉口这个地方道路很窄,车辆
没法走,马也无法并排着骑行。这样,韩信的部队就会前后拉开几百里的距
离。他们的粮食必定在后边。希望你给我三万人马,我从近路去切断汉军的
粮道,而你在这里守住城市,不要跟汉军交战。这样,汉军既不能前进,又不能
后退,粮食也没有了,那时韩信必然会成为我们的俘虏。"

那个成安君陈余是个书呆子,他常常称自己的军队为义军,作战从来不用
骗人的办法。因此他回答说:"我听说兵书上有一句话:兵力如果超过对方十
倍,那么就包围他们;如果超过一倍,那么就可以正面进攻。现在韩信的军队
说是有几万,其实没那么多,不过几千人。他们那么远来,都已经很疲劳。假
如我们不乘这个机会迎战,以后等他们的大部队开到,那时候怎么作战呢?再
说如果现在避而不战,天下的人都会认为我胆小害怕,那时别的军队就都会来
向我进攻。"他坚决不肯采纳李左车的意见。

韩信本来非常担心井陉口的地形对自己不利,不敢轻举妄动。听说陈余
不接受李左车的建议,心里很高兴。再派间谍去打听,结果知道他们确实没有
用李左车的办法,这才敢放心地带兵去井陉。当队伍走到离井陉三十里的地

方就停了下来。到了半夜韩信下令全军出发,并且派骑兵两千人,每人拿一面红旗,从近路隐藏在山里,暗中监视赵军,如果赵军全部出城来跟汉军打仗,这两千人的骑兵,就赶快攻城,攻进城以后,拔下城墙上赵军的军旗,换上汉军的红军旗。

韩信带着大部队走出了井陉口,来到离城不远的地方,背着一条大河对赵军摆开了阵势。赵军远远看见汉军背水列阵,大犯兵家的忌讳,都大笑了起来,以为韩信不懂兵法。

第二天早晨,韩信命军队树起自己的军旗,队伍一边擂鼓一边前进,开始向赵军进攻。赵军就出城来迎战。这时韩信却命令士兵丢下战鼓和军旗撤退,退到了河岸边。河岸边有他们的军营。他们退入军营以后,再度出来向赵军进攻,战斗非常激烈。赵军一看双方相持不下,就赶紧派兵增援。结果赵军果然全部出动,城里几乎没有守军了。这时韩信埋伏的两千骑兵就飞马冲进城去,拔下赵军的旗,换上汉军的旗。

汉军打仗非常勇敢,个个都敢玩儿命,人数虽然没有赵军多,但是赵军无法取胜。他们打算退回到城里去,却发现城上全都换上了汉军的红旗。他们非常吃惊,以为汉军已经占领了城市,赵王已经被俘虏了。因此全军都惊慌起来,没有心思再打仗,纷纷逃跑,队伍大乱,赵军的指挥官制止不住。这时汉军却信心大增,更加勇往直前。结果赵军大败,成安君陈余被杀死,赵王被俘虏,大多数赵军都投降了。

打完仗以后,将领们问韩信:"兵书上说,打仗要背靠山,不能背靠水,你为什么叫我们背水作战呢?"

韩信回答说:"兵书上也说过'陷之死地而后生'②,你们都知道,我们的队伍没有经过很好的训练。这好像是让老百姓上战场打仗,如果后边有路可退,遇到危险能逃走大家就都逃走了,哪里还肯拼命向前?"

韩信背水一战这个典型事件,后来被用来比喻打仗时没有退路,只能从死里求生,也用来比喻做一件事必须拼命往前,没有退路。

注释:

①汉军:因刘邦被封为汉王,所以刘邦的军队称为汉军。

②"陷之死地而后生":把人赶入危险的环境,让他们从冲破危险之中去求生。

四面楚歌　sì miàn Chǔ gē

例句： 1. 商场如战场，竞争是那么激烈，前些日子他们稍一松懈，现在就简直有点"四面楚歌"的样子了。

2. 这时他才知道事情又有了新的变化，他已经到了"四面楚歌"的境地。

含义： "楚歌"是指楚国的民歌。"四面楚歌"比喻四面受敌的孤立处境。

出处： 这个典型事件出自《史记·项羽本纪》。

"四面楚歌"是楚汉相争的最后一幕。

项羽(Xiàng Yǔ)自从在钜鹿(Jùlù)破釜沉舟打败秦军的主力以后，威震各路起义军，刚刚 26 岁就成为秦末起义军的主要领袖。仗着自己英勇善战，军力强大，在各路起义军中颐指气使，什么事都是他说了算。如果他是一个有头脑的人物，这时候要统一中国并不困难。

项羽是将门之后，他家世世代代都是楚国的大将。他父亲项燕(Xiàng Yàn)在战国末跟秦军作战时被秦将王翦(Wáng Jiǎn)所杀。项羽由他的叔父项梁(Xiàng Liáng)抚养长大。小时候，项梁请人教他学习读书写字，他不肯好好学。后来又请人教他击剑，他还是不肯好好学。项梁很生气，可是项羽却说："写字没有什么用处，只要能写自己的姓名就行了。击剑是一对一的，不值得学。要学就学能抵敌万人的本事。"

小小年纪，口出狂言，使项梁很吃惊。后来项梁就教他兵法。这一下正中项羽的意，他很高兴。但是稍懂了一点儿，他又不肯认真地学了。所以说，项羽这个人从小有大志，但是心浮气躁，头脑简单。

待到长大，项羽果然与众不同，身高八尺①有余，力大如牛，能把几百斤重的铜鼎举起来，当地的年青人都怕他。有一次秦始皇出游到会稽②，项羽跟着项梁去看热闹，看到秦始皇的车队如此威武气派，项羽情不自禁地说："我以后要取而代之。"吓得项梁赶紧掩住他的嘴说："可不能乱说，这会使全族人都遭杀头的。"

后来项羽跟着项梁起义，做事果断，勇往直前，打起仗来凶猛异常势不可挡。他确实有当大将的才能。但是别的事他却不大懂，而且他根本也不想去弄懂。

首先，他很野蛮，不能区别秦朝统治者与老百姓有什么不同，总是不断地杀人放火。有一次他攻下一个城市，把城里男女老少统统杀死，房子烧光。二十万秦军向他投降,他在进入关中以前怕降兵发生哗变,一个晚上就把这二十万人杀死的杀死,活埋的活埋,消灭得干干净净。他进入秦朝的首都咸阳时并没有人与他对抗,但他仍然一把大火烧了秦朝的皇宫,而且连带着烧了整个咸阳,大火烧了三个月都没有熄灭。他抢了大量金银财物,俘掠了大批妇女才离开关中,这些行为整个跟土匪没有什么两样。他的残暴成性,使老百姓非常痛恨。另外,他不能好好地对待有才能的人,常常视他们为粪土,所以有才能的人都跑到刘邦那一边去了。他身边的谋士越来越少,即使有人替他出主意,他也不肯听。他也不懂得要建设一个巩固的后方,为前方提供兵员、粮食等。所以他的仗越打越糟,人越来越少。

刘邦出身平民。虽然他向来不愿意种地,因此常常被他父亲斥责,但他知道老百姓的苦难。起兵以后,除了打仗并不轻易杀人放火。他既没有项羽那种令人骄傲的家庭背景,又不像项羽那样勇武过人,懂得如何用兵打仗,所以他只好依靠有才能的人,重用有才能的人。

刘邦虽然比项羽年纪大得多,但开始的时候刘邦并没有项羽那样的威望。众望所归的是项羽,项羽有兵力四十万,刘邦只有十万。因为项羽的所作所为太使人失望,所以情况逐渐逆转。

刘邦进入关中以后的一系列措施大受老百姓欢迎。老百姓生怕他不能当关中王。所以当刘邦明烧栈道,暗渡陈仓第二次进入关中时,就所向披靡,很快重新占领关中,队伍迅速壮大,兵力一下子发展到五十六万人。然后他把关中作为根据地,出关跟项羽去争天下。

但是刘邦打仗总是打不过项羽,不断地吃败仗。有两次甚至被楚军包围,差一点被俘虏,每一次都是只带了几十个骑兵侥幸逃走的。但是刘邦能任用人才,他有张良这样的谋士,有韩信(Hán Xìn)这样的大将,还有萧何(Xiāo Hé)这样忠心耿耿的人为他经营关中这个根据地,为他提供粮食、兵员。所以,每一次打了败仗以后,刘邦还能很快地组织起新的军队。

项羽不知道应该建设根据地,军队越打越少,也没有人为他提供粮食。最后刘邦动员了所有的军事力量,把项羽包围在垓下③(Gāixià),包围了一层又一层。这时刘邦的军队比项羽多得多。项羽在垓下兵少粮尽,已经陷入困境。

刘邦把项羽包围起来后,又用心理战术,晚上夜深人静时,叫包围项羽的汉军从四面同时唱楚国的民歌。

项羽的士兵都是楚国人,在这样的时候听见自己家乡的歌,他们个个都掉下眼泪来。项羽听见四面楚歌大吃一惊,说:"汉军已经完全占领楚国了吗?为什么有这么多楚人呢?"

他再也睡不着,就起来喝酒。项羽有一个美人姓虞(Yú),很受项羽的宠爱,连打仗的时候也带在身边。他还有一匹好马名叫骓(Zhuī),常常骑着它打

仗。喝了一会儿酒,项羽唱起自己作的歌来:

> 力拔山兮④气盖世,(我的力气很大能举起一座山,我的英雄气概世
> 　　　　　界上没有一个人比得上。)
>
> 时不利兮骓不逝,(这是天要灭亡我呀,连我的宝马都不肯跑了。)
>
> 骓不逝兮可奈何?(宝马不跑了,怎么办呢?)
>
> 虞兮虞兮奈若何!(虞美人啊虞美人,现在还有什么办法?)

这歌声那么绝望悲伤,唱得他周围的人都低着头流泪,抬不起头来。

唱完歌,项羽骑上马,带着八百多骑兵突围,往南逃去。到天亮的时候,汉军才发现项羽已经突围,就赶紧派五千人去追赶。项羽渡过淮河(Huáihé),这时身边只有一百多人了。他们迷了路,向一个庄稼人问路,那个庄稼人故意骗他说:"往左去。"项羽就一直往左逃去,但是左面是一个湖。项羽只好又往回走,因为这一耽误,终于被汉军追上了。这时项羽身边只有二十八个人了。他估计自己已经逃不脱,就又冲进汉军队伍中厮杀起来。最后只剩他一个人了,他逃到了乌江边。江边有一条船,船上的人对他说:"江东⑤虽小,也有一千里地,几十万民众,足够称王的,希望大王赶快上船,现在这儿只有我这一条船,汉军到来是找不到船的。"

项羽对他笑笑说:"天要灭亡我,我还渡什么江呢?当初起兵时,我领了八千江东子弟渡江往西。现在他们都死了,只有我一个人回来,即使江东的父兄们同情我,还叫我做王,我还有什么面目去见他们呢?即使他们不责备我,我难道心里不觉得惭愧吗?"

于是他又一次冲进汉军队伍,经过一阵厮杀之后,终于自杀了。当时他才三十一岁。

"四面楚歌"这个典型事件是指项羽失败,被汉兵包围,汉军四面唱起楚歌来动摇楚军的军心。现在"四面楚歌"作为成语比喻处在四面受敌、孤立无援的境地。

这个故事中"无颜见江东父老"也是一个典型事件,比喻遭到失败或者做错了事,觉得惭愧,没有脸面去见乡亲、朋友等。

注释:
①八尺:现在的尺,三尺是一米。汉时的尺比现在短,一尺大约相当于现在的七寸。
②会稽 Guìjī:地名,在今浙江省绍兴市附近。
③垓下:地名,在今安徽灵壁县南。
④兮 xī:古汉语中的语气词,常用在诗词中,相当于现代汉语中的"啊"、"呀"。
⑤江东:这里指长江以南。项羽是从长江以南起兵的。

一人得道,鸡犬升天
yī rén dé dào, jī quǎn shēng tiān

例句: 1. 什么？他的小姨子也当了科长,那样的货当科长,那不是"一人得道,鸡犬升天"了吗?

2. 干部班子要搞五湖四海,决不能家天下,任人唯亲,一人得道,鸡犬升天。

含义: "一人得道,鸡犬升天"用来讽刺因为一个人得势,与他有关的人也随着得到很大的好处。

出处: "得道"在这里是成仙的意思。中国文化中有不少关于"仙"的传说。据说,人经过修炼或者吃了仙药以后可以成仙。成仙以后就飞升到天上去了,所以仙人们住在天上,或者住在海上的小岛上或深山里。仙是高于人类的存在,能够长生不老,并且有种种神通变化。

在中国古代,战争不断,劳役繁重,老百姓想作为一个人活下去尚且不能,当然不会奢望去成仙。但是对于统治者来说,他们后宫美女如云,库中金银如山,朝中群臣唯唯,外出车仗威严,他们希望永远享受这样的荣华富贵,因此他们就特别怕死,总希望有一种办法能够长生不老。他们也就特别相信人能够成仙,只要吃了仙人制作的药就可以长生不老,永不死亡。

那个残忍暴虐的秦始皇,视老百姓的生命如草芥,杀人如麻,他自己却特别怕死,甚至不许别人说到"死"字。他几次派方士到海外去寻求神仙不死之药。第一次是徐福等人骗他说,海上有蓬莱(Pénglái)等三座山,有仙人居住在那里。秦始皇就派他带几千个童男童女,渡海去向仙人求仙药。徐福当然知道海外其实并没有什么神仙。他的船队渡海来到一个地方就再也没有回去,那个地方就是现在的日本。经过了两千多年,日本到现在还有关于徐福的传说。秦始皇几次派人去求仙药都毫无结果,在50岁时终于死了。

中国历史上记载着很多帝王求仙,求长生不老之药的事。当然他们都失败了,没有一个因此活得更长一些,甚至反而因此致祸,更加短命。但是,还是不断有人传说这一类的事。

汉朝的时候,人们传说淮南王刘安[①]全家都成仙升天了。这件事记录在汉王充[②](Wáng Chōng)《论衡·道虚》[③]之中。其大意如下:

213

有的书上说,淮南王刘安喜欢学道。他聘请全中国有道术的人。以他如此尊贵的地位来聘请有道术的人,因此有道术的人都来到了淮南,各种奇妙的药方和道术纷纷献了出来。于是淮南王就得道成仙了,全家人都升了天,连他家的家畜家禽都成仙了。一时间狗在天上叫,鸡在云中啼,好不热闹。因为那些仙药他们家的人吃了还有剩余,就用来喂鸡和狗。鸡和狗吃了仙药也随主人一起升天了。

这就是"一人得道,鸡犬升天"的故事。此事晋(Jìn)朝葛洪的《神仙传》中也有类似的记载。王充并不相信这样的传说,他在《论衡·道虚》中讨论了这件事是如何的不可能。

"一人得道,鸡犬升天"这个故事虽然不可能是真事,但社会上却非常真实地存在着大量同类事件:一人有了权势,全家人都得到好处。在封建社会尤其是这样。例如明朝④的时候,严嵩(Yán Sōng)会拍皇帝的马屁,皇帝因此很赏识他,让他当了大官。严嵩手中一旦握有大权,就让自己的儿子、学生都当了大官。这种情况与"一人得道,鸡犬升天"几乎一样。所以后来人们运用这个典型事件的时候,已经与修道成仙的事毫无关系。

注释:
①刘安:汉高帝之孙,好道。
②王充:东汉哲学家,古代著名的无神论者和唯物主义者。
③《论衡》:王充的哲学著作,当时被认为是异端邪说。
④明朝:公元 1368—1644 年。

得陇望蜀　dé Lǒng wàng Shǔ

例句：1. 赌博者的心理总是输了想捞回本钱，赢了又得陇望蜀，不肯轻易下赌
　　　　台。
　　　2. 他已经拿了我两幅字，又得陇望蜀要这幅画，这次可决不再给他了。
含义："陇"：今甘肃省东部。"蜀"：今四川省中西部。"得陇望蜀"比喻得到了
　　　这个又想要那个，贪心不足。

出处：事出《东观汉记·隗嚣传》①。

西汉②末年，统治集团越来越腐败。全国的土地都集中到了少数大地主
手里，很多农民变成了奴隶，社会矛盾越来越尖锐。这时候有一个人叫王莽
(Wáng Mǎng)，他代替姓刘的当了皇帝，他想实行新的办法来缓和社会矛盾。
但是他失败了，实际上他比以前的皇帝更坏。于是全国爆发了起义。起义的
主要力量是农民，但是起义军有两类，一类是农民自己领导的，还有一类是大
地主领导的。刘秀(Liú Xiù)就是后一类中的领导人之一。

刘秀是汉朝皇帝的宗室，有一次他带领几千人的军队攻击王莽几万人的
大部队，结果他打胜了，王莽的军队大败。这是因为刘秀的军队由农民组成，
农民们痛恨王莽的统治，所以打仗很勇敢。王莽军队的士兵也是农民，他们也
痛恨王莽，不愿为王莽打仗，所以打仗不可能勇敢。当然，刘秀作为将领勇敢
善战，这也很重要。王莽的主力部队被消灭以后，全国各地的武装力量纷纷自
立为王，中国又四分五裂了。

当时这些军队，不管是农民领导的还是地主领导的，纪律都很坏，到处抢
东西，杀人放火。只有刘秀胸有大志，他的军队纪律很好，不抢东西，不随便杀
人，他的目标是要夺取天下。

公元 25 年他当了皇帝，但是天下仍然很乱。为了统一中国，他必须把那
些武装力量一个一个地消灭。在消灭了大多数地方武装之后，他亲自带领军
队攻下了西北边的甘肃(Gānsù)天水，并且把当时在甘肃称王的隗嚣(Wěi
Xiāo)围在西城。甘肃与四川接近，当时在四川称王的公孙述(Gōngsūn Shù)
派大将去援助隗嚣，队伍停留在上邽(Shàngguī)。刘秀知道了这个消息之后，
就派两个将军去包围上邽，自己因为有事回首都洛阳(Luòyáng)去了，但是他
给他们留下了一封信。信中说："你们攻下西城和上邽之后，就可以带兵往南

215

进入四川,去消灭公孙述。"

刘秀在信中还感慨地说:"人若不知足,既平陇,复望蜀,每一发兵,头鬓为白。"(人总是不知满足,已经得到了甘肃,又想得到四川。我每一次出兵打仗,白头发就会更多一些。)

公元 36 年,刘秀的军队消灭了四川的公孙述,重新统一了中国,历史上称为东汉。

"得陇望蜀"这个典型事件就是这么来的,原来的意思是已经得到了"陇"还想得到"蜀"。后来意思有一些演变,现在"得陇望蜀"的意思常常是指太贪心,所以在多数情况下,这个成语带有贬义的倾向。

注释:
①《东观汉记》:刘珍等撰,收录于《百部丛书》。
②西汉:公元前 206 年刘邦建立汉朝时首都在长安。公元 20 年天下大乱。公元 25 年刘秀重新统一中国大部分地方,建立新的政权。因为他是汉皇族,刘邦的九世孙,所以他的政权仍然称为汉朝,首都在洛阳。历史上把首都在长安时的汉朝称为西汉,首都在洛阳时称为东汉。

投笔从戎 tóu bǐ cóng róng

例句: 1. 他二十岁时就投笔从戎,奔赴抗日前线,戎马生涯直到前些年退休。

2. 和平时期你投笔从戎做什么?莫非你对军事发生了兴趣?

含义: "从":跟随。"戎":军事;军队。"投笔从戎"比喻放弃文人的生活去参军。

出处: 事出《后汉书·班超传》。

在东汉初年,有一个历史学家,他叫班彪(Bān Biāo)。他曾经写有一部历史著作《史记后传》。他有两个儿子,一个女儿,都是非常有学问、非常有才能的人。大儿子名叫班固(Bān Gù),继承父业,经过二十多年的努力,在他父亲《史记后传》的基础上,完成了史学巨著《汉书》。二儿子名叫班超(Bān Chāo),也很有学问,但他的志向不在历史学。女儿名字叫班昭(Bān Zhāo),更是才气横溢,文章写得非常漂亮,以至于皇帝召她到皇宫里去给皇后、妃子们当老师。

"投笔从戎"是他的二儿子班超的故事。

班超从小胸有大志,他看过很多书,而且口才很好。有大志向的人在生活上往往马马虎虎,不太讲究。但是他在家里对待父亲母亲很孝顺,做事情总是勤勤恳恳,挣钱养家从来不辞劳苦。

后来他的父亲死了,他的哥哥班固被皇帝召为校书郎①。班超与母亲也都跟着到了首都洛阳。家里很穷,班超只好常常受雇替官府抄书挣一点儿钱来养家。抄书是一种简单、枯燥、缺乏创造性的工作,时间久了班超觉得既辛苦又心烦。有一次抄着抄着,他忽然站起来,"啪!"地一声把笔扔在桌子上说:"大丈夫没有别的志向,却应当像傅介子(Fù Jièzǐ)、张骞②(Zhāng Qiān)那样在边疆立功,讨取封侯,怎么能一天天地拿着笔在这儿消耗时光呢!"

这就是班超投笔的故事,他的志向是从军,在边疆立功。当时别人都笑他口出狂言,到边疆立功,讨取封侯是那么容易的事吗?当然,这些人都不了解班超。

后来,班超终于有机会到边疆去做一番事业了。汉朝的时候,中国西北部的匈奴③常常到边界侵扰。公元 56 年,班超跟随大军去跟匈奴作战。作战有功,于是就选拔他出使西域④。

217

这以后他就一直作为汉朝的使者在西域。他的手下并没有什么军队,他主要是利用西域的各种军事力量,保持一种平衡,使他们不至于向东去骚扰中原。这时,他的聪明才智得到了充分的发挥。这期间他出生入死,经历了一次又一次战斗,立了很大的功劳。

　　皇帝终于封班超为定远侯。班超实现了自己的人生价值。他在西域三十一年,一直到七十岁的时候才回到中原。他死的时候是七十一岁。

　　"投笔从戎"这个典型事件中,"投"是扔掉的意思。"戎"是指军队。它的意思是扔掉笔参加军队。后来人们用它来泛指弃文就武。

注释:

①校书郎 jiào shū láng:汉朝的一种文职小官。

②傅介子:西汉时人,汉昭帝时出使西域,刺杀楼兰王,后被封为义阳侯。张骞也是西汉时人,因出使西域有功,被封为博望侯。

③匈奴 Xiōngnú:中国古代民族,战国时在今内蒙古一带,汉朝时西迁。

④西域 Xīyù:汉朝时指现在玉门关以西的新疆和中亚细亚一带。

三 国 时 期

以下从《身在曹营心在汉》到《司马昭之心,路人皆知》为三国时期的典型事件。

公元 2 世纪东汉末年,社会越来越黑暗,人民生活在水深火热之中,老百姓对统治者充满了仇恨。于是社会又开始动乱。公元 184 年出现了农民起义,起义的规模越来越大。统治者赶紧组织力量加以镇压,最后起义被镇压下去了,但镇压起义的各种军事力量形成了自己的势力,纷纷割据称雄。汉朝名存实亡。

又经过了多年战争,曹操(Cáo Cāo)基本上统一了中国的北方,势力强大,占据着长江以北的广大地区。占据长江中下游的孙权(Sūn Quán),经过多年苦心经营,政权也已经巩固。刘备(Liú Bèi)虽然野心勃勃,但很长时间内没有根据地,力量很弱,但是经过公元 208 年的赤壁之战后,刘备的实力迅速发展,并且很快占领了巴蜀(Bā Shǔ)。从此曹操、孙权、刘备三个政权鼎足而立,这就是三国时期。

曹操的政权称为魏(Wèi)。孙权的政权称为吴(Wú),有时称为东吴。刘备的政权称为汉,后人称之为蜀汉。

又经过几十年,这三国先后灭亡。先是司马(Sīmǎ)氏父子实际上掌握了魏国的政权,灭了蜀汉。然后,司马氏废曹氏,自己当了皇帝,国号为晋(Jìn)。最后吴国也灭亡。公元 280 年,晋朝又统一了中国。

三国时期是社会动荡、战争不断的时期,但也是人材辈出的时候,有很多故事。这一时期的历史著作,有晋朝陈寿(Chén Shòu)著的《三国志》。以后裴松之(Péi Sōngzhī)为《三国志》作注,又补充了不少材料。民间还有不少关于三国时期的故事和传说。到宋(Sòng)朝时(960—1279)三国故事已经成为民间评话艺人说书的内容。到元末明初(14 世纪)罗贯中(Luó Guànzhōng)根据三国的历史和民间流传的故事,创作出中国第一部长篇历史小说《三国演义》。《三国演义》已经是小说,不是历史。它有许多虚构与想像。但小说仍然遵循历史的基本框架。

《三国演义》在中国民间的影响很大。几百年来根据《三国演义》改编的评话及戏曲经久不衰。所以,其中的人物与事件在中国妇孺皆知,很多人物成为典型人物,很多事件成为典型事件。老百姓的三国知识大多数来自小说,而不是来自历史。本书在这里介绍的三国时期的典型事件,除了《士别三日,当刮目相看》,《司马昭之心,路人皆知》以外,都来自小说。

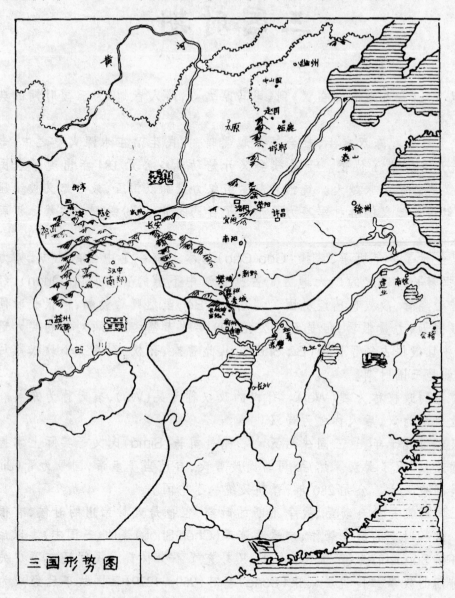

三国形势图

身在曹营心在汉

Shēn zài Cáo yíng xīn zài Hàn

例句： 1. 目下有些单位对属下的人材熟视无睹，非等他们要求调走，请调报告
送上了案头，领导者方知某某是个人材，再行挽留，挽留不成，再施卡
压。如此虽留住了人，却留不住心，以致"身在曹营心在汉"，于公于
私都没有好处。

2. 当许多专业人材在本单位难以施展才华时，便人心思走，或者偷偷干
起第二职业，这种情况，人们称之为"身在曹营心在汉"。

含义： "身在曹营心在汉"比喻一个人虽然不得不为某一方工作，但心里却总
是想念着另一方。后来也用来比喻身在此而心在彼，心思不专。

出处： "身在曹营心在汉"是三国时关羽的故事，见《三国演义》第二十五回至
二十七回。

关羽与刘备(Liú Bèi)、张飞(Zhāng Fēi)结义为兄弟之后，一直跟随刘备
东征西战，对刘备忠心耿耿。但是在相当长的时间里，刘备没有形成较强的实
力。有一次刘备好容易从曹操(Cáo Cāo)那里逃了出来，驻兵徐州(Xúzhōu)。
曹操生怕刘备的势力发展壮大，以后成为强敌，就带领二十万大军进攻徐州。
曹军大胜，刘备与张飞被打得落荒而逃，不知去向。这时关羽保护着刘备的两
位夫人，被曹操的大军包围，身处绝境。曹操派人去劝关羽投降，关羽经过再
三考虑决定投降。但是他提出了三个条件，其中最主要的一条是，一旦知道刘
备的去向，不管千里万里都要回到刘备那儿去。

曹操喜爱关羽的忠义勇武，想把他收罗在自己的手下，为自己效力。他以
为关羽忠于刘备那不过是因为刘备待他很好。如果自己待他更好，那么他就
会真投降了，那时就不用担心他去找刘备。所以曹操不但答应了关羽提出的
条件，而且待关羽真的特别优厚体贴。三日一小宴，五日一大宴，上马一提金，
下马一提银①，还送了十个美女去侍候关羽。但这些都不能改变关羽对刘备
的忠心。他把曹操送的金银财物都原封不动地存放起来，准备以后离开时退
还给曹操，十个美人都送到内院，叫她们去侍候刘备的两位夫人。关羽日日思
念的仍然是刘备，到处打听刘备的下落。

曹操看到关羽的战袍旧了，就送他一身新战袍。关羽却把两件战袍都穿

在身上,新的穿在里面,旧的穿在外面。曹操见了奇怪,就问他为什么这么节约?关羽说,不是因为要节约,是因为旧战袍是刘备送的,所以穿在外面,看见它就像看见了刘备。

关羽的马很瘦,曹操给了他一匹千里马。关羽非常感激,一再拜谢。曹操说:"我给你这么多金银、美女,你从来也不拜谢,给你一匹马你倒再三拜谢,是什么道理?"

关羽说:"金银和美女没有什么用,可是这匹马日行千里,非常有用。我要是知道兄长②的下落,骑上这匹马,一天就可见面了。"使得曹操直后悔送他好马。

关羽在曹操那里也屡次立下战功,但他始终认为自己是刘备的人,在曹操这儿是暂时的。有人问他:"曹丞相③待你那么好,你为什么一定要去找刘皇叔④呢?"

关羽说:"我知道曹丞相待我好,但我与皇叔是生死之交,不可背弃他。"

后来关羽终于打听到刘备在河北,于是带着刘备的两位夫人,过五关斩六将,回到了刘备的身边。

"身在曹营心在汉"说的就是关羽虽然投降了曹操,身在曹操的军营,心里却一直想要回到刘备一边。"汉"是指刘备,因为刘备后来建立的政权称为"汉",所以这里以"汉"代指刘备。

注释:

①上马一提金,下马一提银:"上马"是指从曹操那里拜访后回家。"下马"是指到曹操那里去拜访。"一提金"、"一提银"是指曹操送给关羽的贵重礼物。"提"在这里是量词。

②兄长:即哥哥。关羽与刘备、张飞为结义兄弟,因刘备年纪最大,所以称刘备为兄长。

③曹丞相:这里指曹操,当时曹操虽然独揽大权,但名义上仍然只是汉朝的丞相。

④刘皇叔:这里指刘备,因为刘备是汉朝皇室的后代,当时的皇帝查家谱发现刘备比自己长一辈,就叫他为皇叔。

过五关斩六将
guò wǔ guān zhǎn liù jiàng

例句: 1. 有的人老虎屁股摸不得,只讲自己"过五关斩六将",不讲自己"走麦城"①,吹吹拍拍,假话连篇。

2. 一年上报十几本书的计划,过五关斩六将,总能有三五本上头说行,就改改错字出版了。

含义: "过五关斩六将"比喻创立英雄业绩,建立卓著功勋。后来也进一步比喻为闯过重重困难。

出处: "过五关斩六将"是三国时关羽的故事,见《三国演义》第二十七回。

刘备(Liú Bèi)兵败徐州(Xúzhōu)以后,关羽不得已投降了曹操(Cáo Cāo),但是他身在曹营心在汉,念念不忘去找刘备。后来他终于打听到刘备在河北。就准备好车辆,带着刘备的两位夫人以及自己原来的部下二十多人离开曹操去河北。

曹操虽然信守诺言,眼睁睁地看着关羽走了,并没有派兵阻拦。但从许昌②出来到河北却是很不容易,一路上必须经过一个个关隘。曹操并没有下令让关羽通行,要私自闯过去困难重重。

关羽带着一行人来到第一个关隘,叫东岭关(Dōnglǐng Guān),守将孔秀(Kǒng Xiù)出来迎接关羽,问关羽往哪里去?关羽说到河北去找刘备。孔秀说,河北是袁绍(Yuán Shào)的地盘,是我们的敌人,过关必须有证件。关羽说,出来得匆忙,没有带证件。孔秀因此不让通过。关羽大怒,两人翻脸,上马厮杀。孔秀哪里是关羽的对手,只一个回合就被关羽杀了。守关的士兵都要逃走,关羽赶紧说:"你们都别走,我杀孔秀是不得已,跟你们无关。"

过了东岭关,关羽等人来到洛阳(Luòyáng)。洛阳守将韩福(Hán Fú)知道自己不是关羽的对手,事先商量好了对策。他自己引一千士兵设下埋伏,却派手下将领孟坦(Mèng Tǎn)与关羽交锋,想把关羽引入埋伏,然后用乱箭将他射死。孟坦与关羽交战不到三个回合,拨马就往回逃,本想引关羽进入埋伏,不料关羽的马快,赶上孟坦,一刀砍为两段。韩福一看不好,赶紧放了一箭,正中关羽左臂。关羽用牙拔出箭来,虽然血流不止,仍然毫不停留飞马直奔韩福。韩福来不及逃走,被关羽赶上一刀杀了。关羽赶紧保护车辆,闯过洛阳。

一路上他们不敢耽搁,连夜赶往汜水关(Sìshuǐ Guān)。守关将领叫卞喜

（Biàn Xǐ），他一边在关前镇国寺③中埋伏下二百刀斧手，一边在寺中设宴招待关羽，想在宴会中杀关羽。关羽以为卞喜是好意，所以毫无防备。镇国寺中有一个和尚④是关羽的同乡，暗示关羽内有埋伏。关羽一看果然看见藏有刀斧手。卞喜见事情败露，赶紧下令动手，结果他还是被关羽杀了。关羽匆忙保护着车辆离开汜水关，前往荥阳（Xíngyáng）。

荥阳守将王植（Wáng Zhí），与洛阳的韩福是亲家。听说韩福被杀，就要为韩福报仇。他一边出关笑脸相迎，招待关羽一行人极其周到，一边却派部下胡班（Hú Bān）领兵在深夜围住关羽的住所，待到半夜，每个士兵点燃一个火把，一齐放火，要把关羽一行人烧死在房子里。谁知胡班因为仰慕关羽的大名，先去看望关羽。关羽在过东岭关之前曾经在胡班父亲的家里借宿，此时带有胡班的家信。胡班把王植的阴谋告诉了关羽，并且打开城门，将关羽等人送出城外。没走几里，王植带领人马追杀出来，被关羽一刀砍为两段。

最后他们来到黄河边，向关隘守将秦琪（Qín Qí）借船过河。秦琪一听大怒，提刀来战关羽，只一个回合，秦琪的头就被关羽砍落。

过了黄河就是袁绍的地盘。关羽在一路上闯过了五个关隘，杀了曹操的六员将领。过了黄河他不禁叹气说："不是我故意想沿途杀人，实在是没有别的办法呀！"

这就是"过五关斩六将"这个典型事件的故事。以后人们把"过五关斩六将"作为英雄业绩的象征，或者比喻闯过重重困难。

注释：
①走麦城：意思是遭到失败。是关羽的另一典型事件，见本书"走麦城"篇。
②许昌 Xǔchāng：城市名，在河南省。东汉末年曾经作为首都。
③镇国寺 Zhènguó Sì：寺庙名。"寺"是佛教出家人供佛，做佛事及居住的地方。
④和尚 héshang：佛教的男性出家人。

徐庶进曹营　Xú Shù jìn Cáo yíng

例句： 1. 他如果审问我，我给他个"徐庶进曹营——一言不发"，看他有什么办法？

2. 你们都怎么啦？开会请大家出主意想办法，可你们都"徐庶进曹营——一言不发"，好歹也吭个声儿，是不是？

含义： "徐庶进曹营"比喻不说话，不发表意见。

出处： 事见《三国演义》第三十五回至三十七回。

刘备(Liú Bèi)兵少将寡势单力薄，被曹操(Cáo Cāo)大军追杀。后来逃到荆州(Jīngzhōu)投刘表(Liú Biǎo)。刘表叫刘备守新野(Xīnyě)。

刘备到了新野以后，遇见一个叫单福(Shàn Fú)的人。这个人很有军事才能，刘备正需要谋士，就请单福当军师。

新野地处刘表势力与曹操势力的交界处，是一个小城，但是两军对垒，形势很紧张。曹操常有消灭刘表势力的打算，在离新野不远的樊城(Fánchéng)驻有三万军队。有一天樊城的曹军派出五千人来攻新野。刘备听从单福的意见，调动军马，一举杀死了曹军的为首将领，俘虏了大多数士兵。

曹军不甘心失败，樊城守将曹仁(Cáo Rén)调动了几乎所有的军队，第二次来进攻新野。单福为刘备出谋划策，两军对阵，曹军又一次大败。曹仁不服，当天晚上又领军去偷袭刘备的军营。但是单福已经料到曹军会来夜袭，早作了准备。结果曹军又遭失败，狼狈逃退。一路上又遇刘备军队的伏击，慌乱逃到河边，曹军抢着过河，大半淹死。曹仁寻船过了河，急忙回樊城。但是樊城已被刘备的军队占领，关羽(Guān Yǔ)领兵从樊城杀出来，曹仁又损失了好多军马，星夜逃回许昌(Xǔchāng)去见曹操。遭到这一连串的失败，曹仁心里纳闷，刘备现在怎么这么厉害？一路上打听，才知道刘备新近有了一个军师叫单福。

曹仁见了曹操，曹操没有责备他，反而说："胜败乃是兵家常事，只是不知道谁为刘备出谋划策？"

曹仁说："都是单福的计策。"

曹操问："单福是什么人？"

曹操手下的谋士程昱(Chéng Yù)说："这人叫徐庶，单福是他的假名。"

225

曹操问："徐庶的才能比你怎么样？"

程昱回答："比我强十倍。"

曹操说："可惜这样的人材到了刘备那里。这样刘备一定会强大起来，怎么办？"

程昱说："徐庶虽然在刘备那儿，但是要叫他到我们这边来也不难。徐庶年幼时就死了父亲，只有老母亲还在。他为人很孝顺。我们可以派人去把他的母亲带到许昌来，叫她给儿子写信，徐庶一定会听他母亲的话，到这边来。"

曹操大喜，连夜派人去取徐庶的母亲。过了几天，老太太来了。曹操对她说："你的儿子很有才能，可是现在在新野帮助刘备，太可惜了。现在请你给他写封信，叫他过来，我一定重赏。"

徐庶的母亲跟徐庶的看法一样，认为曹操名为汉朝的丞相，可实际上已经篡夺汉朝的政权，是汉贼，是一个奸臣。而刘备是汉朝皇室的后代，又能够仁义待人，是当世的英雄。因此，儿子站在刘备那一边是对的，决不能过来帮助曹操。她不但不肯给儿子写信，而且举起石砚向曹操打去。

曹操大怒，叫武士把徐母推出去杀了。

程昱赶紧过来阻止说："徐母为什么要触犯您？因为她想死。您杀了她，徐庶必定想报仇，就会更加死心地帮助刘备。不如留下这个老太太，使徐庶身心两处，即使帮助刘备也不能够尽力。再说，只要徐母在，我还有办法让徐庶到这边来。"

曹操觉得他说得有道理，就叫人找地方把徐母养起来。

程昱常常到徐母的住处去问候请安，并且骗她说，自己曾经跟徐庶结拜为兄弟。他的言行使人感觉他对徐母就像对自己的母亲一样。他常常派人送东西给徐母，而且每次都要附一封短信。徐母因此每次也写一封短信表示答谢。这就中了程昱的计。程昱给徐母写短信，正是想得到徐母的笔迹。后来他模仿徐母的字体笔迹，给徐庶写了一封信，派人到新野去送给徐庶。

徐庶见是母亲来信，赶紧拆开信看，信上说："你弟弟徐康不久前去世，现在我举目无亲。我正在悲伤的时候，没有想到曹丞相派人把我带到许昌，他说因为你反叛朝廷①，要把我投入监狱。幸亏有程昱等人帮我说话，才得幸免。只有你归顺曹丞相，我才能免死。收到此信，看在我养育你的份上，连夜前来，以全孝道。我现在命若悬丝②，专望你来救援。"

徐庶见是母亲的笔迹，就深信不疑，想到母亲这么大年纪还要受这样的苦，不觉泪如泉涌。赶紧拿着信来见刘备。把自己的真实姓名及来历告诉了刘备，并且把信给刘备看，说："曹操要害我母亲。母亲来信，我不得不去。"

刘备虽然非常需要徐庶这样的人材，非常舍不得他走。但刘备是个宽厚仁慈的人，他很同情徐庶。现在事情已经这样，就不得不放徐庶走。临别，两人恋恋不舍。徐庶说："我虽然才智很浅，但是能够得到您的重用。现在不幸半途分别，实在是因为老母亲的缘故。到了那一边，即使曹操相逼，我终身不会给他出一个主意，设一个计谋。"

徐庶赶到许昌，去见母亲。母亲大惊说："你怎么会到这里来？"

徐庶把收到信的事告诉了母亲。母亲大怒，骂徐庶糊涂，不明事理，连信的真假都分不清。骂完以后，生气地到里面去了。过了一会儿，仆人跑出来报告说，老夫人自杀死了。徐庶慌忙进去抢救，但是为时已晚，母亲已经死了。

徐庶悲痛地安葬了母亲。他更加痛恨曹操，虽然此后一直在曹营做谋士，但他始终没有为曹操出过任何主意。曹操召集部下商议大事时，徐庶总是一言不发。

所以民间就把"徐庶进曹营——一言不发"作为典型事件来比喻某人不吭声不说话。

注释：
①朝廷：以皇帝为首的中央政权，也指皇帝。
②命若悬丝：生命很危险。丝是很细的线，命悬在一根很细的线上，随时都有可能断掉，所以危险已极。

227

三顾茅庐 sān gù máo lú

例句： 1. 他们并不认识我，而且总经理一职非同小可，他们怎么就会有这样的
决心，不惜三顾茅庐？

2. 他这样的人材有的是，还值得你去三顾茅庐吗？

含义： "三顾茅庐"比喻地位高的人一次又一次地去聘请一位人材。

出处： 事见《三国演义》第三十七回。

刘备自从起兵以来，转战各地，屡遭困顿，命运不济。后来帮助刘表守新
野，兵少将寡，势力很小。有一次偶然地得到一位隐士①的指点，说并不是命
运不济，而是身边没有一位能够帮助他成大事业的军师②。

因此，刘备求贤心切。好容易有了一位能人徐庶，帮他出谋划策打了几次
大胜仗。不料徐庶又要离开他。刘备心中十分懊丧，对徐庶恋恋不舍，临别时
送了一程又一程，眼看着徐庶渐渐地远去了。正在无可奈何之时，忽然徐庶拍
马赶了回来。

刘备心里一高兴，说："你不走了吗？"

徐庶说："不是。我刚才心乱如麻，忘了跟您说一件事。这儿有一位奇
士③，就住在襄阳(Xiāngyáng)城外二十里隆中(Lóngzhōng)。"

刘备说："你能不能请他来跟我见一见？"

徐庶说："这个人您可不能委屈了他，您应该亲自去请他。您如果得到了
这个人，就好像周文王④得到了姜子牙(Jiāng Zǐyá)⑤，刘邦(Liú Bāng)⑥得到
了张良⑦一样。"

刘备说："他的才德比你怎么样？"

徐庶说："简直是天上地下，我不能跟他相比。他常常自比管仲(Guǎn
Zhòng)⑧、乐毅(Yuè Yì)⑨。依我看，管仲、乐毅都不及他。这是天下第一奇
人。"

刘备说："他叫什么名字？"

徐庶说："他姓诸葛，名亮，字孔明。他现在隐居在隆中。这样的绝代奇
才，值得你亲自去请他。有了他就不愁天下不定。"

刘备非常感激徐庶，说："这样的大贤就在眼前，先生要是不说，我简直跟
瞎子一样，一点儿都不知道。"

徐庶很感激刘备的知遇之恩,再一次告别刘备以后,恐怕诸葛亮不肯出山,就特地先去见诸葛亮。到诸葛亮家,就说:"我把你推荐给了刘备,这也是你施展才能的大好机会,请你不要推辞。"

诸葛亮虽然胸怀大志,有奇才,但是在当时战乱纷争的年代,他不愿出来做官,宁愿在农村种地。听了徐庶的话后,诸葛亮不高兴地说:"你想把我当作供桌上的牺牲品吗⑩?"说着一甩袖子,进里屋去了,弄得徐庶很下不来台。

再说刘备在徐庶走后急忙准备礼物,第二天就亲自同关羽、张飞⑪一起去请诸葛亮出山。他们来到隆中,一个农民告诉他,前边树林里的茅庐就是诸葛亮的家。茅庐是用茅草盖的房子,是比较差的房子。刘备来到茅庐前,下马亲自敲门。一个童仆出来开门。

刘备说:"刘备特来拜见先生。"

那童子说:"先生今天早上出去了。"

刘备问:"去哪儿了?"

"不知道。"

"什么时候回来?"

"也不知道什么时候能回来,说不定三五天,也许十来天。"

刘备觉得挺失望。

张飞说:"他既然不在,我们就回去吧。"

刘备说:"再等等吧。"

关羽说:"不如先回去,以后再派人来打听。"

刘备看看再等也没有用,只好回去。临走他嘱咐那童子说:"等先生回来,请告诉他,刘备来拜访过他。"

过了几天刘备叫人去打听诸葛亮是不是已经回家了。得知诸葛亮已经回家,就又要去隆中。张飞说:"诸葛亮不过是一个农村的老百姓,你何必亲自去,派人去把他叫来就行了。"

刘备说:"诸葛亮是当今的大贤,怎么能随便派人去叫呢!"

刘备骑上马第二次去拜访诸葛亮。关羽张飞两人也骑马跟在后面。当时正是冬天,天气严寒。没走多远忽然北风呼啸,下起了大雪。张飞又发牢骚说:"天寒地冻,打仗尚且要避免这样的天气,干什么还要老远地跑去见一个没有什么用的人呢!不如回新野避风雪。"

刘备说:"我正想让诸葛亮知道我是诚心诚意的。你要是怕冷,你先回去。"

张飞说:"我死都不怕,难道会怕冷吗?我不过是怕你空劳神思,又白跑一趟。"

刘备说："那你就别多说了,跟着我走吧。"

三个人又来到诸葛亮的茅庐前,刘备敲门:"先生今天在家吗?"

来开门的童子说:"在,正在草堂读书。"

刘备一听大喜,跟着童子进了屋。看见一个少年人,一问,那是诸葛亮的弟弟,诸葛亮又不在家。他与朋友出去闲游,不知去哪儿了,也不知什么时候才能回来。刘备深觉遗憾。

张飞说:"那先生不在,请哥哥上马,我们回去吧。"

刘备说:"我既来了,怎么能不说几句话就走了呢?"接着问了几个问题。

诸葛亮的弟弟都说不知道。

张飞不耐烦地说:"问他做什么?风雪挺大,不如早点回去。"

刘备一边制止张飞,一边说:"过几天我再来,我借你的纸笔给你哥哥留一封信。"写完信他们才冒着大雪回新野。

到了第二年早春,刘备又要去拜访诸葛亮。关羽和张飞都不耐烦了。张飞说:"这样的一个农村老百姓怎么可能是大贤? 这回,哥哥您不用去。他要是不肯来,我用一根麻绳把他缚来得了。"

刘备说:"你怎么这样无礼。这次你别去了,我和关羽去。"既然刘备一定要去,张飞当然不肯留下,仍然跟了去。

这回诸葛亮真的在家,但是来开门的童子说:"先生正在午睡。"

刘备说:"既然这样,先别叫醒他。"就叫关羽张飞二人在门口等着,自己来到屋里站着等候。

等了半天,诸葛亮也没醒。关、张两人在外边站着不见里面有动静,就进屋去看,见刘备还站在旁边。

张飞大怒,对关羽说:"这先生这么傲慢,见我哥哥侍立在一旁,他竟假装睡着不起来。等我到屋后放一把火,看他起不起!"

关羽再三劝阻,才把张飞劝住。刘备叫他们到门外去等候。回头看诸葛亮翻了一个身,以为他醒了,谁知翻过身来又睡着了。童子想把诸葛亮叫醒,刘备赶紧说:"先不要惊动他。"这样又过了一个时辰⑫,诸葛亮才醒来。听说刘备来访,又到后堂去换衣服,磨蹭半天才出来。

刘备跟诸葛亮长谈。诸葛亮分析形势,当时就指出北边已有曹操(Cáo Cāo)拥兵百万,东边有孙权(Sūn Quán),政权也已经巩固,刘备应该取荆州(Jīngzhōu)入西川⑬,这样可以成三国鼎立之势。然后以西川为根据地统一中国。听了诸葛亮这一席话,刘备茅塞顿开,深感诸葛亮确实是济世安邦的人材,就苦苦请求诸葛亮出山。

诸葛亮见刘备真心诚意,并且与自己志同道合,就出山当了刘备的军师,

230

帮助刘备成就了大业。

这就是"三顾茅庐"的故事。"顾"是拜访的意思。"茅庐"是指诸葛亮的家。

注释：

①隐士 yǐnshì:旧时一些有才能有学问的人不愿意做官,宁愿默默无闻地生活在民间,或者居住在深山之中,这样的人称为隐士。

②军师:旧时小说戏曲中,在军队里帮助主帅出主意、拟定作战计划的人。

③奇士:比别人高明得多的少见人材。

④周文王:公元前 11 世纪的一个诸侯王,发现重要人材姜子牙,后由其子周武王克商,建立周朝。

⑤姜子牙:周朝开国功臣,周文王尊他为师,后来帮助周武王灭商建立周朝。见本书上编"姜太公"条。

⑥刘邦:汉朝开国皇帝,参见本书"四面楚歌"条。

⑦张良:刘邦的主要谋士。

⑧管仲:春秋时齐国的政治家。辅助齐桓公进行改革,使齐国国力大振,称霸天下。

⑨乐毅:战国时燕国的上将军,曾率五国兵攻齐国,大破齐兵。

⑩供桌上的牺牲品:古代祭祀时,杀牛、羊、猪等家畜,放在供桌上作祭品,称作牺牲。

⑪关羽、张飞:两人都是刘备的结义兄弟,刘备的得力大将,《三国演义》中的主要人物。

⑫时辰 shíchen:古代计时单位,一个时辰是现在的两个小时。

⑬西川:指现在四川一带。

舌战群儒　shé zhàn qún rú

例句： 1. 一群记者围住他，提出各种刁难的问题，他却从从容容，应答适当，简直是舌战群儒，这口才真令人佩服。

2. 那一次辩论，他一个人舌战群儒，不能说大获全胜，但也出足了风头。

含义："舌战群儒"是指在辩论中一个人对一群人，以少胜多。

出处： 故事见《三国演义》第四十三回。

曹操（Cáo Cāo）在新野大败刘备（Liú Bèi）的军队以后，一路追赶到长江边。刘备带领残兵败将渡江到江夏。曹操的水陆军马八十三万，在长江北岸排开，大有要一举消灭刘备及东吴的势头。刘备兵少将寡自知敌不住曹操，便与诸葛亮商议，要联合东吴共同抗曹。

曹操知道，同时跟刘备与东吴为敌是不聪明的。应该先消灭刘备，再消灭东吴，一个一个来。所以就写信给东吴，要联合东吴来消灭刘备。东吴的君主孙权（Sūn Quán）看到曹操的信，立即召集文武大臣们商量。大臣们却分为两

派，文臣主张投降曹操，武将主张抵抗曹操。孙权在两派之间犹豫，不能下最后的决心。

诸葛亮为了说服孙权共同抗曹，孤身一人来到东吴。还未见到孙权，先和孙权手下的文臣们展开了一场辩论。《三国演义》把这一回书称作"诸葛亮舌战群儒"。"舌战"是指辩论，论战。"儒"是指孙权手下的文臣。

"群儒"们是主张投降的，他们知道诸葛亮主战，这次来是做说客，就故意提出各种问题进行非难，想把诸葛亮难倒，游说不成，最后灰溜溜地回去。

但是诸葛亮胸有成竹，口才非凡，一个人对他们一群人，把他们驳得一个个哑口无言。然后诸葛亮又说服孙权，与刘备联合起来抵抗曹操。

现在"舌战群儒"被用来比喻在辩论中以少胜多。

周瑜打黄盖　Zhōu Yú dǎ Huáng Gài

例句： 1. 老百姓早就看不惯这些歌星们，但歌星们总是有追星族捧着，周瑜打黄盖，一个愿打，一个愿挨，别人也不大好说什么。

2. 我们商定，三亩多地一年两季他给我家两担粮，这也是周瑜打黄盖，他愿意打，我愿意挨。

含义： "周瑜打黄盖"比喻有的事情在别人看来不太合理，但事情的有关双方却都愿意这样做。

出处： "周瑜打黄盖"故事出自《三国演义》第四十六回。

曹操(Cáo Cāo)的八十三万大军来到长江边，因为不识水性，所以每天在江上操练，一旦机会成熟就要过江。

东吴与刘备联合起来，把军队集结在江南岸，等待机会决战。

曹操不知道对岸敌军的动静，就派两个人假装投降去探听消息。曹操的阴谋被东吴的都督①周瑜识破，但是周瑜没有把这两个人抓起来，而是决定将计就计，让他们传递假消息。

东吴的兵力比曹操少得多，如果不用奇计决不可能打败曹军。周瑜和刘备的军师诸葛亮(Zhūgé Liàng)都想到了火攻，要用大火烧掉曹军的战船。但是有很多细节要准备，其中之一就是怎么才能接近曹操的船队？必须有一人假装投降才行，谁去呢？周瑜正在为此伤脑筋，部下一员老将黄盖说他愿去。

周瑜说："不受一些苦，曹操怎么会相信你是真投降呢？"

黄盖说："我受到君主的厚恩，即使死，也没有怨言。"有人愿意承担这样的使命，周瑜心里很高兴。

第二天，周瑜召集手下的将军们说："曹操有百万大军，我们不是一天就能打败他们的，现在你们各领三个月的粮草回去，准备迎敌。"

黄盖站出来说："别说是三个月，就是三十个月也没有用。要是能行，这个月就能打败他们，要是这个月不行，干脆投降了吧。"

周瑜大怒道："我奉命打退曹军，你竟叫我投降，不杀了你，难以叫大家心服。"于是命令士兵把黄盖绑起来，拉出去砍头。

手下的那些将军们赶紧替黄盖求情，说黄盖是东吴的老将了，立过很多战功，现在虽然说错了话，请都督不要杀他。

周瑜生气地说："看在你们的面子上,不杀他,但是要拉下去打一百军棍。"

士兵们剥下了黄盖的衣服,把他按倒在地上,狠狠地打起来。打了五十军棍,大家一看黄盖快要被打死了,又一齐求情,请求不要再打了。

周瑜跳起来指着黄盖说:"你还敢小看我吗?留下五十军棍,如果以后再有错就加在一起打。"说着愤恨地走了。

大家再看黄盖,已经被打得皮开肉绽,鲜血迸流,昏死过去好几次,大家看了忍不住掉下眼泪来。

黄盖挨了毒打,写了一封信给曹操,说自己心里实在太气愤,所以决定偷偷地投降。他就秘密地派人把信送给曹操。

曹操拿着信翻来复去看了十多遍,忽然一拍桌子大怒说:"黄盖拿苦肉计骗我,来假投降。"命令士兵把送信人杀了。经过送信人辩解,同时又得到去东吴假投降的两人传回来的消息,曹操才相信。双方约定,黄盖的船过来时船头上插着青龙旗。

接下来,周瑜作好了其他的战斗准备。过了几天,刮起了东南风,黄盖派人送信给曹操说,晚上带着运粮食的船队来投降。

当天晚上,曹操在船上看见江面上有一队船驶来。船队渐渐靠近了,看出来正是黄盖,因此就不加防备。曹操手下的谋士对着黄盖的船队看了好久,觉得不对头。如果船上装着粮食,那船一定很重,吃水很深。可是现在来的船却轻而且浮,再说这时还刮东南风。说不定黄盖投降是敌人的阴谋!

曹操听谋士一提醒,恍然大悟,赶紧派人前去阻拦,但是已经为时太晚了。黄盖的船队乘着东南大风,很快靠近。船里装的并不是粮食,而是干柴硫黄等引火的东西。黄盖一招手,士兵们点着了火,二十只火船冲进曹操的水寨。火借风势,把曹操苦心经营的船队烧得一干二净。同时周瑜率领东吴的军队冲杀过来,这一仗曹军大败,这就是赤壁(Chìbì)之战。

周瑜打黄盖,是为了向曹操假投降演的一场戏,用来造成周瑜与黄盖内部矛盾的假象,使黄盖投降曹操有可信的理由,来骗取曹操的信任。这两个人一个愿意打人,一个愿意被人打。后来作为典型事件,通常比喻事情虽然不太合理,但是双方都是自愿的。同时还有"既然双方自愿,那么别人就不好再说什么"的意思。

有时候也用"苦肉计"来概括这个典型事件。

注释:
①都督 dūdu:东吴军队的最高指挥官。

万事俱备,只欠东风
wàn shì jù bèi,zhǐ qiàn dōng fēng

例句: 1. 这件事已经是"万事俱备,只欠东风"了,只要您说一句话,立马就成功了。

2. 前些年我们村曾打算办一个农业机械厂,"万事俱备,只欠东风",因为电力不足,最后也没有办成。

含义: "万事俱备,只欠东风"比喻一切准备工作都做好了,只缺最后一个重要条件。

出处: 故事见《三国演义》第四十九回。

曹操(Cáo Cāo)在长江北岸陈兵八十三万,要渡江消灭刘备(Liú Bèi)和孙权(Sūn Quán)的势力。东吴的孙权只有五六万兵力,刘备的兵力更少。他们虽然联合起来抗曹,仍然觉得双方的兵力相差太悬殊。所以东吴的都督①周瑜(Zhōu Yú)与刘备的军师②诸葛亮(Zhūgé Liàng)想用火攻,烧毁曹操的船队。经过多日周密策划,一切准备工作都已经做好,只等决战之日到来。

有一天,周瑜站在山顶上观看江对岸敌人的动静。忽然狂风大作,风刮得周瑜身边的旗帜乱舞,旗角拂过他的脸。周瑜猛然想起一件事,大叫一声,往后倒下,口吐鲜血,不省人事。他的部下赶紧救他下山,请医生治疗。

眼看与曹军决战的时刻就要到来,在这个紧要关头,都督忽然病成这个样子,大家都着急得不得了。周瑜的助手鲁肃(Lǔ Sù)心中忧闷,来见诸葛亮。说到周瑜的病,诸葛亮微笑着说:"他的病我能治。"

鲁肃听了喜欢地说:"要是这样,真是国家之大幸!"说着就带诸葛亮去给周瑜看病。

诸葛亮见了周瑜说:"几天没有见面,没想到都督病了。"

周瑜说:"人有旦夕祸福,怎么能保证不生病?"

诸葛亮说:"天有不测风云③,谁又能料到?"

周瑜听了诸葛亮的话,不觉大吃一惊。原来周瑜在山顶上大叫一声往后倒下,是因为当时正刮西北风,突然想到要是决战那天仍然刮西北风,那么火烧曹军船队就绝对不可能。因为曹军在北,自己在南。不但烧不到曹军,反而会把自己烧了。要是不能用火攻,东吴只有五六万兵力,与曹操八十三万大军

235

相比,力量相差太悬殊,怎么能够取胜?可是大冬天的哪儿来东南风呢?眼看所有的计划全都落空了,一切都要完蛋,心中怎么能不着急?因此忽然一病不起。这时听诸葛亮说"天有不测风云",好像话中有话,料想诸葛亮一定知道自己的病因,不禁问道:"你说吃什么药?"

诸葛亮说:"我有一个药方,能治你的病。"说着要过纸和笔,写下了十六个字:

> 欲破曹公,宜用火攻,
>
> 万事俱备,只欠东风。

写完递给周瑜说:"这就是都督的病源。"

周瑜看了大惊,暗想:"诸葛亮真是神人,他早知我的心事,我干脆跟他实说了吧。"于是他就对诸葛亮说:"先生既然已知病源,那么用什么药呢?现在事情危急,希望你指教。"

诸葛亮说:"我能呼风唤雨,都督需要东南风,可在南屏山建一个台,高九尺,用一百二十人手拿旗帜围绕。我在台上作法④,借三天三夜东南大风,你的大事可成。"

原来诸葛亮懂得预测天气,过两天就是冬至⑤,他预料冬至时阴极阳至⑥,必有东南风起。但他故弄玄虚,说自己能借东南风。

周瑜听了大喜,立刻派五百军士去筑台。一切按诸葛亮的要求布置妥当以后,诸葛亮缓步登台作法。一天上台三次,下台三次。

这一边,东吴军队做好了临战准备,全军上下个个摩拳擦掌,准备厮杀。周瑜召集手下军官,只等东南风起,就发起进攻的号令。但是这一天从早到晚并没有东南风。

周瑜对鲁肃说:"诸葛亮的话看来不太可信,大冬天哪儿来东南风?"

鲁肃说:"我想诸葛亮不会瞎说吧。"

到了半夜,忽然听到风声响,周瑜急忙出屋去看,一看旗帜竟都飘向西北,立时东南风大起。

周瑜大感震惊,心里想:"诸葛亮有这么大本事,将来一定是东吴的祸根,必须及早除掉他。"

他没有马上发令向曹军进攻,却命令手下的两个将军各带一百人从水陆两路赶到南屏山,见了诸葛亮,什么话也不用说就把他的脑袋砍下来。

两路人马领命火速赶去。从陆路骑马去的那一队人先到南屏山。上台一看,不见诸葛亮。问守台将士,回答说:"刚才下台去了。"

下台去哪儿了?一定是去了江边。所以,他们一路寻到江边。这时另一队人也赶到。一个守在江边的士兵报告说:"昨晚有一只快船停在前边,刚才看见诸葛亮下了那只船,向上游方向去了。"两队人马赶紧向上游追去,但是终究没有追上。

原来诸葛亮知道,周瑜量小,不能容人,一见东南风起,必来加害。就预先叫刘备派人来接,等东南风一起,就悄悄走人了。

没有追到诸葛亮,周瑜懊丧不已,但也无可奈何。只好赶紧调动部队,向曹军发起进攻,火烧赤壁。这一战,曹军大败,刘备和东吴的危机终于解除。

"万事俱备,只欠东风"是说周瑜做好了作战的一切准备,只是缺少东风。后人用这个典型事件来比喻已经做了很多准备工作,但是还缺少某一个重要条件。

注释:

①都督 dūdu:东吴的武官名,是最高的军事长官。

②军师:旧小说戏曲中,在军队帮助主帅出主意、拟定作战计划的人。

③人有旦夕祸福,天有不测风云:这是两句熟语,意思是人也许会突然碰到好的或者坏的事情,天也许会忽然刮风下雨,这都是不可预测的。

④作法:旧时的小说中描写的,有道术的人施展超自然的法力或魔法。

⑤冬至:农历二十四个节气之一,在阳历(或公历)每年 12 月 21 日或 22、23 日。冬至这一天白天最短,夜间最长。

⑥阴极阳至:阴阳家认为夏天为阳,冬天为阴。阴到冬至时为极点,从此开始向阳转化。

刘备借荆州　　Liú Bèi jiè Jīngzhōu

例句：1. 他跟你借钱？那是"刘备借荆州"，没有还的时候。

2. 周大哥，你人可不糊涂啊。你怕我刘备借荆州是不是？我就在这里坐着瞧瞧，看完了马上就还你，也不用到天黑，你不放心，在旁边守着我就是。

含义："刘备借荆州"比喻借了别人的东西以后不归还。

出处：故事见《三国演义》第五十一回、五十二回及六十六回。

赤壁(Chìbì)之战曹操(Cáo Cāo)大败退回许昌(Xǔchāng)以后，刘备(Liú Bèi)、孙权(Sūn Quán)的军事联盟也立即出现了问题。问题的核心在于原来属于刘表(Liú Biǎo)后来被曹操占领的南郡(Nánjùn)、荆州等地的归属。孙权的将领周瑜等人想一鼓作气夺取这些地方，扩大东吴的势力。刘备也想占据这些地方，以便有个栖身之处。

当时刘备的力量很弱小，面对曹操和孙权两个阵营的强大军队，刘备的军师诸葛亮(Zhūgé Liàng)想出一个计谋：先让周瑜去攻打这些地方，在周瑜带领军队与曹军来回厮杀损兵折将的时候，乘着南郡曹军外出作战，城内空虚，诸葛亮派兵占领了南郡，并且夺得兵符①袭取了荆州和襄阳(Xiāngyáng)。这些地方一夜之间都归了刘备。

这可把周瑜气坏了！我在这里与曹军拼死拼活，你倒坐享其成。没有这么便宜的事！周瑜马上派鲁肃到荆州去向刘备说理。

诸葛亮与刘备都明白，从战略上考虑应该联合东吴共同抗曹，决不能跟他们反目成仇。但是他们又必须占领荆州，要不然连个落脚之地都没有。所以他们决定采取拖延的办法。诸葛亮对鲁肃说："这些地方原来属于刘表，刘表虽然死了，但是刘表的儿子刘琦(Liú Qí)还在，应该归还给刘琦。刘琦现在在我们这一边，所以我们在这儿暂住。将来刘琦要是死了，可以还给你们。"

鲁肃没有办法，另外他知道刘琦有病，活不了多长时间，所以只好回去照样跟周瑜说。

不久刘琦病死了，鲁肃又来讨还荆州。诸葛亮跟鲁肃说，刘备总得有个栖身之处是不是？荆州是暂借的，刘备不久就会发兵去西川②，等攻取了西川就把荆州还给东吴。这一次，刘备还亲自写了借据。当然这只是为了应付鲁肃，无论刘备还是诸葛亮根本没有想过真的要把荆州还给东吴。

鲁肃是个老实人，没有办法，只好拿着借据去见孙权。这样的借据当然没有一点儿用处，孙权和周瑜都怪鲁肃太糊涂。其实，这倒不是鲁肃糊涂无能，不管是谁去，结果都一样，刘备决不可能把荆州给东吴。以后他们又多次派鲁肃去讨还荆州，仍然没有结果。

后来刘备终于取得了西川。诸葛亮的哥哥诸葛瑾(Zhūgě Jǐn)在东吴做官。孙权又派诸葛瑾去索要荆州。刘备与诸葛亮两人又对诸葛瑾演了一场戏，假意先交还荆州以外的其他一些地方，并且写信给镇守荆州的关羽(Guān Yǔ)。关羽看了信，领悟信中的意思，坚决不肯归还一寸土地，说"将在外，君命有所不受"(将军带兵在外打仗，可根据实际情况作出决定，不一定要听君主的命令)，不肯按刘备信上说的办事。

诸葛瑾只得再去西川见刘备。刘备说，等取得了东川、河中等地以后，调关羽去镇守那些地方，然后可以归还荆州。诸葛瑾来回奔波，依然什么结果也没有。

后来鲁肃甚至请关羽到自己的军营来赴宴会，想乘机挟持关羽，讨还荆州，结果还是没有达到目的。

由于刘备借荆州不还，因此双方的联盟始终很脆弱。后来东吴终于与曹操联合起来杀了关羽，夺回了荆州，刘备与孙权的联盟彻底破裂。

所以民间用"刘备借荆州"来比喻借东西不还。

注释：
①兵符 bīngfú：古代调兵派将的凭证。
②西川 Xīchuān：指现在四川一带。

赔了夫人又折兵　péi le fūren yòu zhé bīng

例句：1. 上海一家公司经理给一位辞职另谋高就者 800 元送别礼。职工们闻
之无不惊讶："不安分还给钱，这样做岂不是赔了夫人又折兵？"
　　　　2. 他那种人心中没有大局，目光短浅，只喜欢耍弄那点小聪明，所以难
免弄巧成拙，落得个赔了夫人又折兵。

含义："赔了夫人又折兵"比喻弄巧成拙，造成双重损失。

出处：故事出自《三国演义》第五十四回、五十五回。

　　刘备占据荆州以后，东吴几次派人去讨要荆州，总是要不回来[①]，于是他
们对刘备怀恨在心。一日听说刘备的夫人死了，周瑜(Zhōu Yú)忽然心生一
计，对鲁肃(Lǔ Sù)说："刘备死了妻子，一定会续娶。主公[②]有一个妹妹，我写
信给主公，请他派人去荆州说媒，借口要把妹妹嫁给刘备，却骗他到东吴来。
刘备如果来了，他没有得到妻子反而进了我们的牢房，那时再派人去讨荆州。"

　　鲁肃带了周瑜的信去见孙权。孙权很赞成周瑜的办法，就派人去荆州说
媒。媒人见了刘备，说明了来意，并且说："我们国太[③]吴夫人只有这样一个女
儿，不肯远嫁，请您到东吴去就婚。"

　　刘备知道这是东吴的阴谋，如果他去了，一定会被扣留。他当然不会上
当，不过在拒绝之前他还是先去找诸葛亮商量。

　　谁知诸葛亮却说："没有问题，你可以答应他们的要求。"

　　刘备疑惑地说："这明明是周瑜想害我，我怎么能轻入危险之地？"

　　诸葛亮说："周瑜的那些计谋都在我的预料之中。我只要略用小谋，周瑜
就没有办法。到时候孙权的妹妹嫁给了你，荆州又万无一失。"

　　刘备虽然心里害怕，但他非常信任诸葛亮。诸葛亮说没问题，那一定不会
出事。诸葛亮派赵云[④]带五百士兵保护刘备去东吴。临行他交给赵云三个锦
囊[⑤]，说："囊中有三条妙计。一到东吴的首府南徐(Nán Xú)，你就打开第一个
锦囊看，按上面写的办法去做。在南徐住到年终，再打开第二个锦囊，也按上
面说的去做。第三个要到危急的时候才打开，自有解救的办法。"

　　赵云收好锦囊，带着五百士兵，保护刘备到了南徐。住下来以后，他打开
第一个锦囊一看，马上叫五百名士兵个个披红挂彩[⑥]，上街采买结婚用品，把

240

孙权的妹妹嫁给刘备的事，在大街小巷说得人人皆知。同时赵云又采买厚礼，请刘备去见乔国老(Qiáo Guólǎo)。

乔国老有两个女儿，一个嫁给了孙权的哥哥孙策，一个嫁给了周瑜。他在东吴是个极有地位的老人。所以诸葛亮让刘备到了南徐先去拜访他。乔国老见过刘备以后，便去孙权的母亲吴国太那里贺喜。吴国太一听，大吃一惊，说："我的女儿要嫁给刘备，我怎么不知道这事？"

急忙派人去找孙权来问。孙权说："我并没有把妹妹嫁给刘备啊！"

吴国太愤恨地说："现在南徐城中满城的老百姓哪个不知道这事儿？我是你的母亲，你倒瞒我，那可是我的女儿！"

孙权只好说："这只是周瑜的计谋，想以此为名讨回荆州。待刘备来了就把他囚起来，他若不还荆州就把他杀了，并不是真的想把妹妹嫁给他。"

国太大怒说："你做六郡八十一州大都督⑦想不出一条计策去要还荆州，倒以我女儿的名义，使美人计。杀了刘备，我女儿便是望门寡⑧，以后再怎么给她说亲？你这不是误了我女儿的一生！"

乔国老也说，这样的计策使不得，会被天下人耻笑。

孙权被说得哑口无言。乔国老又说："事情已经这样了，不如真的跟刘备结亲。"

吴国太说："我没有见过刘备，明日约他相见。假如我看得中，就把女儿嫁给他；假如我看不中，你们杀他我不管。"

孙权没有办法，只好安排母亲与刘备相见。谁知吴国太一见刘备很满意，竟相中了。当场决定把女儿嫁给他。不久就让女儿跟刘备成了亲。假戏成了真，周瑜和孙权的阴谋失败。这时孙权就想把刘备永远留在南徐，等待机会攻打荆州。

刘备新婚贪恋女色，竟然不想着回家。赵云天天无事，只是见不到刘备。看看到了年底，心里不禁着急，拆开诸葛亮给他的第二个锦囊看了，按诸葛亮的指示去找刘备。假报军情说，曹操起兵五十万杀奔荆州，情况危急，请刘备赶紧回荆州。

刘备听到这个消息心里很紧张，只好去跟夫人商量脱身的办法。他们决定瞒过孙权，只跟吴国太说要到长江边去祭祖⑨。国太同意了，于是夫妻两人跟着赵云及五百士兵连夜悄悄地逃离了南徐城。

等孙权得知消息时，已经是第二天早晨，赶紧派兵去追赶刘备，而且派人骑快马到前面，让前边的将领派兵堵截。前有堵截，后有追兵，刘备处境危急。这时赵云拆开诸葛亮给他的第三个锦囊，把诸葛亮说的办法给刘备看了。刘备来到夫人跟前，把危险的处境跟夫人说了，请夫人斥退追兵。孙夫人是国太唯一的爱女,她出面阻挡追兵,哪里还有人敢轻举妄动?追兵只好眼看着他们奔向长江边。过了半天孙权又派人来传达命令说,如果他妹妹出来阻挡,就先把他妹妹杀了,再杀刘备,但刘备一行人已经远去。

刘备等人来到江边寻找船只,连日奔走,已经人困马乏。眼看后边的追兵又到,一时找不到渡船,正在慌乱间,江上忽然驶来二十多只船一字儿排开。刘备等人急忙上船,只见船舱中出来一个人,正是诸葛亮。诸葛亮说,他在江边已经等候多时。当岸上的追兵来到江边时,刘备的船已经远去。

刘备在船上正想松一口气,忽然看见江面上战船无数,疾驶而来。原来是周瑜带着水军追来,眼看就要赶上。诸葛亮下令将船驶向北岸,靠了岸,弃船而走。周瑜带着大队人马也追上岸来。正追赶时,从山后杀出一支人马,为首的大将是刘备的结义兄弟关羽。周瑜大吃一惊,回头便逃。这时左右两边又有刘备的军队杀出。吴兵大败,急忙逃回到船上。

岸上刘备的军队齐声大叫道:"周郎妙计安天下,赔了夫人又折兵!"周瑜气得大叫一声,昏倒在船上。

后来,人们把这种弄巧成拙,造成双重损失的事称为"赔了夫人又折兵"。

注释:
①见本书"刘备借荆州"条。
②主公:主人或君主,这里指孙权。因为孙权是君主,周瑜鲁肃等人为孙权做事,所以他们称孙权为主公。
③国太:君主的母亲。
④赵云:刘备手下的勇将。
⑤锦囊 jǐnnáng:一种用锦缎织成的小口袋。
⑥披红挂彩:在中国红色为喜庆的颜色,所以结婚办喜事时红色是主要的色调。
⑦六郡八十一州大都督:当时汉朝名义上还存在,东吴不敢称自己为一独立的国家,孙权名义上是大都督,统辖六郡八十一州。
⑧望门寡 wàng mén guǎ:女方已经与人订了亲,但是还没结婚,男方就死了,称为望门寡。
⑨祭祖:祭祀(jìsì)祖先。

既生瑜,何生亮？ jì shēng Yú,hé shēng Liàng？

例句： 1. 他从小就被称为网球天才,一拿起球拍就精神抖擞,上场少有对手,
也不知拿了多少奖杯。但他总是败在贝克尔的拍下,每一次输球都
使他愤怒,对贝克尔他真是无可奈何,不禁会发出"既生瑜,何生亮"
的感叹。

2. 跟洛加尼斯相比,他自己觉得技不如人,每次比赛的结果,他总是拿
第二名。不过他没有"既生瑜,何生亮"的感叹,而是暗暗地加劲,他
相信总有一天他会超过洛加尼斯。

含义： "瑜"是指周瑜,"亮"是指诸葛亮。既然生了周瑜,上天为什么还要生出
一个比周瑜更有本事的诸葛亮？比喻因本事不如别人而感叹造物主捉
弄人。

出处： 事见《三国演义》第五十七回。

周瑜(Zhōu Yú)是三国时东吴的大将。他姿质风流,仪容秀丽,而且才干
超人,足智多谋,在帮助孙策(Sūn Cè)、孙权(Sūn Quán)①建立并巩固东吴政
权的征战中立过很多功,所以二十多岁就成为东吴的都督②,统帅东吴的水陆
军马。老将程普(Chéng Pǔ)年纪比周瑜大,资格比周瑜老,经验也比周瑜多,
可是他只是副都督,给周瑜当助手,心中很不服气。因此,周瑜召集部下开会
时,他是不去的。他觉得那周瑜看上去像一个白面书生,不足为大将。可是后
来他发现周瑜管理军队、调动人马、行军打仗都很有一套,真是一个难得的将
才,确实比自己强,这才从心里佩服起来。吴主孙权广招天下人才,所以手下
文才武将济济一堂,而周瑜则是东吴的第一人才。周瑜自己也非常自信,年少
气盛,意气风发。

有一年,占据北方的曹操(Cáo Cāo)率领八十三万大军来到长江北岸,要
过江消灭刘备(Liú Bèi)和孙权的势力。东吴只有五六万人的军队,双方力量
相差悬殊。有人主张投降曹操,但是周瑜却力主抵抗。这时刘备的军师③诸
葛亮(Zhūgé Liàng)为了谋求联合抗曹来到东吴。

周瑜问诸葛亮："打败曹操有什么好的办法？"

诸葛亮说："现在孙将军④的心还不稳,还谈不上决策！"

周瑜问:"什么叫心还不稳?"

诸葛亮说:"他是害怕曹操的兵多,自己的兵少,担心寡不敌众。只有消除了他的顾虑,坚定了必胜的信心,我们才能成功。"

周瑜觉得诸葛亮说得对,就去见孙权,问:"将来我调动军队,主公⑤心里有没有顾虑?"

孙权说:"别的顾虑没有,只是担心曹兵太多,我们寡不敌众。"

周瑜笑着说:"我特地来消除您的这个顾虑。曹操给您的信中说他有百万大军,其实没有那么多。实际上他自己的军队不过十五六万,而且都已经很疲劳了。前不久消灭袁氏⑥之后,得到投降的兵有七八万,这些人还不大服曹操,多存疑心。因此,他的军队数量虽多,但战斗力不强,不值得害怕。您给我五万兵,我就能打败他们。"

孙权听了周瑜这样分析之后,消除了顾虑,坚定了抗曹的决心。周瑜从孙权那里出来以后,心里想:诸葛亮早就猜着主公的心思,他的智慧比我高一头。这样的人在刘备那一边,对我们不利,迟早会成为我们的强敌。不如乘他在我们这里时,找一个借口把他杀了。所以周瑜从一开始就看出诸葛亮比他更有才能,就想杀死他。但当时他们的共同敌人是曹操,东吴必须与刘备联合起来才对。周瑜虽然有杀诸葛亮之心,但是必须找到适当的借口才行。

接下来,周瑜在跟诸葛亮合作过程中越来越觉得诸葛亮的智慧远远超过自己,就更下决心要杀诸葛亮。诸葛亮知道周瑜心胸狭窄,总想找借口杀害自己,因此早有防备,结果周瑜两次下手都没有得逞。诸葛亮平平安安地回去了(参见上编"诸葛亮"条及本编"万事俱备,只欠东风"条)。

后来,周瑜火烧赤壁⑦把曹军打得大败,然后带领东吴军队乘胜追击,想攻取南郡、荆州、襄阳等地,扩大东吴的势力。但曹军的守将很顽强,双方打得你死我活,损失惨重。周瑜自己也被乱箭射中,受了伤。后来运用计谋好容易打败了曹军,他赶快带着部队去南郡,没想到南郡已经被刘备的军队占领。原来鹬蚌相争,渔人得利⑧,诸葛亮乘周瑜与曹军拼命的时候,悄悄地派军队袭击了南郡,并且毫不费力地占领了荆州与襄阳。这可真把周瑜气坏了,自己苦战那么多日子,胜利果实却被诸葛亮摘去了,他气得大叫一声,身上的箭伤迸裂,昏死过去了。

诸葛亮深知,北方有强大的曹操,自己不应该与东吴对立,两方面应该联合起来抗曹。但是刘备又必须占领荆州,否则就没有立足之地。所以诸葛亮又让了一步,向东吴表示,荆州算是暂时向东吴借的,以后刘备准备进攻西川⑨,待到取得了西川之后,一定把荆州还给东吴。

可是东吴君臣气量太小,总是逼着刘备归还荆州,每一次都被刘备和诸葛亮搪塞过去。

有一天,他们忽然听说刘备死了夫人。周瑜灵机一动,想出一条计策,叫孙权假装想把妹妹嫁给刘备,把刘备骗到东吴的首府南徐来,然后囚禁起来,讨还荆州。

可是他的这一条计策又被诸葛亮识破。在诸葛亮的巧妙安排下,不仅假戏成真,刘备真的与孙权的妹妹成了亲,而且带着夫人逃离南徐,由诸葛亮接应着乘船回荆州了。周瑜气愤地带着船队去追赶刘备。眼看快要追上了,忽然诸葛亮事先埋伏下的军队从三面杀出,把吴军杀得大败。周瑜带着人马狼狈逃回到船上。诸葛亮为了讽刺周瑜,故意叫士兵们在岸上大声叫喊说:"周郎妙计安天下,陪了夫人又折兵!"把周瑜气得又大叫一声,箭伤迸裂,昏倒在船上。⑩

刘备和诸葛亮都说,等他们取得西川以后就归还荆州,可是他们却按兵不动,一点也不像要去取西川的样子。于是孙权又派鲁肃去索要荆州。这一次鲁肃到了荆州跟刘备一说明来意,刘备竟大哭起来,哭得好不伤心!鲁肃很吃惊,不知道刘备为什么这样。这时诸葛亮出来向鲁肃解释说,那西川的刘璋(Liú Zhāng)是刘备的本家兄弟⑪,他又没有大的过错,怎么好无缘无故派军队去消灭他。而不去取西川,还了荆州,自己又去哪儿安身呢?要是不还荆州,又对不起孙权,所以刘备想来想去觉得太为难,不禁伤心得大哭起来。诸葛亮请鲁肃回去向孙权说一说刘备的难处,允许刘备在荆州再住一些日子。

鲁肃是个好心的人,看到刘备这么哀痛,只好答应下来。周瑜军队的驻地离荆州不远,鲁肃离开荆州以后,就先去看周瑜。周瑜听了鲁肃的话,顿足说道:"你又中了诸葛亮的计。我倒有一个办法,可叫诸葛亮中我的计。"

他叫鲁肃再到荆州去跟刘备说,如果刘备因为西川的刘璋是本家兄弟,不好意思去取西川,那么东吴可以派兵去西川,为刘备代取西川。取了西川,叫刘备到西川去,把荆州等地还给东吴。

鲁肃说:"西川那么远路,恐怕不容易取。"

周瑜笑着说:"你真是忠厚老实的人,你以为我真的会替他去取西川吗?我只是以取西川为名,实际却去取荆州。取西川要路过荆州,我们的军队到那里,刘备总得出城来劳军吧,那时我乘他们不备,夺取荆州,报仇雪恨。"

鲁肃听了周瑜的话,就又到荆州去,一说明来意,诸葛亮就知道周瑜想做什么。但表面上仍然装出很喜欢的样子,谢谢东吴的帮助,并且说到时候一定出城劳军。

鲁肃又去见周瑜,周瑜高兴地说:"这一次诸葛亮中了我的计了!"

他一面叫鲁肃去向孙权报告此事,一面调动军队向荆州进发。可是当他带着大军兴冲冲来到荆州城下一看,刘备和诸葛亮不但没有到城外来劳军,反而严阵以待,劝周瑜不要去西川。接着又有士兵来报告说,刘备的军队从四面八方杀来,并且扬言要捉拿周瑜。周瑜一看,自己又弄巧成拙。不管自己用什么计谋都会被诸葛亮识破。诸葛亮总是比他棋高一着。这一次又使得周瑜怒火填胸,箭伤又一次迸裂,他大叫一声,从马上跌了下来,不省人事。

他的部下赶紧把他救回到船上。这时他已经奄奄一息,他对诸葛亮恨得咬牙切齿,但是又无可奈何。他从昏迷中醒来以后,叹气说:"既生瑜,何生亮?"连叫数声而死。那时他只有三十六岁。

这就是《三国演义》中诸葛亮三气周瑜的故事,最后周瑜被诸葛亮气死了。周瑜临死的时候怨恨上天,既然生了我周瑜这样的人材,为什么还要生出诸葛亮这样一个智慧比自己更高的人,处处与自己作对,使自己相形见绌,事业不能成功!

当然,这是小说,并非历史。后来"瑜""亮"就代表不同等级的人材,"瑜"不如"亮"。除了可说"既生瑜,何生亮"表示愤慨怨恨外,还可说"既生瑜,又生亮"表示既有周瑜这样的人材,又有诸葛亮这样的人材。"瑜亮并生"表示周瑜、诸葛亮这样不同水平的人材同时存在,如此等等。

注释:

①孙策:东吴政权的创建者,二十六岁时死去,由他的弟弟孙权继承事业。

②都督 dūdu:当时东吴的军事长官。

③军师:旧时小说戏曲中所说在军队中帮助主帅出主意的人。

④孙将军:这里指孙权。

⑤主公:这是周瑜对孙权的称呼,因为孙权是君主,周瑜是臣,所以周瑜称孙权为主人。

⑥袁氏 Yuán Shì:这里指袁绍(Yuán Shào),曾经在河北有强大的军事力量,被曹操消灭。

⑦赤壁 Chìbì:地名,曹操的军队集结在赤壁。

⑧鹬蚌相争,渔人得利:这是一个寓言。鹬 yù,是一种鸟。蚌 bàng,是海滩上的贝类动物。有一天一只蚌在海滩上张开贝壳晒太阳,这时走过来一只鹬鸟,把嘴伸到贝壳里去啄蚌肉。蚌赶紧把壳合起来,一下子把鹬鸟的嘴夹住了。鹬鸟说:"今天不下雨,明天也不下雨,你很快就成了一只死蚌。"蚌却说:"你的嘴今天拔不出来,明天也拔不出来,那么你很快就成了一只死鹬。"他们俩正在相争,走过来一个渔人,把鹬鸟和蚌都捉住了。这个寓言比喻双方相争,互不相让,使第三者从中得利。

⑨西川 Xīchuān:地名,即现在的四川一带。

⑩见本书"刘备借荆州"及"赔了夫人又折兵"两篇。

⑪本家兄弟:同宗族的人。因为刘备和刘璋都是刘邦(Liú Bāng,汉朝第一个皇帝)的后代。

单刀赴会 dān dāo fù huì

例句：1. 你这次虽然是去谈判，但独自深入虎穴、单刀赴会，恐怕会有危险。

2. 由于他武艺高强，两次单刀赴会，敌人都不敢轻举妄动。

含义："单刀赴会"比喻一个人敢于接受敌方的邀请，独自深入虎穴。

出处：故事出自《三国演义》第六十六回。

东吴屡次向刘备索要荆州(Jīngzhōu)，刘备总找各种借口，不肯归还。以后刘备西征，取得了巴蜀四十一州，仍然占着荆州不还，这使东吴的君臣非常恼火。

鲁肃(Lǔ Sù)向孙权献计说："现在关羽镇守荆州，我们可以设宴请关羽到我们的陆口来赴宴。他若肯来，我们就劝他归还荆州，如果他不答应，我们立刻就把他杀了。假如他不敢来，我们随即进兵，夺取荆州。"孙权同意鲁肃的办法，于是鲁肃给关羽送去了请帖。

陆口离荆州不远。关羽接到请帖，第二天就要按约去陆口赴宴。手下的人劝他说："鲁肃一定不怀好意，您还是不要去。"

关羽说："我当然知道，他们请我去赴宴是为索讨荆州。但假如我不去，他们就会以为我胆怯害怕。我怕什么？我只要驾一只小船，带十多个士兵，单刀赴会，看鲁肃能把我怎么样!"临行，关羽叫手下将领准备快船十只，水军五百，在江上等候以便接应。

再说鲁肃在陆口见江上驶过来一只小船，关羽坐在船上，身边只有十来个人。就赶紧叫人在庭后埋伏刀斧手五十个人，准备在酒喝到一半时杀关羽。

关羽上了岸，跟鲁肃入席，在席间谈笑自若，一点没有紧张害怕的样子。喝了一会儿酒，鲁肃开口索讨荆州，他说："当初您的兄长①说暂借荆州，待取得了西川②就把荆州还给东吴。现在西川已得，而荆州未还。你们不应该失信。"

关羽早想好了应付的话，说："还不还荆州这由我兄长作主，不由我作主。再说当初打败曹操我们也立了大功，我们也应该得到土地。"

两个人在席间针锋相对，毫不相让。说着说着，眼看情况危急，关羽假装酒醉，左手挽住鲁肃的手，右手提着刀，说喝醉了，要回去。鲁肃被关羽挟持，吓得魂不附体。手下的将士尽管人多势众，但都不敢出来动武，恐怕伤着鲁肃，眼睁睁地看着关羽拉着鲁肃走到江边。关羽到了船边才放开鲁肃，跳上船与鲁肃告别。鲁肃只好眼看着关羽的船乘风而去。

《三国演义》的这个故事讲的是关羽胆略非凡，机智过人，敢于单刀赴会。后来人们把同类事件也称作单刀赴会。

注释：
①兄长：这里指刘备。因为刘备与关羽是结义兄弟，刘备年长，所以关羽称刘备为兄长。
②西川：四川一带，即上文提到的巴蜀四十一州。

大意失荆州　dàyì shī Jīngzhōu

例句： 1. 夺冠呼声最高的北京队,这一次大意失荆州,第一仗就输给了弱队河南队。

　　　2. 环宇公司自以为实力很强,在开发新产品上动作迟缓,结果大意失荆州,两年后形势急转直下,从此一蹶不振。

含义："大意失荆州"比喻由于轻敌,一时疏忽,造成失败。

出处： 故事见《三国演义》第七十五回。

　　刘备与诸葛亮准备率领大军向西去取西川。但是荆州是个很重要的地方,决不能有任何闪失。荆州两面受敌,北有曹操,东有孙权。尤其是东吴孙权君臣,几次三番来索要荆州,都没有达到目的,他们一定会千方百计地来夺取这个地方。大军西去,派谁来留守荆州呢? 他们决定把重任托付给关羽。

　　关羽是刘备的结义兄弟,他不但忠于刘备,而且武艺高强,是当时最有名的将领,经历过无数次战斗,屡建奇功。但是关羽自持勇武,骄傲轻敌。诸葛亮觉得不太放心。所以他在离开荆州以前问关羽:"如果曹操领兵来进攻,你怎么办?"

　　关羽说:"我全力抵抗。"

　　诸葛亮又问:"要是曹操、孙权一齐来进攻,你怎么办?"

　　关羽说:"我分兵抵抗。"

　　诸葛亮说:"要是那样,荆州就完了。我有八个字请将军记住,可以保证你守住荆州。"

　　关羽问:"哪八个字?"

　　诸葛亮说:"北拒曹操,东和孙权。"那意思是说对北面曹操的进攻,应该尽力抵抗。但是要争取与东面的孙权结盟,减少敌人才能守住荆州。

　　关羽口中虽然说一定会牢牢记住诸葛亮的话,但实际上他并不理解"东和孙权"的意义,缺乏政治远见。

　　刘备在蜀称汉中王以后,东吴曾经想联合刘备,抗拒曹操。孙权有一个儿子还没有结婚,听说关羽有一个女儿,年龄相当,就派人到荆州求婚。本来这种政治联姻有利于两国结盟,但是关羽意气用事,大怒说:"我的虎女怎么能嫁给孙权的狗儿子①。"并且扬言要杀来使。这种傲慢无礼的态度使东吴君臣十分气愤,实际上把东吴推到了曹操的一边。于是曹操与孙权联合要取荆州。

关羽奉刘备的命令去攻打曹军占领的樊城(Fánchéng),不久就先攻下了襄阳(Xiāngyáng)。部下有人提醒关羽,应该防备东吴从后面偷袭荆州。关羽就命人去沿江每二三十里建一个烽火台,每个台用50个士兵守卫。如果东吴的军队渡江来攻荆州,就用烽火台报警,晚上点火,白天举烟为信号。见到报警的信号,他就亲自回荆州救援。

不久,关羽在樊城之北水淹曹军,大获全胜,威震天下。但樊城曹军坚守不出,一时攻不下来。关羽自己也身受箭伤需要休养。

再说东吴君臣知道关羽亲自带兵离开荆州去攻樊城,就想乘机偷袭荆州。但是他们知道关羽厉害,必须小心谨慎。于是商量好一个计策,先假传消息说主将吕蒙(Lǚ Méng)病危,已经任命无名小辈陆逊(Lù Xùn)为主将,以此来麻痹关羽。然后由陆逊派人带着书信和礼物去见关羽。陆逊在信中竭力吹捧关羽,语言极其卑谨。

关羽果然因此更加轻敌,高兴地认为,他不用再担心东吴方面来偷袭荆州了,完全放松了警惕,把守卫荆州的士兵大半调去攻樊城。此时东吴却暗暗地派吕蒙率领大军沿江而来。他们怕大军被烽火台上的荆州兵发觉报警,就先派一些人扮作商人模样,把船停在江边的烽火台旁边。待到夜深,藏在船中的吴兵一涌而出,将紧要之处的烽火台守兵全都抓了起来。然后用烽火台的降兵叫开荆州的城门,吴兵一下子全都冲进了城,轻而易举地占领了荆州。

关羽就这样丢失了自己的根据地荆州,导致最后的失败。荆州失守是关羽缺乏政治远见,骄傲轻敌,疏忽大意的结果。所以后人用"大意失荆州"来表示由于轻敌,一时疏忽所造成的失败。

注释:
①狗在中国文化中的形象很差,人们常用"狗"来骂人,如"狗东西"、"走狗"等。这里用狗来比喻没有出息的人。相反虎在中国文化中形象很好,是勇猛、不平凡的象征。所以这里关羽把自己的女儿称为"虎女",却把孙权的儿子称为"犬子"(狗儿子)。

走麦城　zǒu Màichéng

例句： 1. 在激烈的市场竞争中,成功的企业也可能转瞬之间就败走麦城。

　　　　2. 没有搞到资金,他愤然离去。这只是制片人"走麦城"的一个小例子。
　　　　他们在筹措资金过程中的困惑远比这要大得多。

含义： "走麦城"比喻经过一系列成功之后遭到失败。也可泛指失败。

出处： 故事见《三国演义》第七十六回。

　　关羽围攻樊城,虽然几次打了大胜仗,并且杀死俘虏了曹军的著名将领,但是樊城却久久攻不下来。曹操又派出很强的增援部队。这样,关羽连吃了几次败仗。正在慌乱之间,忽然听说荆州已经被东吴的军队占领①。关羽大吃一惊,赶紧整顿人马,企图夺回荆州。但是前有东吴军队,后有曹操的追兵,形势危急。果然在回荆州的路上就遭到了东吴军队的伏击。打了一夜仗,关羽部下只剩下了三百多人,急忙退到附近的一个小城,名叫麦城。关羽派人突围去求援,但是等了多日根本没有救兵来。麦城太小,城中无粮,士兵又多半带伤,因此不可久留。

　　东吴军队包围麦城以后,知道关羽一定要突围,并且预料他不走大路,一定会从城北突围走险峻的山间小路。于是一边在小路上预设多处埋伏,一边叫围城士兵攻打东、南、西门,放松北门。

　　关羽不听部下的劝告,果然从北门突围,进入偏僻小路。不久就遇到了埋伏,厮杀了一夜,只剩下十多个人了。天快亮的时候又遇到埋伏。吴兵用长钩把关羽的马钩倒。关羽翻身落马,被吴兵擒住,在公元219年被杀,时年五十八岁。

　　关羽一生英勇无敌,纵横战场三十年屡建奇功,威名震天下,敌兵常常听到他的名字就逃跑。但终因骄傲轻敌,失荆州,败樊城,最后走麦城而身亡。所以后来常用"走麦城"来形容英雄的末路,泛指失败。

注释：
①见本书"大意失荆州"条。

士别三日，当刮目相待
shì bié sān rì，dāng guā mù xiāng dài

例句：1. 别人是不是看得起你，这并不重要。重要的是你自己能不能好学上
进。士别三日，当刮目相待，谁也不能总是拿老眼光看人，是不是？

2. 经过刻苦学习，刘明确实已经今非昔比。士别三日，当刮目相待，他
已经不再是当年的吴下阿蒙了。

含义："士别三日，当刮目相待"是指对于一个好学上进的人来说，过一段时间
之后，就会有很大的进步，别人就应当以新的眼光去看待他。

出处：事出《三国志·吴书·吕蒙传》，裴松之引注《江表传》。

三国的时候，吴国有一个武将，名叫吕蒙（Lǚ Méng）。小时候他家里很
穷，所以也就没有读过什么书。他的姐夫在东吴当将军，十五六岁时吕蒙就随
姐夫在军队里。因为他年纪太小，还是个孩子，所以他姐夫不许他上前线去打
仗。可是他不听，竟勇敢地冲在最前面。这使他姐夫大吃一惊。从此他的勇
武出了名。

几年以后，他的姐夫死了。东吴的君主孙权就叫他担任他姐夫的职务。
所以吕蒙很年轻的时候就成了东吴的一个将军。以后带兵打仗，东征西战，吕
蒙立了不少战功。孙权很喜欢他，他的职务也越来越高了。

那时候吴国有很多人材，例如有才能有胆略的周瑜（Zhōu Yú），博学多思
善于治军的鲁肃（Lǔ Sù）等。这些人年龄比吕蒙大，学问比吕蒙高，当时他们
是东吴的栋梁。在他们这些人的眼里，吕蒙好武少文，只不过是一个打仗时能
冲能杀的毛头小伙子，是不懂得战略战术的。不过他们很喜欢吕蒙，亲热地叫
他"阿蒙"①。别人也在背后称他为"吴下阿蒙"。逐渐地"吴下阿蒙"就成为好
武少文的毛头小伙子的代名词了。

确实，吕蒙自己并没有认识到打仗还需要什么学问。但是，吴主孙权看出
来了，吕蒙只要肯学习，就会成为大材。于是他特地找吕蒙和另一个年轻将领
谈话。他说："你们现在都掌管着军队，应该读书求学问来开阔自己的头脑。"

吕蒙心里想："咬文嚼字地读书是那些儒学老先生们的事，我们带兵打仗
读书干什么？"不过，因为孙权是君主，他不敢直接这么说。所以他说："军中有
那么多事务，我常常应付不过来，恐怕没有时间读书。"

孙权当然猜到了吕蒙的心思，所以接下来就说："我叫你们读书并不是想让你们成为儒学博士，只是想让你们懂得历史，以便借鉴历史上的经验与教训。你说你军中事情多，你的事情有我多吗？我小时候读了《诗》②、《书》③、《左传》④、《国语》⑤，到掌管政事以来，常常读历史书和各家兵书，觉得懂得了很多事情，读书大有好处。像你们两个人，既年轻，悟性又高，只要肯学习，一定会有收获，为什么不学？现在应急先读《孙子兵法》⑥、《六韬》⑦、《左传》、《国语》以及一些历史著作。孔子说：'终日不食，终夜不寝以思，无益，不如学也。'（一个人凭自己的那点知识，即使整天不吃饭，整晚不睡觉都用来思考问题，也不会有什么用处，不如先花时间读书学习。）"

"东汉光武帝⑧带兵打仗，手里总是拿着书，一有时间就读。曹操⑨也说，自己老而好学。你们那么年轻，为什么不求上进！"

被孙权说了一顿以后，吕蒙真的开始读书。他天资并不笨，一旦立志读书，就孜孜不倦，而且越读越有兴趣，越读越觉得这些知识确实很有用，因此也就更加努力。几年以后，他所读过的书，连儒学老先生也比不上了，而且能结合自己的经验，有很好的见解。这时候的吕蒙就不再是那个好武少文只知道冲杀的"吴下阿蒙"了，已经成为一位有勇有谋的大将。

后来，周瑜死了。鲁肃代替周瑜掌管东吴西部的军队。有一次鲁肃经过吕蒙的军营，鲁肃仍然很轻视吕蒙。但是有人对他说："你可不能用老眼光来看他，最好是进去跟他谈一谈。"

于是鲁肃就顺道去访问吕蒙。吕蒙当然要请鲁肃喝酒。两个人喝酒正喝得高兴，吕蒙问鲁肃："您的部队跟关羽相邻，肩负这样的重任，想好了什么办法，防止出现意外？"关羽是刘备手下的大将，当时威震三国，是一个很厉害的人物，他的军队在荆州，跟鲁肃的部队相邻，是不能不小心对待的。

鲁肃回答说："现在还没有想好办法，到时候再说吧！"

吕蒙说："虽然现在我们跟刘备联合，可以称为一家，但关羽却是熊虎一样的人物，怎么能事先不想好对付他的办法？"

接着他当场为鲁肃想出了五个对付关羽的办法。

鲁肃听了瞪大眼睛，又惊又喜地拍着吕蒙的背说："哎呀，我当你老弟只懂得勇武。今天这一席话，可看出你的学识广博，不再是以前的那个吴下阿蒙了。"

吕蒙说："士别三日，即更刮目相待。"（对一个好学上进的人来说，你离开他三天，就应该用新眼光来看待他。）

鲁肃是一个忠厚长者，他为年轻人的进步而高兴，也为吴国有这样的人材而兴奋。后来他见了吴主孙权，特意推荐吕蒙说："这个吕蒙可了不起，不再是我过去印象中的那个吴下阿蒙了。"

孙权也说:"是啊,像吕蒙这样能够好学上进的人很难得。"

鲁肃死的时候,就推荐吕蒙来掌管吴国西部的军队。吕蒙成了吴国新一代的顶梁柱。

后来驻军荆州的关羽向北去攻打樊城(Fánchéng),樊城是曹操占领的地方。关羽虽然取得了一些胜利,但是樊城曹军坚守不出,关羽久攻不下。吕蒙就向孙权献计,乘这个机会一举夺回了荆州。关羽因为骄傲轻敌,最后败走麦城,被杀。这位三国时代大名鼎鼎的人物,竟败在吕蒙的手下。可见吕蒙真的是今非昔比了。

吕蒙当时说的是"士别三日,即更刮目相待"。后来人们把这句话改成"士别三日,当刮目相看"来比喻不能拿老眼光看人。同时"非复吴下阿蒙"也成为典型事件,用来比喻不再是头脑简单的毛头小伙子了。

注释:

①阿蒙:在中国南方,称呼一个人时在名前加上"阿",是一种亲热的表示。通常长辈对小辈,年长的对年轻的,表示亲热时都这样称呼。如一个人名叫张文,他的父母,哥哥姐姐等都会叫他"阿文"。

②诗:即《诗经》,中国最早的诗歌总集,相传系孔子删定。

③书:即《尚书》,儒家经典之一。相传由孔子编定。

④左传:也称《左氏春秋》。解释孔子编定的鲁国史《春秋》三传之一。传说是春秋末左丘明所撰,所以称为《左传》。

⑤国语:史书名,相传为春秋末左丘明所撰。

⑥孙子兵法:古代军事著作,春秋末孙武著,共十三篇,参见本书"三令五申"条。

⑦六韬 liùtāo:古代兵书名,据说为姜太公所撰,但后人多认为是伪托,实际成书年代大约是战国时期(公元前2—3世纪)。

⑧光武帝:东汉时第一个皇帝刘秀,参见本书"得陇望蜀"条。

⑨曹操博学好文,也是中国历史上著名的文学家。

挥泪斩马谡　huī lèi zhǎn Mǎ Sù

例句：1. 要把计划生育作为一项重要的工作,如果明年还搞不好,要撤掉几个领导干部,"挥泪斩马谡。"

2. 德国足协在国家队进入复赛的关键时刻,"挥泪斩马谡",将非礼观众的主将艾芬贝格驱逐回国。

含义："挥泪斩马谡"比喻亲近的部下犯了重大的过失,因此不得不严加惩处。

出处：事出《三国演义》第九十五、九十六回。

公元 228 年,诸葛亮(Zhūgé Liàng)率领大军三十多万,出祁山(Qíshān)向魏国(Wèiguó)发起进攻,想先占领关中,再进入中原统一中国。出师以后节节胜利,不久就可以进军长安。

魏主曹睿(Cáo Ruì)得到消息大惊,一边派司马懿(Sīmǎ Yí)领兵去抵抗诸葛亮的大军,一边亲自到长安督战。司马懿足智多谋,正是诸葛亮的劲敌。

双方交战的地区多山。司马懿熟知当地的地理,猜想诸葛亮一定会从秦岭(Qínlǐng)以西的小路街亭(Jiētíng)而来。街亭这个地方虽小,却是这场战争成败的关键所在。假如司马懿占领了街亭,那么蜀(Shǔ)[①]军的粮道就被截断,如果不退兵,司马懿就会下令堵塞所有的山路,一个月无粮,蜀军就会全都饿死。所以司马懿率领大军直奔街亭。

诸葛亮知道司马懿必去取街亭,就问手下的将军们,谁愿意去守街亭? 有一个人站出来说,他愿意去。诸葛亮一看是马谡。他对马谡的印象很好,但是他仍然慎重地说:"街亭地方虽小,但是关系重大。要是街亭失守,我们全军就完了。你虽然懂得谋略,但这个地方既没有城墙,也没有险要的地形,守起来极困难。"

马谡说:"我从小熟读兵书,懂得兵法,难道连一个小小的街亭也会守不住吗?"

诸葛亮又说:"那司马懿不是等闲之辈,而且他的先锋将领张郃(Zhāng Hé)是魏国的名将,这两个都是很厉害的人物。你有这个本事敌住他们吗?"

马谡表示一定不会出差错,并且立下了军令状[②]。

诸葛亮说:"我给你两万五千名精兵,再派一员上将帮助你。"说着叫过王平,对他说:"我知道你平常做事情很谨慎,所以派你去帮助马谡。今天我交给

255

你们这个重任,你们要小心防守。营寨一定要立在道路当口,使魏兵不能偷偷通过。安好营寨之后,你们画四到八道地理形状图来给我。任何事情都要商量妥当以后再做,不可轻率。如果能平安地守住街亭,取得长安以后,你们的功劳将是最大的。"马谡与王平领兵去了。

诸葛亮一想,街亭这个地方实在太重要,怕他们俩万一出什么差错,就又命令一员将军领兵一万,去街亭东北的一个小城安营,一旦街亭危急,就去援救。

他们都走了以后,诸葛亮还是不放心,怕他们都不是张郃的对手,就又叫名将魏延带领人马到街亭的后边去安营。派出了这么多人去守街亭,诸葛亮才觉得放心。

再说,马谡和王平带兵来到街亭,看了地势。马谡笑着说:"丞相③为什么这么多心,这么一个偏僻的小地方,魏兵怎么敢来呢?"

王平说:"虽然魏兵不敢来,我们仍然应该在这当路口筑起营寨,命令士兵伐木作栅栏,作长久之计。"

马谡说:"当路口不是下寨安营的地方。这旁边有一座小山,四面都不相连,山上又有很多树木,这是个好地方,就把营寨安在山上。"

王平说:"你的话不对,假如把营寨安在当路口,筑起栅墙,魏兵即使有十万人,也无法过去。要是放弃这当路口,把营寨安在山上,敌兵来了将山四面围住,你有什么办法?"

马谡大笑说:"你这真是女人的见识。兵书上说:'居高临下,势如破竹。'魏兵来了我要叫他们大败而回。"

王平又说:"这山是一个绝地,假如魏兵截断了我们的水道,士兵就会不战自乱。"

马谡说:"你别乱说,孙子兵法说:'置之死地而后生。'假如魏兵截断了我们的水道,我们的士兵就可以以一当百。我熟读兵书,有好多事丞相尚且来问我,你怎么敢来阻拦我?"

王平说:"你一定要在山上安营寨,那么你分一些兵给我,我在山下西边安一个小营寨,魏兵如果来了,我们两边可以照应。"

马谡不同意。这时忽然看见山里的居民成群结队地逃跑,说是魏军已经到了。马谡只得对王平说:"你既然不听我的命令,那么我给你五千兵,你自己去下寨。以后破了魏兵,功劳没有你的份儿!"

王平领兵离山十里安下了营寨。画成了地形图,连夜派人去送给诸葛亮。

诸葛亮一看地形图及他们俩下的营寨,大吃一惊,拍着桌子,连声说:"完了,完了。马谡害了我们全军!"但是要想挽救已经来不及了。

司马懿领兵快到街亭时,派儿子司马昭(Sīmǎ Zhāo)带人去侦察街亭有没有蜀军。司马昭回来说:"街亭有蜀兵把守。"

司马懿感叹地说:"诸葛亮真是神人,我不如他。"

司马昭却说:"父亲怎么长别人的志气,我看街亭很容易攻下来。"

司马懿说:"你怎么敢说这样的大话?"

司马昭说:"他们的守兵都在山上,当路口并没有营寨。"

司马懿说:"要是那样,这是天使我成功。"说着就亲自去看。又问:"蜀军是谁负责守街亭?"

下面的人回答说:"是马谡。"

司马懿笑着说:"这个人只有虚名,是一个庸才。可惜诸葛亮用这样的人守街亭,怎么会不误事!"

第二天早晨,司马懿派张郃去敌住王平,自己带领大队人马包围了小山。蜀兵看见魏军漫山遍野,那么多人围了一层又一层,队伍整齐,刀光闪闪,都吓得胆战心惊。马谡还自鸣得意,对士兵们说:"我舞动红旗时,你们就从四面冲下山去。"说着他就开始舞动红旗。可是不管士兵还是将领都你推我让,没有一个人敢下山。马谡大怒,连杀了两个人。士兵们害怕,只好冲下山去。到了山下见魏兵手握武器端然不动,心中恐惧,又都退回到山上。马谡一看事情要坏,他的士兵不仅没有以一当百,大概连以百当一的勇气也没有。只好关闭寨门,等待救援。

再说王平见魏军来了,就带兵杀出来,正遇见张郃,两人大战好几十个回合。王平因为人少势孤,打不过张郃,只好退去。

山上的蜀兵被围整整一天,断了水,营中大乱,到晚上山南边的蜀兵开了寨门投降下山去了。马谡想制止,哪里制止得住?自知街亭守不住了,就只好突围出去。

诸葛亮派到街亭西北小城的一万人以及驻军街亭后边的魏延也都被魏军杀败。街亭失守。街亭一失守,蜀军必须马上退回去,出师以来的节节胜利全都付诸流水。诸葛亮不得不在西城唱空城计[④],蜀军的粮草车辆丢失不计其数。

诸葛亮的败军回到汉中,马谡知道自己的罪责太大,就用绳子把自己绑起来去见诸葛亮。

诸葛亮说:"你不听我的告诫,失了街亭,害得我们败得这么惨,我要是不按军法办事,怎么能够使众人服气?"

马谡自知死罪难逃,但他恳求诸葛亮照顾自己的家眷。

诸葛亮挥泪说:"我跟你义同兄弟,你的儿子就同我的儿子一样。我每月都会派人送钱和粮食给你们家,你可以放心。"说着下令把马谡推出去斩首。

斩了马谡,诸葛亮大哭不已。手下的将领们问,既然已经杀了马谡,为什么还要哭呢?

诸葛亮说:"我不是为马谡哭。我想起当初先帝⑤在病危时曾经问我'马谡这个人怎么样?'我说:'这个人也是当世的英才'。先帝说:'不然,我看马谡言过其实,不可大用。'现在果然是这样,我深恨自己知人不明,因此痛哭。"

诸葛亮觉得这次失败自己也有责任,所以就请求蜀主⑥给予降职处分。

这个典型事件在中国很著名,所以马谡就成为犯重大错误的典型人物。同时"失街亭"也成为典型事件,用来比喻犯了重大过失。例如"在现行体制下,由于企业经营过程中掺杂了太多的政府行为,造成责任不清,难以追究经营者的责任,致使'街亭'频失,'马谡'难斩。"

又如:"有些'马谡'的主管上级,平日与'马谡'称兄道弟,得'马谡'的好处说不清。一旦'马谡'失了'街亭',自然要千方百计为'马谡'开脱,因为保护了'马谡'也就是保护了自己。"

注释:

①蜀:四川简称蜀,这里指诸葛亮所在的蜀汉国。他们的军队就称为蜀军。

②军令状 jūnlìngzhuàng:旧小说及戏曲中所说的接受军令以后写的保证书,表示如不能完成任务,愿意依军法接受惩处。

③丞相 Chéngxiàng:这里指诸葛亮,诸葛亮当时是蜀汉的丞相。

④空城计:见本书"空城计"篇。

⑤先帝:这里指刘备。因为刘备曾经是蜀汉的皇帝,但当时刘备已经死了,所以在称呼其"帝"之前加一个"先"字。

⑥蜀主:刘备死后,刘备的儿子刘阿斗为蜀主。

空城计　kōng chéng jì

例句： 1. 公司连年亏损，从外表看还是庞然大物，实际上已经是唱空城计了。

　　　　2. 他们这儿今天唱空城计了，整个楼都没有人。

含义： "空城计"比喻内部已经空虚。

出处： 事出《三国演义》第九十五回。

　　诸葛亮(Zhūgé Liàng)由于用人不当，以马谡(Mǎ Sù)为主将去守战略要地街亭(Jiētíng)，结果街亭丢失①，运送粮食军需的道路将被魏(Wèi)军截断。司马懿(Sīmǎ Yì)率领魏军紧逼而来。诸葛亮只好急忙安排全军撤退，把身边的兵力一一派出去。有的埋伏在山间小路作为疑兵②，有的去修复回去的道路，有的埋伏在山谷中等全军退尽后作为后卫部队。他自己带领五千士兵撤退到蜀军屯粮之地西城，把粮草搬运回去。

　　忽然有士兵飞马来报告说："司马懿率领大军十五万向西城蜂拥而来！"

　　消息一次又一次传来，一次比一次紧急。当时诸葛亮已经把兵力分派出去，自己的身边没有一个大将，只有一些文官。带来的五千名士兵已经分出一半去运粮草，只剩下两千五百个士兵，西城简直是个空城，而魏兵有十五万！那些文官们听了这个消息，吓得脸都变了色。诸葛亮登上城楼，远远地望过去，路上果然尘土冲天，魏军分两路杀过来。

　　诸葛亮下令，将所有的旗帜都收起来，军队全隐藏在城内不许大声说话，大开西城的四个城门，每一个城门前由二十个士兵扮作老百姓的模样打扫街道，魏军到时不可惊慌擅自行动，要装得若无其事，气闲神定，让魏军清清楚楚地看到西城是一个空城。诸葛亮自己身披鹤氅③，头戴纶巾④，带着两个小童，拿着一张琴上了城楼，在靠着栏杆的地方坐下来，点上香⑤，镇定自若地弹起琴来。四周静悄悄地，只听到琴声悠扬，动人心弦。这里决不像金戈铁马的战场，也决没有一点点面临强敌时通常表现出来的骚动与不安。

　　司马懿大军的前哨来到城下，见了这种情景都不敢进城，急忙去报告司马懿。司马懿听了笑笑不相信，下令部队停止前进。自己骑马飞快向前。远远地看过去，果然见诸葛亮坐在城楼上，神闲气定，焚香弹琴；左边一个童子手捧宝剑，右边一个童子手握尘尾⑥；城门内外有二十多个百姓低头扫地，旁若无人。司马懿看了，心中大疑，赶紧回到军中，叫后军作前军，前军作后军，往北边的山路撤退。司马懿的儿子说："说不定诸葛亮没有军队，故意摆出这个样子来,父亲为什么就这样退兵了?"

司马懿说:"你哪里知道,诸葛亮平生谨慎,做事从来不肯冒险。现在这样大开城门,一定有埋伏。我军要是前进,一定会中他的计。"于是两路兵马全都匆匆退去。

诸葛亮见敌军远去,拍手大笑。手下这些文官问:"司马懿是魏国的名将,带领十五万大军追到这里,见了您却马上就撤退了,这是什么道理?"

诸葛亮说:"司马懿多疑,他知道我一生谨慎,做事从来不肯冒险。现在见到这个样子,就怀疑有埋伏,所以匆匆退去。这次不是我想冒险,是没有办法。他撤退一定从山北小路走,我已经有伏兵在那里等候。"

众人说:"要是按我们的意见,一定会放弃西城逃走。"

诸葛亮说:"我们只有两千五百个士兵,如果弃城逃走,走不了多远就会被司马懿抓住。"

再说司马懿率领大军正往后撤退,忽然山坡后喊杀声连天,鼓声震地。原来这里正遇上诸葛亮的伏兵。司马懿对儿子说:"你看见了没有? 我要是不撤退一定中了诸葛亮的计。"

魏军慌忙逃命。又走了一阵,山谷中又喊声震天,鼓角⑦齐喧,加上山谷中的回声,魏军不知道蜀兵究竟有多少,吓得丢下武器辎重⑧逃命。这样,司马懿胆战心惊地一直退回到街亭。其实,路上蜀军的伏兵每一处都只有三千人,只是虚张声势,并不敢真的厮杀。魏军慌忙逃去后,他们捡起魏军扔下的武器辎重,回到西城,然后再从容撤回汉中。

这就是"空城计"的故事。诸葛亮胜在知己知彼。他知道司马懿细心多疑,过去曾经多次中自己的计,吃过大亏。这次决不会轻举妄动。如果不是司马懿,换一个鲁莽的将军,"空城计"就不可能成功。

"空城计"故事是京剧及各种地方戏曲的传统剧目,久演不衰,为全国老百姓所熟知,所以"空城计"的动词常常用"唱"。人们用"唱空城计"来比喻内部空虚。甚至连肚子饿了,也说"肚子唱空城计了"。

注释:
①见本书"挥泪斩马谡"条。
②疑兵:用以迷惑敌人的军事部署。
③鹤氅 hèchǎng:鸟的羽毛做成的大衣。
④纶巾 guānjīn:古代的一种头巾。
⑤香:这里是名词,指一种用香料做成的细棍,燃烧时发出香味。佛家和道家在祈祷做法事时都烧香。
⑥尘尾 chénwěi:即拂尘,用来掸土或驱除蚊蝇的用具,用马尾扎成。
⑦角:这里指号角,古时用牛角做成吹的乐器,在军中作为进攻的信号。
⑧辎重 zīzhòng:行军时由运输部队携带的物资。

司马昭之心，路人皆知
Sīmǎ Zhāo zhī xīn，lù rén jiē zhī

例句： 1. 他图谋篡夺领导权已经非止一日，可谓"司马昭之心，路人皆知"，只是时机未到，目前还不好动手而已。

2. 他们明明是想把我们挤垮，这已经是"司马昭之心，路人皆知"的事情，我们为什么不针锋相对，还要退让？

含义： "司马昭之心，路人皆知"比喻野心非常明显，大家都看得出来。

出处： 事出《三国志·魏书·高贵乡公纪》。

司马氏①是三国时著名的家族。司马昭的父亲司马懿（Sīmǎ Yí）是魏（Wèi）国的政治家、军事家，多谋略，善权变，长于用兵。曹操（Cáo Cāo）活着的时候，对司马懿很有戒心，不让他掌握实权。所以那时候司马懿父子很不得志。司马懿曾经在很长时间里称病回家闲居。

曹操死后，司马懿为曹丕（Cáo Pī）所重用。他多次率领大军与蜀汉诸葛亮（Zhūgé Liàng）对抗②，掌握了军权。曹丕死后，司马懿逐渐独揽魏国大权，曹氏皇帝成为傀儡。

司马懿死后由他的长子司马师继承他的职位。四年后司马师也死了，由他的弟弟司马昭继续掌握魏国的大权。曹氏皇帝自曹丕以后一个个年幼又无什么才德，所以司马昭就一直想废除曹氏，自己当皇帝。虽然他觉得时机不够成熟，还不能这样做，但实际上他已经不把曹氏皇帝当作一回事了。国家所有的事务都自己一个人在家里决定，从来不报告皇帝曹髦（Cáo Máo）。他进进出出有庞大的卫队保护，前呼后拥，俨然像皇帝一样。

皇帝曹髦见自己大权旁落，毫无权威，非常气愤。对人说："司马昭之心，路人皆知也。吾不能坐受废辱，今日当与卿等自出讨之。"（司马昭想的是什么，连路上的行人们都知道，我不能坐等着受他把我废除的污辱，今天我跟你们一起出去讨伐他。）

他果然带着三百人冲出去杀司马昭。当然这等于是拿鸡蛋去碰石头，他不但没有杀死司马昭，反而被司马昭杀死了。

司马昭杀死曹髦以后，又立曹奂（Cáo Huàn）当皇帝。三年后司马昭发兵消灭了蜀汉，自封为晋王。又过了两年，他就病死了。由他的儿子司马炎

261

(Sīmǎ Yán)继承为晋王。同年司马炎废魏,自立为皇帝,国号晋(Jìn)。这就是历史上的晋朝③。

"司马昭之心"即司马昭想废除魏国皇帝曹髦,自己作皇帝的野心。后来人们常常把"司马昭之心,路人皆知"两句连说,表示野心非常明显,大家都知道。

注释:
①氏 shì:意思是姓,司马氏即姓司马的。
②见本书"挥泪斩马谡"和"空城计"条。
③晋朝分为西晋与东晋,西晋265—317年,东晋317—420年。

三国以后各个时期

三国时期以后 1600 多年时间里,中国社会经历了晋朝、南北朝、隋朝、唐朝、五代十国、宋朝、元朝、明朝和清朝。

西晋朝(公元 265—317 年)司马氏政权极端腐败,皇族内部互相残杀,不久就被少数民族政权消灭。占据长江以南的晋朝皇族在公元 317 年建立起东晋朝。这时长江以北战争不断,在大约一百年时间里先后出现过 16 个政权,称为 16 国时期。公元 420 年东晋朝灭亡,长江以南开始了南朝;与之相对,长江以北就称为北朝。南朝一百多年时间里,先后有 4 个政权。公元 581 年杨坚统一北方,建立隋朝,不久隋文帝杨坚又消灭了南朝。这时中国又重新统一。从东汉末到隋朝的 400 年间,国家分裂,社会动荡,战争不断。好容易到隋朝又重新统一,但隋文帝死后,他的儿子杨广继位,腐败残暴透顶,公元 618 年隋朝政权被全国各地的起义军推翻,李渊、李世民父子建立了唐朝。

唐朝从公元 618 年到 907 年共经历了近 300 年。唐朝时大部分时间社会安定,经济文化繁荣发达,但是到后期统治集团又越来越腐败,又一次引起社会动乱,到了历史上称为五代十国时期。这一乱又乱了五六十年,直到宋朝又得到统一。宋朝从公元 960 年到 1279 年,统治者也是腐败之极,后来蒙古族入侵灭宋建立元朝。元朝从公元 1271 年到 1368 年不到 100 年,被朱元璋领导的农民起义军推翻,朱元璋建立明朝(1368 年—1644 年)。明朝后期出现大规模农民起义,这时东北的满族强大,乘机入侵,消灭起义军,建立清朝(1644 年—1911 年)。清朝政权到后来当然也是极端腐败,直到 1911 年孙中山先生领导的辛亥革命推翻清朝政权,中国社会才结束了封建皇权统治。

洛阳纸贵　Luòyáng zhǐ guì

例句： 1. 现在写小说的人很多，但是哪一本写得好，能使洛阳为之纸贵？

2. 他这本书很受读者欢迎，出版后印了一次又一次，可谓洛阳纸贵。

含义： "洛阳纸贵"原意是指因为文章写得好，大家都传抄，连纸都涨价了。后来用来比喻文章写得好，受人喜爱并且广为流传。

出处： 事出《晋书·左思传》。

西晋①(Jìn)的时候，有一个年轻人名叫左思。他相貌长得很难看，而且还口吃。他父亲是个小官吏，曾经对别人说："我儿子不及我小时候。"左思听了很不服气，因此总是激励自己，发愤勤学。他写文章辞藻华丽，曾经写过一篇《齐都赋》②，写了一年才写成。后来他想写《三都赋》，来描写三国时魏、蜀、吴三国都城的壮丽景象。这时他的家搬到了京城洛阳。洛阳住着很多有名的文学家，可以请教他们。左思大着胆子走进了当时在朝廷任著作郎的张载(Zhāng Zǎi)的家门。张载并没有因为他长得难看、口吃，又是个无名小辈就看不起他，当时给了他一些指点。

但是当时的社会风气极讲究门第出身，上流社会的人当然看不起左思这样出身寒微、貌不出众的人。听说他要写《三都赋》都讥笑他说大话。因为在历史上东汉的班固(Bān Gù)曾经写过《两都赋》，张衡(Zhāng Héng)曾经写过《二京赋》，这都是流传百年脍炙人口的优秀作品，是大作家们写的。现在这样一个无名小人物也想写这一类作品，真是笑话。

当时有一个有名的诗人名叫陆机(Lù Jī)，他也想写《三都赋》。他觉得这篇文章不容易写好，所以迟迟没有动笔。听说一个小人物也想写这样的赋，竟拍手笑了起来，在给他弟弟的信中说："这里有一个'乡巴佬'③想作《三都赋》，等他写好，大约只能用来盖我的酒瓮。"

左思是一个非常执着的人，不达目的决不罢休。他不顾别人的讥笑，真的下功夫创作起来。他像着了迷一样，走到哪里就琢磨到哪里。他家的所有地方，例如门庭、院子里、屋里甚至厕所里都放着纸笔，不管走到哪儿，只要想到一个词或者一个好句子，马上就把它写下来。他因为觉得自己见识不广，就向朝廷求了一个"秘书郎"的职务，以便增加阅历。

这样一刻不倦、辛辛苦苦地构思写作，一直干了十年，终于写成了。他决定把文章拿出去给别人看。但是他并没有得到自己热切期望着的赞美之词，人们看完以后就放在一边了，没有人重视它。这对他是一个打击。不过左思还是很有信心，认为这一篇赋写得不比班固的《两都赋》和张衡的《二京赋》差。人们不重视，仅仅是因为自己没有名气。

他知道皇甫谧（Huángfǔ Mì）很有名气，就拿着《三都赋》去给皇甫谧看。皇甫谧看了连连说写得好，并且为这篇赋写了一个序。接着，左思当初请教过的那个著作郎张载为其中的《魏都赋》作了注释。另一个大作家刘逵（Liú Kuí）又为《吴都赋》、《蜀都赋》作了注释。这些名人都亲自为之写序作注，给了这么高的评价，左思的身价一下子抬高了，文章很快在京城流传开来。大家都争着阅读，争着买纸抄录，以至于洛阳城内纸价都上涨了。

那个当初说要拿左思写的文章去盖酒瓮的陆机看了《三都赋》以后，也不得不佩服说："真是一篇绝顶的好文章，不能再在其中增添什么了。"他本来仍然想写《三都赋》，这时只好放弃不写了。

后来人们就用"洛阳纸贵"来比喻因为文章写得好，大家争相传阅的情形。

注释：
①西晋：中国历史上的朝代，公元 265—317 年。
②赋（fù）是古代的一种文体，盛行于汉魏晋时期，是韵文和散文的综合体，通常用来写景
　叙事。"都"是指首都，"齐都"是齐国的首都。"三都"是三个国家的首都。
③乡巴佬 xiāngbālǎo：乡下人。以为别人没有见识，表示瞧不起的一种蔑称。

信口雌黄　xìn kǒu cíhuáng

例句: 1. 诸如此类的评论不仅充满种族偏见,而且完全不顾事实,无中生有、信口雌黄。这是绝对不能容忍的。

2. 他不但不懂装懂,不负责任地信口雌黄,而且采取欺骗手段,损害广大市民的利益。

含义: "信"在这里是"随意"的意思。"信口"就是随意地说。"雌黄"是一种矿石颜料,黄赤色。古人写字用黄纸,写错了就用雌黄涂抹更正。"信口雌黄"比喻不顾事实,随口乱说。

出处: 事见《晋书·王衍传》。

中国在公元三四世纪魏晋时期,知识分子中形成了一种坏风气,那就是喜欢空谈,也叫作清谈。他们推崇老子、庄子的学说,整天谈论玄虚的哲学。本来这是因为魏晋时政治恐怖,禁止人民议论时政,知识分子为了避祸只好去谈玄。但是清谈的风气形成以后,却改变了人们的价值观念。只要能谈玄,就能获得地位与名声,成为名士。清谈水平越高,就会被认为才气越大。这样,当时的人才观就进入了误区。本来,清谈家们如果作为平民,无论如何清谈都于人无害。但是一旦他们掌权执政,就一定会误事误国。

清谈当然也需要才能,至少一定得是口齿伶俐,头脑灵活,所以清谈家们一定都是聪明人。但是聪明只是表面的现象,它并不是蕴含在深层的智慧。真正有大智慧的人也许口齿并不伶俐,甚至看起来可能有些傻头傻脑,所谓大智若愚。清谈家们不过是一些有小聪明的人,然而在当时,他们的名声却非常大,人们错把他们当作了大材,有些人因此当了大官。

西晋①的时候,有一个人叫王衍(Wáng Yǎn),他从小能说会道,口齿伶俐,长得也英俊漂亮,一副聪明相,叫人一看就喜欢。当时的名人山涛(Shān Tāo)跟他谈了一会儿以后,叹着气说:"这是谁家的妇人,生了这么个孩子,真正是聪明乖巧。可是将来误天下大事的,说不定就是这种人。"

王衍长大以后果然非凡,不但相貌出众,而且口才惊人,成为当时谈玄的重要人物,年轻时名声就很大。他常常邀请一些朋友,在寺庙或厅堂里清谈,穿着宽大的衣服,手里拿着拂尘②,清谈的时候眉飞色舞,口若悬河,滔滔不绝。有时候他说得道理与意义不通了,这时他就随意地更改,不管前后有没有矛盾,一会儿说成白的,一会儿说成黑的。所以人们就说他是"口中雌黄"。当时的人在写文章时常用"雌黄"来改正写错的地方。因为王衍谈玄时常常更改意义,所以人们就说他是"口中雌黄"。

由于王衍清谈的名声大,人们就认为他才气高,所以他一再做大官、掌大权,当时竟成为年轻人的榜样,大家都去学他。王衍表面上好像很清高,实际上他既没有真才实学,又自私势利,只知道投机、追逐名利。在司马越(Sīmǎ Yuè)专权时期,王衍竟当了掌管兵权的太尉。他虽然身负重任,但并不以国家、人民为重,而总是想在权力斗争中怎样保全自己。当时匈奴族③人刘渊(Liú Yuān)建立的汉国派大军伐晋,晋军常常打败仗。后来司马越在军中病死了,将领们就推王衍当元帅,因为当时他的名气最大,地位最高。大敌当前,王衍心里很害怕。他不知道怎样指挥军队,不敢接受元帅的职务。推辞了几次都没有推掉,于是就采取不负责任的办法敷衍着,接着就带领人马放弃洛阳往东逃跑,结果被汉国大将石勒(Shí Lè)追来打得全军覆没,部下被杀死的有十多万人。王衍自己也当了俘虏。

石勒是羯族人④,没有受过多少教育,是一个粗人,但是他非常崇拜汉族的文化,重视有才能的人。王衍的名气那么大,开始的时候石勒很尊敬他,并没有把他当作俘虏,很客气地称他为"王公",并请他介绍晋朝的情况。王衍的口才是出了名的,他把晋朝失败的原因说得头头是道。石勒听了觉得很高兴。可是接下来王衍替自己开脱却说:"我本人从小只是喜欢清谈,不参与世事……"为了讨好石勒,他又劝石勒赶快夺取天下称皇帝。

石勒听到后来越听越生气,忍不住大声斥责说:"谁不知道你名盖四海,身居重位,年轻时就当官,步步高升,直到白了头发,你倒反而说你没有参与世事。败坏天下的,不正是你这种人吗?"

石勒终于看出王衍这种人不但不是什么人材,而且人格也很卑鄙,就暗暗地派两个人在半夜的时候把王衍住房的墙推倒,把他压死了。

一生信口雌黄的王衍在临死时终于后悔地说:"我的才能虽然不如古人,但如果不崇尚空谈,而是踏踏实实地做事,尽力匡扶天下,也不至于会有今天这样的下场。"

人们不禁想起早年山涛说过的话:"误天下大事的说不定就是这种人。"清谈误国,不幸被山涛言中。

"口中雌黄"后来演变成为"信口雌黄",用来比喻不负责任地乱说。

注释:
①西晋 Xījìn:中国历史上的朝代,公元265—317年。
②拂尘 fúchén:用来除去灰尘、赶走蚊蝇的用具,用马尾扎成。
③匈奴族 Xiōngnúzú:中国古代民族,居住在北部和西部。
④羯族 Jiézú:中国古代民族,是匈奴族的一个分支。

东山再起　Dōng Shān zài qǐ

例句： 1. 对于实力不够雄厚的企业而言，一次重大失败往往就没有力量东山再起，失败有时很难成为本企业的成功之母。

2. 这一次失败以后，他决定先回家闭门思过，反正还年轻，今后说不定还能东山再起。

含义： "东山再起"比喻隐退后再次出来担任职务，或者失败后重新得势。

出处： 事出《晋书·谢安传》。

东晋①(Jìn)的时候，有一个文人名叫谢安。谢家是当时的名门望族，家中历代都有人当官，掌握军政大权。谢安从小才能出众，风度超群，见识很高。所以当时的权臣们很器重他，想叫他当官。

谢安早年曾经当过一次官，不久就借口身体不好，辞官回家了。他喜爱自然山水，立志隐居。他住在会稽(Guìjī)，当地人把那个地方叫做东山。那是一个山清水秀、环境幽静的地方，山中林深竹茂。谢安常常与一些朋友一起游玩于山水之间，自得其乐。但是朝中那些当官的人仍然忘不了他，觉得他有才能，应该出来当官，几次请他出来，都被他谢绝。

当然谢安这样的人不会真正地忘掉国家和民族的前途。当时东晋只是在长江下游的一个小国家。北方大部分地区被苻坚(Fú Jiān)的前秦国②占据着，对东晋有很大的威胁。在东晋皇朝内部，皇族之间争权夺利，国家越来越衰败。谢安的弟弟原来任西中郎将，后来也遭到了排挤。

在这种情况下，谢安才觉得不能再隐居下去了，终于决定出山去当官。因为他隐居的时候是在东山，这时又出来当官，人们就称之为东山再起。这时候他已经四十多岁了。

他的官运很好，官升得很快，后来当上了宰相。公元383年，北方的前秦政权调动近百万大军要来消灭东晋。当时东晋只有几万人的军队，双方的力量相差太悬殊，形势非常危急。整个国家，上自皇帝下到平头老百姓都感到惊恐。这时谢安被任命为征讨大都督，指挥这场战争。谢安的弟弟谢石、侄子谢玄(Xiè Xuán)都在前方担任重要军职。当时大家都惊恐慌张，不知道怎么抵抗。只有谢安依然神情平静，说笑闲谈跟平常一样。他部署好军队以后，就跟别人下棋，等待消息，仿佛没有什么事一样。终于前线传来了好消息，东晋的军队打败了前秦的百万大军。这就是历史上著名的以少胜多的淝水之战③。谢安在这场战争中立了大功。

以后，人们就用"东山再起"这个典型事件来形容一个人重新担任职务，掌握权力。后来也用来比喻失败以后重新振作起来获得成功。

注释：

①东晋：317—420 年。晋朝建立时首都在洛阳。但是司马氏政权腐败，皇族内部争权夺利互相残杀，国力衰弱。当时北方少数民族力量强大，司马氏政权抵挡不住，逃到长江以南，历史上称为东晋。

②前秦国：351—394 年。北方的氐（Dī）族政权，曾经统一北方，建立强大的国家。苻坚是前秦最强大时的皇帝。

③淝水之战："淝水"（Féishuǐ）：河名，在安徽省。公元 383 年前秦与东晋会战于淝水。

世外桃源　shì wài Táoyuán

例句： 1. 这里的民居都是就地取材,花岗岩垒墙,青石板屋顶,山泉从门前流过,房前屋后有桃、李、红果树、核桃树,真是世外桃源。

2. 那个地方远离城市,受外界的影响很小,虽然人们的生活水平不高,但是民风依旧纯朴,人们安居乐业,可以说是一个世外桃源。

含义： "世外桃源"用来比喻理想的社会或没有受到现实社会坏影响的美好地方。

出处： 事出东晋陶潜(Táo Qián)《桃花源诗并记》。

大诗人陶潜字渊明(Yuānmíng),生活在东晋末年(365—427 年)。他二十九岁时离家出去做官。他虽然有才学,为人又正直公正,但像他这样没有后台、没有财势的人,不可能受到重用。所以他只做过彭泽县令这样的小官。十多年的官场生活,他目睹了官场的黑暗腐败,统治者的残暴贪婪以及人民的痛苦与悲哀。他痛恨这样的社会,但又无力改变社会现实,更不愿与那些统治者同流合污。于是在四十一岁时他终于退隐,回到家乡自己种地,不再为五斗米折腰。但是像他这样的穷人隐居并非容易,生活穷困艰难,贫病交加。在这样的丑恶现实中,他一直向往着一个理想的社会。在这个理想的社会中,没有压迫,没有剥削,没有权势的你争我夺,人人享受着平静而富足的生活。他写的《桃花源诗并记》向我们讲述了一个这样的故事:

东晋太元年间(376—396 年),在武陵(Wǔlíng)那个地方,有一个以捕鱼为业的人。他摇着他的船沿着小河捕鱼。他自己也忘了船摇出去了多远,忽然遇到一片桃花林,两岸几百步之内没有别的树,芳香的草地看上去颜色特别鲜亮好看,粉红色的桃花落了一地。这个渔人很惊奇,摇着他的小船又往前去,想要到这片桃花林的尽头看一看。

桃花林的尽头是小河的源头,可以看到一座山。山脚下有一个小洞,隐隐约约好像能看见里面有光亮。这个渔人就跳下了船,从小洞进去。开始的时候很窄,只能通行一个人。又向前走了几十步,一下子开阔起来。里面竟然另有一个世界！土地平坦宽阔,房屋整整齐齐,有很好的田地,有美丽的水池,还有桑树、竹林。田间的道路纵横交错,四通八达,还可以听到鸡和狗的叫声。这里来往耕作的人,男男女女穿的衣服与洞外的人一样。老人与孩子们都显出愉快安乐的样子。

桃花源里的人见到渔人都很吃惊，问他是从什么地方来的。渔人把自己怎么会来到这里的事都告诉了他们。于是他们就邀请渔人到家里作客，杀鸡摆酒席招待他。村中的人听说来了这样一个人，全都来打听消息。据他们自己说，他们的祖先为了躲避秦代的战乱，带着妻子孩子以及村中的乡邻们来到这个与世隔绝的地方，再也不想走出洞口去了，于是就和洞外的人隔绝了。他们问渔人现在是什么朝代。他们都不知道有汉朝，也不知道有魏、晋。渔人就给他们一一介绍了外面的情况，他们听了都觉得又惊叹又惋惜。

村中其余各家也逐家逐户地把渔人请到家里，都摆出酒食招待他。住了好几天，渔人要告别了。临走时，洞中的人嘱咐他说："你可别对外边的人说起这里的情况呀！"

出了洞以后，渔人找到了他的船，就沿着原来的那条小河往回走。他很仔细，一路上处处都做了标记。回到家以后，他马上去郡府，去见当地最高的长官——太守，报告了这件事。太守就派人跟他去，按着他做的标记，沿河再去找那个地方。但是他们迷失了方向，再也找不到了。

这个山洞里的桃花源实际上当然是不存在的，只是陶潜寄托的一种理想。中国两千年的封建社会，到处都充满着剥削、压迫、你争我夺。黑暗的统治，连年的灾荒，不断的战争，使人民痛苦不堪，老百姓世世代代都向往着有一个世外桃源可以存身，所以世外桃源就成为一种典型的理想境地，人们把那种与世隔绝、安居乐业的地方叫作世外桃源。

一箭双雕　yī jiàn shuāng diāo

例句：1. 你若是真有意呢，就不妨真的做一次媒，把他们两个人撮合到一起，
也省得我再去操心，这不是一箭双雕吗？

2. 他想，这真是个一箭双雕的好主意，既能把刘二拉下来，自己呢，又能
爬上去，还有比这更好的吗？

含义："一箭双雕"比喻一种做法能达到两个目的，或者具有两种效果。

出处：事见《北史·长孙晟(Zhǎngsūn Shèng)传》。

公元五世纪到六世纪中期是中国历史上的南北朝时期。当时中国北方战
争不断，常常是一个政权建立起来不久，就被另一个政权推翻。北朝一共有过
五个政权，皇帝都是少数民族。最后一个政权是北周，皇帝姓宇文(Yǔwén)，
是鲜卑(Xiānbēi)族人。北周到周武帝的时候，提倡接受汉族的文化传统，摆
脱鲜卑的旧习俗，并且能够任用各民族中有文才武略的人。当时北周的政权
不太巩固，一方面国内还有另一个政权北齐与之对抗，另一方面在北边还有强
大的突厥(Tūjué)国常常来侵犯。周武帝为了全力对付北齐政权，对突厥国采
取妥协的办法。每年赠送给他们大量的礼物，还把皇族的公主嫁给突厥王，这
种办法叫做"和亲"。

公元579年突厥王摄图(Shètú)派使者到北周来请婚。周武帝就把赵王
宇文招(Yǔwén Zhāo)的女儿封为"千金公主"嫁给摄图王。两国"和亲"是一
件大事，必须精心挑选送亲的使者。虽然当时两国之间没有战争，但送亲必须
挑选骁勇的将士，来夸耀本国的武力，否则就会被突厥国看不起。

周武帝指令汝南公宇文神庆负责送亲并且挑选送亲队伍。宇文神庆挑选
长孙晟作为自己的副手。这个长孙晟武艺超群，尤其是骑马射箭的本领非常
高明。但当时他还年轻，没有什么名气。只有后来建立隋朝当了皇帝的杨坚
(Yáng Jiān)非常赏识他，说："这个长孙，武艺这么好，又多有谋略，以后一定
会成为名将。"宇文神庆显然是受了杨坚的影响，才起用这么年轻的人当副手。

突厥人当然不会错过向北周的使臣们炫耀武力的机会。过去北周曾经几
十次派使者来，摄图王都不以礼相待。这一次他看了长孙晟的武艺以后却不
得不佩服了。办完婚事以后，他向宇文神庆表示，他很喜欢长孙晟，想把他留

下来。长孙晟只好留了下来。

摄图王常常跟长孙晟一起出去打猎。有一次他们正在草原上游猎，抬头看见天上有两只雕一边飞着一边争抢一块肉。摄图王抽出两支箭来给长孙晟，说："请你把它们射下来。"

长孙晟当然知道摄图王又想试自己的武艺。他二话没说，只接过一支箭，双腿一夹坐下马，向雕飞的那边跑过去，拉开强弓圆如满月，等两只雕抢肉缠在一起时，他看准机会，右手一松，"嗖"地一声，随着弓弦响，那两只雕都掉了下来。摄图王手下的人看到这么高的射技，不禁欢呼起来，他们跑上去捡起地上的雕向摄图王报告说："真了不起，一箭双雕啊！"

摄图王看着那支箭上牢牢地穿着两只雕，又惊又喜。他不得不对北周的武力另眼相看，命令他的子弟和皇族们好好对待长孙晟，向他学习射箭本领。

这个长孙晟不但武艺超群，而且很有谋略。他知道北周与突厥国以后免不了会发生战争，就利用在突厥国的机会，观察山川地形，了解突厥内部的情况。一年后他回到了北周。

后来杨坚灭北周建立了隋朝，长孙晟又几次作为"和亲"使者去突厥国，在稳定隋朝与突厥国之间的关系上起了很大的作用。有时候两国之间发生战争，长孙晟多次带兵打仗，功勋卓著。来投降的突厥高官说，在突厥军队里，大家都很害怕长孙晟，听到他的弓响就像听到了打雷，看到他的马奔驰，就好像看见闪电一样，都会胆战心惊。

"一箭双雕"这个典型事件后来成为成语，用来比喻做一件事同时达到两个目的。

破镜重圆　pò jìng chóng yuán

例句：1. 连年的战乱使他与太太离散了多年，这一次相见，两人好像是破镜重
　　　　圆似的，又快乐又悲哀。

　　　　2. 丈夫去台湾已经很多年了，看看这形势大约永远也不会有回来的希
　　　　望，可她仍然做着破镜重圆的梦。

含义："破镜重圆"比喻夫妻离散以后重新团聚或和好。

出处：事出唐孟棨《本事诗·情感》(收录于《百部丛书》)。

　　南北朝的时候，南朝最后一个政权是陈朝，只有33年历史，其中换了好几
个皇帝，最后一个皇帝叫陈叔宝，人称陈后主，是个极为荒淫堕落的皇帝。他
酒色过度，任用小人，恶忠臣如仇敌，视百姓如草芥。因此老百姓怨恨连天。
正在这时候，北方的广大地区已经由隋文帝杨坚统一了。公元588年隋文帝
发兵51万渡江进攻陈朝。第二年就攻入了建康①，陈后主被俘，陈朝灭亡了。

　　"破镜重圆"的故事发生在陈后主的妹妹乐昌公主的身上。乐昌公主长得
极漂亮，而且很有文才，在当时是很有名的。她已经结了婚，丈夫叫徐德言
(Xiú Déyán)。当隋朝的大军渡江南下的时候，徐德言知道大事不好，陈朝一
定会灭亡。他对妻子说："陈朝一亡，我们就无法自保，亡国了就会当奴隶。以
你这样的才貌，你一定会被送到权势大的贵族家去。我们就要永别了，但是我
们的情缘未断，我多么想再见到你啊！"乐昌公主也伤心得流泪不止。但是大
势已去，陈朝必亡无疑。怎么办呢？

　　徐德言终于想出一个办法。他拿来一面镜子。那时候的镜子是铜的，他
用力一摔铜镜，把铜镜摔成了两块。这两块合起来正好是一面完整的镜子。
他拿起一块来递给妻子说："我们每人拿一块。以后每年正月十五你都叫人拿
这半面镜子到京城的市场上去卖。我要是还活着，那时就会去京城寻访你，说
不定还有希望见到你。"乐昌公主听了大哭起来，但她牢牢地记住了丈夫的话。

　　陈朝很快灭亡了。果然像徐德言所预料的那样，乐昌公主被俘后，被送到
了隋朝的权贵杨素(Yáng Sù)家里。杨素本来已经妻妾成群，但他却特别宠爱
原来的乐昌公主。这时的乐昌公主已经不再是公主了，我们就称她为陈氏好
了。徐德言则在战乱中几次死里逃生，到处流浪，吃尽了千辛万苦，逃难时他

什么都丢了,可他的怀里仍然紧紧地揣着那块破镜子。后来他终于来到了隋朝的首都,在正月十五那天忐忑不安地走进市场。

市场上人很多,他在熙熙攘攘的人流中东张西望,他多么盼望能见到有人卖破铜镜,但那样的事怎么可能呢?他自己也信心不足,盲目地在人群中挤来挤去。突然他眼睛一亮,他真真切切地看见一个老头儿手里拿着一块破镜子。那老头还不断地吆喝叫卖,他要的价钱高得叫人不相信,人们都笑这老头儿疯了,半面破镜子竟卖得这么贵。徐德言见了却激动得话也说不出来了。他走上前去,一把抓住那老头儿的手臂,把他领到自己住的地方。一边请老头儿吃饭,一边把这破镜子的来历说给老头儿听。并且拿出自己身边的另一半与老头儿手中的一半一合,正好是一面完整的铜镜。

原来陈氏也在日日夜夜地想念着徐德言。这老头是杨素派去服侍陈氏的仆人。正月十五日那天陈氏果然叫仆人拿着半面镜子去市场卖。徐德言见到了那半面铜镜,却见不到自己的心上人,心中更加觉得痛苦。杨素的深宅大院他肯定是进不去的,他的妻子现在成了杨素的小妾也绝对不可能出来。他一边流泪悲叹命运的残酷,一边在镜子上题了一首诗:

　　　　镜与人俱去,镜归人不归。无复嫦娥影②,空留明月辉。(镜子跟人一起离去了,现在镜子回来了,可是人并没有回来。没有了嫦娥的身影,月亮的光辉也就没有什么意思了。)

陈氏得到徐德言仍然活着的消息,又看到了他写的诗,伤心得痛哭流涕。陈朝灭亡了,她已经不是公主,她现在的地位只是一个奴婢。虽然丈夫就在城里,她却没有办法见到他。她难过得连饭也不吃了。

杨素知道了这件事的前前后后,也觉得这夫妻两人太惨了,就起了同情之心,叫人把徐德言带进自己的家来,当面对他说:"我不能夺人之爱,现在把你的妻子还给你吧。"并且给了他们一笔钱去安家。

后来徐德言与妻子一起回到江南,两口子一直到终老。

这个典型事件后来用来比喻夫妻重新团聚。

注释:
①建康:陈朝的首都,即现在的南京。
②嫦娥 Cháng'é:神话中一个美丽的仙女,当初是由人间飞到月亮上去的。

276

衣钵相传　yī bō xiāng chuán

例句：1. 龙门派师徒衣钵相传已有二百多年历史，其中几起几落，几兴几衰，到乾隆年间又出了一位了不起的人物。

2. 我如何能跟你比，你是师傅的衣钵传人，自然管教得严一些，所学的也多是一些根本功夫。

含义："衣"是指佛教僧人的袈裟①，"钵"是僧人用来盛饭的器具，形状像碗，但口较小。"衣钵相传"比喻老师把自己的学问、技艺传授给学生，学生继承老师的学问、技艺。

出处：衣钵相传故事出自中国佛教禅宗（Chánzōng）的传统。见《旧唐书·神秀传》以及《六祖大师法宝坛经》。

禅宗是中国佛教史上的一个大宗派，禅宗的思想曾经对中国文化产生过较大的影响，影响过宋代的理学，后来还传播到了朝鲜和日本。

一般认为禅宗的创始人是菩提达摩（Pútí Dámó），他是印度人，生于南印度。大约在公元520年后，他从印度航海来到广州，从广州北上传教。虽然从西汉末年②以后，不断有印度僧人到中国来传教，达摩并非第一人，但作为一个外国人，在中国传教会遇到很多困难，很不容易让别人了解他的佛法有什么高明之处。为了尽快地让别人信任自己，达摩一路上宣称自己的禅宗妙法是得自佛祖释迦牟尼（Shìjiā Mùní）③的真传，并且拿出一件袈裟和一个钵给人看，说这是释迦牟尼传下来的。佛法一代一代相传，衣钵也一代一代相传，得衣钵的才是真正的佛法传人。现在释迦的衣钵在他的手里，这可以证明他是释迦的真正传人。

达摩后来到了嵩山（Sōng Shān），在少林寺传讲佛经并且修习禅定。达摩死前把衣钵传给了他最信任的弟子慧可（Huìkě）。慧可是中国学者，他40岁时遇到达摩，拜达摩为师，跟达摩学习了六年，深得达摩的赏识。慧可得到衣钵以后，就成了禅宗的第二代祖师。自此以后，每一代祖师年老时都要谨慎地选择自己的接班人，来传交衣钵。

到了唐朝初年，这衣钵传到了第五代。第五代祖师法名叫弘忍（Hóngrěn）。弘忍接过衣钵以后，在湖北黄梅东山授徒二十多年，徒众多达七百人。他们住在寺庙里过集体生活，白天生产自给，晚上讲经修炼。弘忍大师年老时就考虑要把衣钵往下传。毫无疑问，衣钵应该传给真正领悟了佛法的人。他的弟子那么多，传给谁呢？于是他召集弟子们说：

"你们每一个人都作一首偈④，来表示你们修习的体会。谁领悟了佛法，我就把衣钵传给他，他就是禅宗第六代祖师。我告诉你们，作这样的偈苦思冥想是没有用的，认识到佛性的人，一开口就能说出来。"

他的弟子们听到吩咐以后，回去议论说，我们这些人自己也觉得不配当第六代祖师，五祖的大弟子神秀（Shénxiù）和尚现在正帮助五祖教我们佛法，第六代祖师的位置一定是他的，我们写偈干什么？因此很多人没有写。

那神秀确实是五祖弘忍喜爱的弟子，当时已经五十多岁，出家以前就是饱学之士，拜弘忍为师以后，对禅宗的教义有精深的研究。但是弘忍认为神秀虽然精通佛法可惜还没有领悟到佛性，他觉得神秀并不是接衣钵的最好人选。所以要大家都来作偈，想从中发现最理想的接班人。

再说神秀听了五祖的吩咐以后，心里想，我要是向五祖交这首偈，好像是跟别人争夺这祖师的位置，这显然是邪恶的心思，很容易被别人误解。但是我如果不交这首偈，那五祖怎么知道我对佛性悟到了什么程度呢？他觉得左右为难。后来他终于想出了办法。

在五祖大师讲经堂前，有三间走廊，墙壁已经刷成了白色，准备请画师来画佛经故事的绘画。神秀在半夜三更时悄悄地把自己作的偈写在了那墙上，没有人知道这首偈是他写的。这首偈是这样的：

身是菩提树⑤，心如明镜台。时时勤拂拭，勿使惹尘埃。

这首偈的意思是说：修习禅宗的人身体应该像一棵大树有坚固的定力，心应该像明镜台那样清洁平静，在静中求悟，在修习中时时去除各种杂念，就好像不要让灰尘落到明镜台上一样。

第二天天亮以后，五祖看到了这首偈，就跟大家说，如果照这首偈来修行，可以得到很大的利益，可以避免坠入恶道之中。他叫弟子们都来诵念这首偈。

到了晚上，五祖悄悄地把神秀找去，问他说："这首偈是你作的吗？"

神秀说："确实是我作的，我不敢奢望得到祖师之位，只希望和尚⑥指点我，看看弟子还有点智慧没有。"

五祖说："你这首偈还没有认识到佛的本性。你仍然在佛门之外，尚未进到里面。至高无上的佛道，应该认识到自己的本心，看到自己的本性。你回去再考虑一两天，重新作一首偈来给我看。如果你的偈认识到佛的本性，我就将衣钵交付给你。"

神秀回去以后心里很不安。不过因为五祖叫大家都来诵念他的那首偈，那首偈很快在寺中流传开来了。有一个小孩念着那首偈经过碓坊⑦，碓坊里有一个人正在那里舂米,听到小孩念的偈,就把小孩叫住了说:"你念的是什么偈?"

小孩就把五祖叫大家作偈,如果谁领悟了佛性,就把衣钵传给谁的事告诉了他。

这个在碓坊里舂米的人叫惠能(Huìnéng),他到这个寺来的时间不久,并且还没有剃发成为僧人,只在寺里做杂工。他既没有学识,也没有多少学佛的经历,当时没有一个人看得起他。

惠能是广东南海人,三岁时就死了父亲,跟母亲两人艰难度日,长大后靠卖柴养母。有一次他卖柴到一个客店,听客店里有一个人正在念佛经。惠能一听佛经上的话,心里立刻就明白了佛经中的意思。于是问这位客人念的是什么经,客人说是《金刚经》。

他又问客人从什么地方来,怎么得到的这部经?

客人说:"我是从黄梅县东禅寺来,五祖弘忍在东禅寺劝我们诵念《金刚经》,说只要遵循《金刚经》,就能自己认识到佛性,直接成就佛道。"

惠能听了这些话后,觉得自己跟佛法前生有缘⑧。回到家里,安置好了母亲,就到湖北黄梅县东禅寺去见弘忍大师。

弘忍大师跟惠能一交谈,觉得这个人虽然来自落后没有开化的地区,又没有什么文化教养,但是本质不错,就叫他到后院碓坊去舂米。按照惯例,所有新来的人都应该先从做粗活开始,慢慢地再学习佛经。所以那惠能到东禅寺八个月以来就一直在碓房舂米,别的什么事也不知道。

惠能听小孩说了那些话以后,就请小孩带他到讲经堂的走廊前。他没有上过学,不认识字,就请别人再念一遍神秀的偈。听完以后,他觉得神秀没有悟到佛性。就对那个人说,我也有一首偈,请你为我写在上面。谁也没有想到这样一个来到寺里不久,又不认识字的粗人也要作偈,都想笑话他。

但惠能却说:"要想学习至高无上的佛法,不能轻视初学的人,地位低下的人也会有超常的智慧。如果轻视人,就会有罪过。"

大家觉得他说得有道理,就由一个人把他的偈也写在了墙上。惠能的偈是这样的:

　　　菩提本无树,明镜亦非台。本来无一物,何处惹尘埃。

这首偈是针对神秀的偈来写的。神秀说"身是菩提树",惠能却说"菩提"根本没有树。神秀说"心如明镜台",惠能则认为"明镜"也不是什么台。"身"和"心"都不是实体,人的本性是空的,本来什么也没有。悟到了本性,就没有地方会沾染灰尘。

大家看了这首偈,都非常吃惊,都说真不能以貌取人。五祖弘忍看了这首偈,知道惠能已经悟出了佛性。禅宗就是主张"本性是佛",佛并不是在任何其它地方,只是在每个人自己的心中。若识得自己的本性,即能大开大悟。大乘佛教空宗⑨认为世界上一切事物以及我们的认识并没有独立的实体性,我们所感觉到的一切物体都是虚妄的假象,这就是"空"的思想。神秀所作的偈说:"身是菩提树,心如明镜台"仍然有"身"和"心"存在,这显然空得不够彻底。而惠能说"本来无一物,何处惹尘埃"才是彻底的空。从佛教空观的立场上看,他的境界比神秀高了一层,是真正领悟到了佛性。

另外,在方法上神秀说"时时勤拂拭,勿使惹尘埃"是主张慢慢修炼的渐悟,而惠能则主张顿悟。这也很不相同。

五祖弘忍决定把衣钵传给惠能。他在半夜三更悄悄地把惠能叫到自己的屋里,给他讲授佛法,为他讲解《金刚经》,并且对他说:"我现在把衣钵传给你,你就是第六代祖师了。要好好保护衣钵,但是衣钵容易引起争端,对你是非常危险的,从你以后就不要往下传了。"

当天,弘忍就送惠能渡过长江,叫他回广东去。从此黄梅衣钵南去。

惠能在广东传授禅宗顿悟法门,几十年收授门徒众多。当惠能快要圆寂⑩的时候,他的弟子们一再问,衣钵传给谁?惠能声明说,依照五祖的嘱咐,衣钵不再往下传了。

禅宗的衣钵虽然不再往下传,但是"衣钵相传"已经成为典型事件,运用这个说法时已经超出了佛教的范围。凡是老师把自己的学问或技艺传授给学生,就叫"传衣钵"。凡是学生继承老师的学问或技艺,就叫作"接衣钵"。

注释:

①袈裟 jiāshā:僧人披在外边的法衣。

②西汉末年:一般认为佛教是在西汉末年(公元前后)传入中国的。

③释迦牟尼:佛教的创始人,公元前565—公元前486年,出生在古印度的一个小国、现在的尼泊尔境内。

④偈 jì:佛经中的唱词,形式类似诗。

⑤菩提树 Pútí Shù:菩提树是一种常绿乔木,"菩提"则是指"觉悟的境界"。

⑥和尚:梵文 Upādhyāyā 的汉译。在印度原为师父的意思。中国佛教界一般用作对僧中师长的尊称,后成为社会人士对僧人的俗称。

⑦碓坊 duìfáng:稻谷去掉谷皮的工作场所。

⑧前生有缘:"缘"(yuán)是指某种关系。"前生有缘"是佛教徒的看法,即由上一世已经决定了这一世应该有某种关系。

⑨大乘佛教空宗:佛教分为大乘小乘,传入中国的是大乘佛教。大乘佛教又有"空宗"和"有宗"两个主要派别。

⑩圆寂 yuán jì:佛教用语,僧人死亡称为圆寂。

终南捷径　Zhōngnán jiéjìng

例句： 1. 孙中山先生曾经说："大多数党员,都是以加入本党为做官的终南捷径。"所以他一再强调党员不可存心做官发财。

2. 在官场混了几年以后,他终于明白拍马屁找靠山才是升官发财的终南捷径。

含义： "终南捷径"比喻谋求官职和名利的快速方法。

出处： 事出唐刘肃《大唐新语·隐逸》(收录于《百部丛书》)。

在中国古代有一些人很有才能,很有学问,但是他们却不愿意做官,不愿意去追逐名利和权势。他们宁愿默默无闻地生活在民间或者隐居在深山之中。因为他们知道,名利权势都不过是身外之物,一切都如过眼云烟,生不带来,死不带去。他们把人生看得很明白。人为财死,鸟为食亡,那些热衷于财富权势的人往往没有好下场。

自古以来有不少这样的高人。据唐皇甫谧(Huángfǔ Shì)《高士传》记述,传说尧(Yáo)时(约公元前22世纪)有一个人名叫许由(Xǔ Yóu),很有才能,品德高尚。因此尧想把天下让给许由,即让许由来接替自己当领袖。许由听了,逃到箕(Jī)山之下隐居起来,自耕自食。后来尧又叫他去作九州长。许由听了很生气,认为这样的话污染了自己的耳朵,于是跑到河边去洗耳朵。

据汉司马迁(Sīmǎ Qiān)《史记》记载,战国时楚威王(Chǔ Wēiwáng)听说庄子(Zhuāng Zǐ)是很有名的学者,有才能、品德高尚,就派人带了很多钱财去请他到楚国当官,并且要让他当宰相。庄子笑着对使者说："千金,这是很多钱。宰相,这是最高的官职。但是你没有看见用来祭祀的牛吗?平时用最好的饲料喂养,用讲究的衣料给它护体,等养肥了,牵到太庙要杀了祭神。到那个时候这条牛为了避免被杀想做一头小猪也不可能了。你走吧,不要来麻烦我。我宁可像一头小猪在泥泞的河滩上游戏,也不想为那些国君们做什么事。一辈子不做官,才是我的志向。"

老子庄子的思想是叫人要修身养性,无欲无为,不要对物质生活有太多的欲望,不要热衷于追求名利。他们的这种思想对古代的一部分知识分子有很大的影响。历代都有一些很有才能、品德高尚的人不愿意做官,一方面是他们接受了老庄或佛教的思想,另一方面也清楚地看到了统治者的残暴与自私。

例如汉武帝时先后共用过十二个宰相,被他处死的就有五个。弄得不好连全家全族的人都会被杀死。所以有些有才有德的知识分子宁可隐居在深山之中,自耕自食,过着清苦的生活。

但是有些皇帝为了巩固自己的政权,会千方百计地搜罗人材,让他们当官为自己做事。那些隐居在山中的高人们名气常常很大,所以皇帝们就一次又一次地派人以重礼请他们下山当大官。通常这些人都不肯下山。越是不肯下山,皇帝们就越觉得这些人了不起,就不断地抬高价码请他们下山。由于物以稀为贵,于是就有了假货。有些人有了一点儿小名气以后,就去当隐士,等着皇帝高价来聘请。所以当隐士成了快速当官的一条捷径。

据唐刘肃《大唐新语》记载,唐朝时有一个叫司马承祯(Sīmǎ Chéngzhēn)的人隐居在天台山。他是道家的高人,修炼有成。人们纷纷传说他的事迹。在武则天和唐中宗时就几次请他下山,他一直不肯下山。后来唐睿宗(Táng Ruìzōng)接位,推崇道教,又去请他。这次他终于下山来到了京城长安。皇帝向他讨教了各种各样的问题,从阴阳术数、修身养性一直到治国理天下的方法。司马承祯当然是推崇老庄的无欲无为思想。唐睿宗非常赏识他。但过了不久他就要辞别,一再坚持要回天台山去。皇帝留不住他,没办法,只好让他走。

他走时有很多人去送行。其中有一个人叫卢藏用(Lú Cángyòng)。他曾经在科举考试①中中(zhòng)了进士。中进士可不容易,多少人盼望中进士而不可得。照理说中了进士就可以做官,虽然在开始时只是当小官。卢藏用没有去当官,他瞧不上那种小官。他隐居起来了,在终南山搭了一座茅屋,住了下来。等着皇帝来请他下山。他就是那种利用隐居来图名图利的假隐士,不过是借隐居来抬高自己的身价。果然,后来皇帝知道了,把他作为高士召下山,一下子让他当了大官。当时的人称他为随驾②隐士。

司马承祯临走时,卢藏用也随皇帝去送行。他见了司马承祯,用手指指附近的山说:"你为什么一定要老远地回到浙江天台山去呢? 这近处终南山也有很好的地方呀!"他大概是好意,因为他自己在终南山呆过。

司马承祯当然瞧不起卢藏用这样的假隐士,所以他说:"在我看来,那里不过是当官的捷径罢了。"一语道破了卢藏用隐居终南山的真实目的。卢藏用听了顿时羞愧难当。

后来人们把这个典型事件归纳为"终南捷径"这个成语,用来比喻谋求名利的快速方法。以后这个成语又进一步发展为比喻达到某种目的的快速方法。

注释：

①科举考试：中国古代自隋朝(581—618)开始的选拔文武官吏后备人员的考试制度，分乡试、会试、殿试三级。乡试在省城举行，会试在乡试后的第二年在首都举行；殿试由皇帝亲自主持，通过殿试的人称为进士。

②随驾："驾"本指车辆，后特指为皇帝的车辆，后来又进一步借指帝王。所以"随驾隐士"的意思是"跟随在皇帝身边的隐士"，那当然不是隐士。这是对卢藏用的一种讽刺。

桃李满天下　tǎo lǐ mǎn tiānxià

例句： 1. 黄教授从教四十多年，已经桃李满天下。

　　　2. 刘老师不但桃李满天下，而且不少学生身居要职，事业有成。

含义： "桃李满天下"比喻培养出来的优秀人材很多。

出处： "桃"、"李"是两种果树，有时也指这两种果树的花或果实。后来发展引申为所教的学生或者培养的后辈。如唐刘禹锡(Liú Yǔxī)诗："一日声名遍天下，满城桃李属春官"。（一旦成名，为天下的人所仰慕，年轻人都以他为老师，以至于满城的后辈人材都是他的学生。）

　　"桃李满天下"说的是唐朝狄仁杰(Dí Rénjié)的故事。事见《资治通鉴·唐则天后久视元年》①。

　　中国唯一的一个女皇帝是唐朝的武则天(Wǔ Zétiān)。狄仁杰晚年很受武则天重视和信任。这是因为经过长期的考验，她发现狄仁杰为人忠厚正直，而且对政事有很高明的见解。

　　据《新唐书·狄仁杰传》记载，有一次武则天对狄仁杰说："你在汝南(Rǔnán)②当地方官的时候政绩不错，很受老百姓的拥护。但是即使那样，也有人说你的坏话，你想知道是谁说你的坏话吗？"

　　狄仁杰说："陛下如果认为我有错，我就应当改正。如果认为我没有错，那么我觉得很侥幸。至于是谁说我的坏话，我并不想知道。"武则天因此很欣赏狄仁杰，觉得他有长者之风。

　　讨论政事的时候，狄仁杰常常当面跟武则天争论。因为他言之有理，所以武则天虽然不高兴，也只好听他的。这倒使她更加敬重狄仁杰了，常常叫狄仁杰为国老，而不叫他的名字。狄仁杰年纪老了，身体又不太好，他几次向武则天提出要退休回家乡去，武则天都没有批准。但是武则天对他也特别照顾。按照礼节，大臣见皇帝时是应该跪拜的。狄仁杰因为年纪老了，拜起来很困难，武则天常常不要狄仁杰下拜，说："行了，行了。你就不要拜了。每次看见你拜，连我都觉得腰痛。"并且嘱咐其他大臣说："如果不是重要的军国大事，就不要去麻烦国老。"

　　但是人总是会死的。狄仁杰七十一岁时终于死了。武则天竟哭着说："朝堂空矣！"（朝廷中没有人材了！）

武则天曾经问狄仁杰："我想找一个有才能的人,你说谁行?"

狄仁杰说："不知道陛下想让他做什么?"

武则天说："想让他当将相。"

狄仁杰就推荐说："文学方面的,苏味道(Sū Wèidào)、李峤(Lǐ Qiáo)是人选。要是想找辅政的人才,那么张柬之(Zhāng Jiǎnzhī)最合适。这人虽然也老了,但他是宰相之才。"

后来,狄仁杰又向武则天推荐了姚元崇(Yáo Yuánchóng)等几十个人。有人对狄仁杰说："天下桃李,悉出公门矣!"(天下的人材都出自您的门下啊!)

狄仁杰说："向国家推荐人材,并不是私事啊!"后来他推荐的这些人都成了很有名的大臣,政绩都很好。

"桃李满天下"有时也说成"桃李遍天下"。这个典型事件后来用来比喻培养出来的人材很多,遍布全国(或全世界)各地。

注释:
①《资治通鉴》Zīzhì Tōngjiàn:中国古代的一部历史著作。北宋(960—1127)司马光撰。
②汝南:地名,在今河南省。

黄粱梦　huángliáng mèng

例句： 1. 自古以来，江山有何常主，富贵有何定数，都不过是转眼云烟，好像黄
　　　　　梁一梦。

　　　　2. 实力不行就是不行，你劝他们不要再做黄粱梦了，还是正视现实吧。

含义： "黄粱梦"比喻虚幻的事或不能实现的欲望。

出处： 事出唐沈既济《枕中记》。黄粱也叫谷子或小米，是中国北方常见的一
种粮食。

　　唐朝的时候，邯郸(Hándān)是一个比较大的城市。郊外的大道上来来往
往的旅客很多，因此大道旁边就有一家一家的客店。有一家客店忽然来了一
个姓吕(Lǚ)的老人要住宿。客店的主人把他领进一间屋子。他把自己带来的
被褥卧具整整齐齐地铺在床上，然后就坐在床上休息。

　　这时客店里又进来了一个年青人。他不是来住宿的。他的家住在这附
近，因为他和客店的主人一向很熟悉，所以每次经过客店总要进去坐一会儿，
随便地聊聊天，这差不多已经成为习惯了。他姓卢(Lú)，曾经读过书，但是因
为家境不好，不得不放下书本去种地，可人们仍然叫他卢生。今天他牵着一头
牲口，穿着短衣，打算去地里干活，路过这儿，就又拐了进来。

　　卢生跟客店主人闲谈着，渐渐地跟那姓吕的老人也认识了。这个老人也
念过书，天文地理，古往今来的事无所不知。他们正谈得高兴，卢生忽然望着
自己身上破旧的衣服，叹了一口气说："大丈夫生在这个世界上，怎么会穷困得
这个样子？"

　　老人不理解地说："我看你脸色红润，体格健壮，一点儿毛病都没有，多么
快乐。正谈得高兴怎么忽然叹起气来了呢？"

　　卢生说："我只觉得活在世界上太乏味，有什么快乐啊！"

　　老人说："像你这样吃得饱、穿得暖的生活还说乏味，那么要怎样才算满
足，才能使你快乐呢？"

　　卢生说："一个人一定要成就自己的事业才有意思。出征做将帅，在朝当
宰相。一切吃的、用的都能随心所欲。并且要使全家一天天兴盛起来，大家都
听我的命令。那才算得上快乐。像我这样，从小就立志读书，以为要得点功
名①不是很困难的事。谁知到了现在，年纪渐渐长大了，却还是天天在地里做
苦工，这难道不乏味吗？"

卢生说完了就打了一个呵欠，真是很疲乏的样子。老人听卢生这么说，就从行李中拿出一个小小的枕头来，递给卢生说："你想睡吗？用这个枕头枕着，一定能满足你的愿望。"

这时客店的主人正在准备午饭，蒸黄粱米饭。

卢生细看他的枕头，是瓷的，做得非常精致，枕头的两边各有一个小窟窿。他正觉得困倦，心想睡一会儿也好，就枕着那个枕头，在老人的床上躺下了。

他发觉那枕头上的窟窿渐渐地变大了，越来越大，最后竟大得像一扇门那样。他往窟窿里边望了望，觉得里面很亮，隐隐约约好像另有一个世界。他不知不觉地就走进到窟窿里边去了。果然，里面另有天地。他慢慢地一边走、一边观看风景，模模糊糊地竟走到自己的家里了。

他在家里住了几天，便有人替他做媒，娶了清河县一家姓崔（Cuī）的人家的女儿做妻子。妻子的娘家很有钱，所以他妻子嫁过来时有不少陪嫁，房屋、田地、金银珠宝很多。因此他就不用再去地里干活了，而且从此以后吃得很好，衣服也穿得很漂亮。他开始安心读书，准备参加科举考试。他进步得很快，第二年就考中了进士。朝廷就派他去做渭（Wèi）南县的县尉。这是一个小官，不过不久他就升官了。官升得很快。过了三年，调他出来治理同州，后来又转调陕州。他看到陕西的交通很差，就下令在那里开了八十里河道。因此交通变得方便了，老百姓们很感激他，大家捐出钱来，替他立了一块碑，颂扬他的政绩。过了一些时候，他又升官了，这回是调到京城，当了京官。

这时候边疆上出了事，外族人作乱，率领军队来进攻，已经攻陷了一些地方，当地的节度使②一边设法抵抗，一边向皇帝报告求救。皇帝十分着急，就派卢生去平乱。卢生身负重任，统领大军向边疆进发，接连打了几仗，都取得了胜利。消灭敌人七千多人，开拓疆土九百多里，并且在那里新建了三个大城，作为国防的前线。

几天以后,他胜利地班师了。因为他立了大功,皇帝举行了隆重的仪式来欢迎他。他因此又得到了升迁,成为掌管国家大事的几个重臣之一。这样的荣华富贵享受了十年。当时国富民强,他可以说是世界上最快乐的人了。

不料物极必反,正在他得意的时候,却引起了别人的忌妒。有人诬告他和边将勾结,企图谋反。皇帝大怒,于是他立刻被抓了起来,关在监狱里,变成了囚徒。

有一天他的妻子到监狱中去探望他。他一时想起从前的一切,不觉放声大哭起来,说:"我的家本来在邯郸,有祖传的田地,自耕自织,不至于受冻挨饿。真后悔当年不该贪图富贵,到现在竟受这样的苦。现在再想穿了短衣,骑着牲口,到邯郸道上去走走也不可能了。"他妻子听了,也很伤心,陪着他大哭。

幸亏他在朝中还有几个知己的朋友。他们竭力替他说话,才把他救了出来。但是他的官职降了,他被派到外地去做州官。这样闷闷不乐地过了几年,总算皇帝明白了他是冤枉的,于是叫他回来官复原职,并且封他为赵国公。这样他又显赫起来了。

他有五个儿子,他们也都当了大官,而且个个都与贵族的女儿结了婚,一共生了十多个孙子。前后三十年间,朝廷赏赐给他的田地、房屋、园林、宝物不知有多少。他的老年似乎是格外地幸福了。

可是好景不长,他老了,终于病倒了。皇帝得到消息,连忙派医生去给他看病,又派人到他家里去探视。但这些都没有什么用,那天晚上他终于断了气。

听着妻儿们的啼哭声,卢生觉得奇怪,断了气怎么还能听见妻儿们的哭声?他张开眼睛一看,一切都变了。原来自己还躺在客店的床上。那姓吕的老人依旧坐在他的旁边,客店主人所蒸的黄粱米饭还没熟呢!

老人见他醒了,就问他:"怎么样?满足你的心愿了吗?"

卢生坐起来看了看周围的一切说:"难道这只是一个梦吗?"

老人说:"是一个梦,不过人世上的事也跟梦一样。"

卢生伸了个懒腰,出了客店的门,牵着牲口到地里去了。从此他再也不追求荣华富贵了。

"黄粱梦"的故事告诉人们,人生如梦,富贵荣华如过眼云烟,不值得追求。但是后来人们又用"黄粱梦"来比喻虚幻的事情或者不能实现的欲望。跟原故事的意思不同。

注释:
①功名:旧时指科举考试中取得成功或者得到官职。
②节度使:唐朝时在边境上管辖几个州军事的武官。

河东狮子吼　hé dōng shīzi hǒu

例句：1. 宋华虽然刚强豁达，好管闲事，很受当地人的尊敬，可是偏偏惧内。天不怕地不怕，只怕河东狮子吼。

2. 你想那侯门小姐，从小娇宠任性，颐指气使惯了，以为天底下只有自己最尊贵，虽外具花柳之姿，却内秉风雷之性，到了夫家自然常常要作河东狮子吼。

含义："河东狮子吼"比喻妒悍的妻子发怒，并借以嘲笑惧内的人。

出处：中国两千年封建社会，社会的价值观念是男尊女卑。妇女处处受到歧视，在家庭中也是如此。封建伦理"三纲五常"①规定"夫为妻纲"，即妻子必须绝对服从丈夫。妻子在家里没有平等的地位，丈夫压迫妻子是普遍的现象。最典型的例子就是，封建伦理规定一夫可以多妻。当然也有少数家庭妻子特别厉害，管住了丈夫，这种情况叫做惧内。"内"是指"内人"，即妻子。"惧内"俗话叫怕老婆。

　　一个男人如果惧内就会被别人笑话；以封建伦理的立场来说，认为这是不正常的。其实这正是妇女捍卫自己利益的表现，是对封建压迫的一种反抗。为什么要允许丈夫娶小老婆？这显然不公平。有的妇女藐视这种不公平的观念，能够坚决顶住。

　　传说唐朝开国以后，唐太宗②封赏功臣。有一个大臣，名叫房玄龄，他为唐朝开国立了很多功劳。唐太宗封他为梁公，并且送给他几个美女为妾③。房玄龄不敢要这些美女，婉言谢绝了皇帝的这种奖赏。唐太宗很奇怪，问他为什么不要美女。房玄龄说是因为他知道他夫人反对他纳妾。唐太宗听了大笑起来，说大丈夫不应该惧内，就派皇后到房玄龄家去做工作，劝房夫人改变态度。可是房夫人坚决不让步，她就是不同意丈夫纳妾。不要说皇后来劝说，就是皇帝亲自来，她也决心要维护一夫一妻制和家庭生活的和睦。

　　皇帝觉得有点下不来台，但是又一想，不禁佩服房夫人的勇气。心想自己虽然贵为皇帝，人家夫妻生活的事实在是不必去干涉。不过他忽然又想开一个玩笑。他派人给房夫人送去一壶"毒酒"，对她说："你这种态度皇上很生气，如果仍然不同意的话，请你把这壶毒酒喝下去自杀。"

　　别人以为房夫人会因为害怕而屈服，俗话说"好死不如赖活"嘛。可是没想到房夫人心如铁石，不但不让步，而且一点儿也不害怕。死就死，死也不能让别人来破坏自己的家庭幸福。她走过去，拿起酒来，一饮而尽。大家都以为她会倒在地上死去，可是等了半天她也没有死。原来壶里并不是毒酒，而是醋。这一下连唐太宗都觉得她真是了不起。可惜在封建社会中这样的妇女很少见。

后来，男女关系上产生嫉妒情绪时，人们就说是"吃醋"，据说就是从房夫人舍命吃醋的故事来的。

"河东狮子吼"故事出自宋洪迈(Hóng Mài)《容斋三笔·陈季常》。

陈慥(Chén Zào)字季常，自称龙丘先生，又称方山子，是宋朝时人，世家子弟，家里很有钱。他是一个信佛的人，很喜欢跟别人讨论佛经佛理。他虽信佛，但是悟性不太高，始终是不甘寂寞，好结交宾客，而且还在家里养了一些歌妓，引一帮人在家里听歌妓唱歌取乐。他的妻子很厉害，非常看不惯丈夫的这种行为，常常要大声斥责加以干涉。由于陈慥惧内，所以他的行为不得不有所收敛。

陈慥的朋友中有一个很有名的人叫苏轼(Sū Shì)，就是宋朝时著名的诗人苏东坡。他也信佛，两人常常在一起谈佛理。对于陈慥的惧内，他觉得很好笑，就写了一首诗：

> 龙丘居士亦可怜，
> 谈空说有夜不眠。
> 忽闻河东狮子吼，
> 拄杖落手心茫然。

"龙丘"是陈慥的号。佛教信徒出家的称为僧人或和尚，在俗的则称为"居士"，所以"龙丘居士"是指陈慥。

"谈空说有"是指谈论佛经佛理。佛教可分大乘小乘，传入中国的是大乘佛教。大乘佛教又有两个主要的派别：空宗和有宗。空宗认为世界上一切事物以及我们的认识并没有独立的实体性，这就是空，即《金刚经》所说的"凡所有相，皆是虚妄"。有宗认为世界上一切现象都是由人们的精神总体(识)变现出来的，即"识有境无"。这里所谈的"空"和"有"是非常深奥的哲学问题，一般学佛的人都搞不清楚。"空"和"有"是佛子们谈论得最多的问题，所以这里苏轼用"谈空说有"来借指谈佛。

黄河流经山西省境内时自北而南。"河东"是指山西省黄河以东的地区。陈慥的妻子姓柳，柳姓是河东的望族，所以这里用"河东"暗指陈妻柳氏。"狮子吼"在佛经中用来比喻威严。苏轼用"狮子吼"来戏称柳氏的威严，发脾气时声同狮子吼。

"拄杖落手心茫然"是描写陈慥听到妻子的斥责声之后无可奈何不知道怎么办的样子。

　　苏轼写这首诗只不过是跟陈慥开玩笑。可是后来"河东狮子吼"成了凶悍的妻子发怒的代名词。"河东狮子"、"河东吼"亦成了凶悍的妻子的代名词。如《红楼梦》第七十九回回目:"薛文起悔娶河东吼,贾迎春误嫁中山狼"。这里的"河东吼"就是指凶悍的妻子。

　　在封建社会,把"河东狮子吼"当作典型事件,当然是带着封建伦理的偏见。现代社会男女已经平等,婚姻以爱情为基础,照理说夫妻之间没有谁怕谁的问题。不过受旧观念的影响,在很多家庭中丈夫仍然比妻子有优越感。当然也有一些家庭丈夫怕妻子,现在叫做"妻管严"(妻子管丈夫管得很严),因为与一种呼吸道的疾病"气管炎"同音,所以怕老婆的人被人称作"得了气管炎"。

　　夫妻之间要做到真正平等、和睦相处,其实是不太容易的,这可以说是一门挺大的学问。

注释:

①三纲五常:维护封建统治秩序的伦理教条,"三纲"即"君为臣纲,父为子纲,夫为妻纲"。"五常"即"仁、义、礼、智、信"。

②唐太宗:唐朝开国皇帝李世民的庙号。

③妾 qiè:小老婆。

只许州官放火，不许百姓点灯

zhǐ xǔ zhōu guān fàng huǒ, bù xǔ bǎixìng diǎn dēng

例句：1. 可是你"只许州官放火，不许百姓点灯"，我们偶然说一句略妨碍些的话，就说不利之谈，你如今好好地咒他，是该的了？

2. 老烟鬼许明在家总是吞云吐雾，可他却严禁儿子吸烟，儿子笑着说："您这是'只许州官放火，不许百姓点灯'。"

含义："只许州官放火，不许百姓点灯"比喻自己任意而为，却不许别人这样做。

出处：事见宋陆游《老学庵笔记》。

在中国古代，长者的名是不许称呼的，要回避。这叫作避讳（bì huì）。避讳又分为两种，一种是回避皇帝的名，称作"国讳"，另一种是回避家长的名，称作"家讳"。注意避讳是交际时要注意的一件很重要的事。皇帝的名，人人要回避；尊长的名，子弟要回避；上司的名，下属要回避；朋友之间交往也得留心对方祖宗三代的讳。在写文章或说话时，遇到应该回避的字不能直接写出或说出，甚至连同音字也不能提到。例如秦始皇名"政"，"正"与"政"的发音相同，所以讳"正"。秦朝时说话写文章遇到"正"字时，必用"端"字。汉高祖名邦，在汉朝时全国上下就讳"邦"字，遇"邦"，改用"国"字。因此汉代在刻石碑时，就把《论语·微子》中"何必去父母之邦"改作"何必去父母之国"。有时候没有办法用别的字代替，写字时就少写一笔，如清朝康熙皇帝名玄烨，人们必须回避"玄"和"烨"。"玄"字少写一笔"玄"，"烨"字写作"炜"。这种情况在读古籍时常常会碰到，那不是他们不小心写错了，而是他们很小心地避讳。

家讳也是这样，例如宋朝大诗人苏轼的祖父名序。他必须回避"序"字。他写了书，要作一个序，但是他不能写作"序"，只好写作"引"。唐朝著名诗人李贺的父亲名"晋"，因此李贺不能参加科举考试考进士，因为"晋"和"进"同音。古典名著《红楼梦》中写到林黛玉的父亲林如海请了一个家庭教师来教林黛玉读书。那时候林黛玉只有六七岁。老师在教她读书时发现一个很奇怪的现象，每当书上有"敏"（mǐn）这个字的时候，她都念作"密"（mì），写那个字的时候又总是少写一笔两笔。那孩子很聪明，不至于会搞错，看来是故意的。后来他听别人说林黛玉的母亲叫贾敏，这才恍然大悟，原来"敏"是她的家讳。

避讳文化在中国由来已久，据说始自西周（公元前 11 世纪）以前。《礼记》①："天子不言出，诸侯不生名。"孔颖达（Kǒng Yǐngdá）注疏说："诸侯相见只可称爵，不可称名。"看来，至少在周代已经是这样了。后来到了秦朝、汉朝开始流行起来。以后就越来越盛行，一直到 1911 年辛亥革命②以后，人们的观念才逐渐更新，不再有"国讳"、"家讳"。但避讳这种文化心理的影响仍然存在。直至今日，我们仍然忌讳当面称呼长者的名。例如周恩来活着的时候，他的下属以及普通老百姓没有一个人会当面叫他"周恩来"或者"恩来"，都称他"周总理"或者"总理"。同样，假如一个有地位的人有某种头衔，人们习惯于当面称呼他们的头衔，例如"张校长"、"刘书记"、"王教授"等等。这并不是中国人爱拍马屁，也不一定是当官的人愿意别人称他的职务，主要是受一种文化观念的影响。对于没有头衔的长者，人们也不称名，而是称作"老张"、"老李"、"刘老师"、"陈师傅"、"王大爷"等等。孩子们也绝对不可能称呼家长的名字。当面称呼尊者、长者的名，在中国人的文化心理中仍然认为是不尊敬的、不礼貌的，他们会觉得很不习惯。这种文化心理显然来源于"天子不言出，诸侯不生名"的古代避讳文化。

中国的这个文化习惯好像很特别，与世界上其他国家很不相同。名本来就是区别人类个体的符号，为什么不准称呼？不准称呼还要名做什么？因此中国古代又发展出另一种文化，即个体区别符号的多样化。一个有地位的人不但有名，还有"字"。现在我们把"名字"看作一回事，在古代是不同的。名在出生时取，通常只有一个汉字。字一般到成年时才取，一般由两个汉字组成。有些人还有号。例如唐朝著名大诗人杜甫：姓杜，名甫，字子美，号少陵。因为他曾经做过工部员外郎的官，又被人称作杜工部。这样，杜甫、杜子美、杜少陵、杜工部指的是同一个人，其中只有"甫"是讳，字和号并不是讳。不过这样一来也有问题，如果一个人不熟悉情况，就会弄错，把这四个称呼当作四个不同的人。现在避讳文化已经消失，个体区别符号就不必多样化了，所以现代的中国人就只有名，而没有字了，而且"名""字"两个字合在一起，成了一个意思。

避讳文化会引起很多不方便，给交际带来困难，有时甚至会闹笑话。据说南宋时有个人叫钱良臣。"良臣"是他的名，应该回避。他的儿子很聪明，每次读书时见有"良臣"两个字，就改读为"爹爹"。有一天，读《孟子》，其中有"今之所谓良臣，古之所谓民贼也。"他就改读为"今之所谓爹爹，古之所谓民贼也"。这就把他的爹爹骂作"民贼"了。

既然尊者的名是应该回避的，那么如果忘了回避就是一种冒犯的行为，那结果轻则引起不愉快或者受到斥责，重则受罚。故意不避对方的讳，而直呼其名，则可以被认为是有意侮辱对方。

293

现在我们言归正传，来说说"只许州官放火，不许百姓点灯"。这个故事来自陆游《老学庵笔记》。

宋朝的时候，有一个人叫田登。他在一个州当州官，那是这个州的最高长官。他觉得自己是十分高贵的人，自己的名字是不应该让老百姓随便叫的，那个"登"要回避。不但如此，连与"登"（dēng）字相同的音也不许说。本来要回避"登"字问题还不大。但是要回避"dēng"这个发音就有很大的问题。因为"灯"的发音也是 dēng，到了晚上家家都要点灯，不让说 dēng，那怎么办？只有一个办法，找别的字代替。于是人们用"火"代替"灯"字，所以把点灯称作点火。要是谁不小心仍然说"点灯"，被田登听见了就要治罪，因为这是有意侮辱地方长官。当然多数情况下田登本人听不见，但是只要有人去告发，就会受到惩罚，轻则打屁股，重则坐牢。已经有很多人受过罚。

再说那一年赶上元宵节，按中国传统的习惯，元宵节是灯节。街上要点很多灯，一到晚上居民们就纷纷上街赏灯，那是十分热闹的。那时人们叫做放花灯，或者叫做上元放灯。到处都是这样，田登的那个州到元宵节当然也得放灯。放灯之前，田登叫下属写一个告示，好让大家知道。本来应该写作"本州依例放灯三日"，由于田登不让老百姓说 dēng 这个音，所以那个告示只好写作"本州依例放火三日"。告示贴满了大街小巷。

那些外地来的旅客看了告示大吃一惊，这个州元宵节不放灯，要放火烧房子呀！

这时旁边有人就讽刺说："这叫做只许州官放火，不许百姓点灯。"

这可能只是一个笑话，未必真有其事，但后来"只许州官放火，不许百姓点灯"成为一个典型事件，用来比喻只许自己这么做，却不许别人也这样做。

注释：
①《礼记》：儒家经典之一，记录了战国至西汉初的各种礼仪。是研究古代礼制、社会情况以及儒家学说的重要资料。孔颖达是唐朝人，著有《礼记正义》。
②辛亥革命：是孙中山领导的资产阶级革命，推翻了清朝的封建统治。

逼上梁山　bī shàng Liáng Shān

例句： 1. 在那饥寒交迫、民不聊生的年月，很多人被逼上梁山，奋然参加革命。

　　　　2. 每天晚上看书学习，他本来没有这样的自觉性，但是他必须抓紧时间学习，通过这次考试，否则就不能毕业。所以这也是逼上梁山的事儿。

含义： "逼上梁山"比喻被迫起来造反，或者不得已去做某一件事。

出处： 这个典型事件出自《水浒传》①第七回到第十一回。

梁山泊②农民起义的好汉之一林冲（Lín Chōng），原来是东京③八十万禁军的教头④，武艺高强，为人善良本分，与妻子一起过着和美的日子，从来没有动过造反的念头。但是当时坏人当权，善良人想过太平日子也不可能，林冲屡次受到迫害，家破人亡，只好走上梁山造反。

第七回写到有一天林冲同妻子一起到岳庙⑤去烧香⑥，路上经过一个地方，见一个胖和尚⑦正在演示武艺，功力非凡。林冲见了非常喜欢，就叫妻子与使女锦儿（Jǐng'er）先到庙里去，自己同那和尚攀谈起来。原来那和尚名叫鲁智深（Lǔ Zhìshēn），曾经是关西的一位军官，因为疾恶如仇，见坏人就打，杀人太多，就逃出来当了和尚。两人正说着话，这时林冲家的使女锦儿慌慌忙忙地跑来找林冲，说："不好了，娘子在庙里遇见了坏人。"

林冲急忙向庙里跑去。见一个人正拦着他的妻子说："你上楼去，和你说话。"

　　林冲赶到跟前，把那人的肩扳住，正要下拳打时，一看原来认得，是自己顶头上司高俅（Gāo Qiú）的干儿子高衙内（Gāo Yá'nèi）⑧。这高衙内倚仗着他父亲的权势，在东京胡作非为，横行霸道，专爱奸污人家的妻女。东京城里的人都怕他，不敢与他相争，都叫他花花太岁。

　　林冲一看是高俅的儿子，生怕打了他就得罪了上司，自己的手先软了。高衙内见是林冲，才明白这是林冲的妻子，只好带着他那些帮闲⑨的人走了。林冲的妻子长得很漂亮，高衙内回到家里仍然闷闷不乐，心中非常着迷。他那些帮闲的人中间有一个叫富安，看出了高衙内的心思，就给他想了一个办法说："我知道林冲与陆谦（Lù Qiān）最好，明天你叫陆谦请林冲到酒楼去喝酒。然后我到林冲家对他的妻子说，林冲喝酒时昏倒了，叫她快去看看，却把她骗到陆谦家来，你在陆谦家里等她。"

　　高衙内听了心中高兴，第二天就把陆谦找来。原来那陆谦是一个小人，为了讨好高衙内，也不顾朋友的交情了，果然就请林冲去酒楼喝酒。然后富安又把林冲的妻子骗到陆谦家。林冲的妻子到陆谦家上楼一看不见林冲，却见高衙内从里边走了出来，知道不好，赶紧叫锦儿去找林冲。这一次林冲又及时赶到，高衙内吃了一惊，打开窗户，跳墙逃走了。

　　林冲带妻子回到家，拿了一把尖刀去找陆谦，陆谦哪里还敢出来，只躲在高衙内家。再说高衙内跳墙逃走时受了惊吓，竟病了。那伤天良的富安和陆谦又帮高衙内出主意要害死林冲。这一次，他们把这事告诉了高俅。这高俅本来就是一个恶人。为了儿子，哪里在乎害死林冲。

　　有一天林冲上街，看见一个人卖一口宝刀。那人对着林冲说："这么大一个东京，竟没有人认识这口宝刀。"林冲是一个武官，对武器自然有兴趣，就走过去拿起刀来看。那刀果然清光夺目，冷气侵人，确实是一口宝刀。林冲就买下了这口刀。谁知这一下就中了奸贼高俅的计。

　　过了几日，高俅忽然派人来对林冲说："听说你得了一口宝刀，高太尉⑩让你拿刀去跟他的宝刀比试比试。"

　　林冲只得拿了刀跟随那个人去见高俅。到了高俅的府中，那个人把他带到了一个厅堂，叫他稍等，就进里边去了。林冲等了半天也不见高俅出来，抬头看时，只见这个厅上有四个大字"白虎节堂"。林冲猛然意识到，不好，这"白虎节堂"是商议军机大事的地方，平日是不许人进入的。他正想退出，这时从里面出来一个人，正是高俅。他大喝一声："林冲！你手拿着刀无故进入'白虎节堂'是想来杀害我吗？"说着，从里面出来二十多人，把林冲推倒捆绑起来，送到了开封府⑪去问罪。

那开封府听了林冲的辩解,知道林冲受冤屈,没有判林冲死刑。但他害怕高俅的权势,就判林冲发配⑫沧州(Cāngzhōu)。沧州在开封以北,林冲带了枷,由两个公差押送着上路。高俅本来是想借此杀了林冲,见开封府没有判林冲死刑,就买通两个押送林冲的公差,让他们在路上无人处杀了林冲。谁知鲁智深一路上保护林冲一直到沧州,因此两个公差不敢杀害林冲。高俅的阴谋又没有得逞。

必须杀死林冲,高衙内才好霸占林冲的妻子。所以林冲到了沧州以后,高俅又派陆谦和富安到沧州买通牢城营的管营和拨差⑬,要害林冲。他们派林冲去看守军队的草料场。这时正是冬天,天下着大雪,北风刮得很厉害。林冲住的那间草屋被风刮得摇摇晃晃。林冲觉得很冷,想起附近有一个小酒店,就拿起酒葫芦

出了草料场去打酒。等林冲打酒回来,他住的那间草屋已经被大雪压塌了。林冲想,天快黑了,到哪儿去过夜?忽然想起,刚才去打酒时看见路旁有一座很小的古庙,先去那儿过一夜再说。就从倒塌的草屋中拉出一条被子来,用枪挑着酒葫芦,把草料场的大门锁了,往古庙来。

进了古庙,林冲把门掩上,搬过一块大石头来,压住门,打开被子,坐在被子里,又拿过酒葫芦来喝冷酒。正喝着酒,听到外边劈里啪啦的响声,就站起来从门缝往外看。只见草料场里起了大火,火越烧越旺。林冲大吃一惊,正想开门去救火,只听前面有人说话,是三个人的声音。那三个人来到庙前,推推庙门,因为庙门被林冲用石头压住了,推不开,他们就站在庙门前看火。

一个说:"这下好了,林冲一定烧死了。"

另一个说:"我在里面点了十几把火,他怎么逃得出来?"

第三个说:"即使没烧死,他失了大军草料场也是个死罪。"

林冲在里面看得清楚,这三个人一个是陆谦,一个是富安,另一个是这里的拨差。林冲大怒,打开庙门,一枪扎死了富安,又回过头来一枪扎死了拨差。最后赶上那个陆谦,也杀了。

　　天很黑,草料场的大火仍然在燃烧,雪还在不停地下着,林冲必须赶快离开这个地方,但是他不知道应该去哪儿,只是在雪地上毫无目标地走着。当时有一些人占了梁山当强盗,后来经人介绍,林冲也上了梁山,只有那个地方他才能呆下去。林冲就这样一步一步地被逼造反,走上梁山。

　　后来人们用"逼上梁山"来比喻被迫造反,或者比喻本来不想做某一件事,但是后来的形势所迫不得不去做。

注释:

①《水浒传》Shuǐhǔ Zhuàn:中国古典小说之一。

②梁山泊:梁山是山名,在今山东省。"泊"是湖,因那地方有山又有湖,所以根据山名叫那个地方为梁山泊。

③东京:这里指北宋时的首都开封。

④禁军 jìnjūn:古代保卫京城和皇宫的军队。教头:这里指军事武术教官。

⑤岳庙 Yuè Miào:亦作嶽庙,是祭五岳(五座名山)之神的庙宇。

⑥烧香 shāo xiāng:"香"是一种用香料制成的可燃烧的细棍,燃烧时发出香味。佛教或道教信徒拜神或作祈祷时要点燃这种细棍,叫作烧香。所以实际上烧香就是去作祈祷。

⑦和尚 héshang:佛教的男性出家人。

⑧高衙内:"衙内"本来是指担任皇宫警卫的官员,在宋朝时多以大臣子弟充任,后来就用"衙内"来泛指官僚子弟。所以高俅的儿子就称为高衙内。见本书上编"高衙内"条。

⑨帮闲 bāngxián:指依附于有钱有势的人家,为他们效劳的人。

⑩高太尉:这里指高俅。"太尉"是当时的高级军职,高俅正是担任此职。

⑪开封府:开封的行政官及其官府。审判各种案件当时属于行政官的职责。

⑫发配 fāpèi:将罪犯遣送到边远地区去服刑。

⑬管营:管理流放犯人的官员。拨差 bōchāi:管营手下的工作人员。

莫须有　mò xū yǒu

例句：1. 这也是莫须有的事，刘老先生一向支持革命事业，怎么会是反革命？

　　　2. 他为人正直、清廉，很受人尊敬。看来他的罪是莫须有的，大约是他得罪过什么达官贵人，所以遭到陷害。

含义："莫须有"原义是指"恐怕有"或"也许有"，后来意思转变为比喻凭空诬陷。

出处：事出宋时①秦桧(Qín Huì)陷害岳飞(Yuè Fēi)事件，见《宋史·岳飞传》。

　　12世纪初，在中国是北宋时期。那时居住北方的女真族逐渐强大，于是就集结军队南下进攻宋朝，想消灭宋朝从而统治中国。当时宋朝的统治集团极其腐败无能，抵挡不住女真族的进攻，不断地败退。很快女真族的军队占领了整个中原。宋朝皇帝带着大臣们逃到了长江以南，在临安②(Lín'ān)建立了首都，历史上就称之为南宋。

　　但是女真族侵略者并不因为占领了中原而满足，他们继续向长江流域进兵。怎样对待女真族的侵略？当时南宋朝廷中有两派意见。一派是以丞相秦桧为首的主和派，实际上是主张投降。另一派是以岳飞为首的主战派，他们主张坚决抵抗。皇帝就在这两派中摇摆。当皇帝同意主战派抵抗时，岳飞带领将

岳飞

士们英勇作战，收复了长江以北的大片领土，岳飞等抗战的英雄们受到老百姓的热烈拥护。主和派与主战派的利益相冲突，前方取得的胜利越大，主和派就越害怕，皇帝也对主战派产生猜忌，于是主和派占了上风。

秦桧在暗中早就与侵略者有勾结。他不断地讨好皇帝,实际上操纵了皇帝。与此同时他大肆镇压反对派,谁反对他,他就杀害谁。岳飞是主战派的领袖,所以他最恨的是岳飞。于是他诬陷岳飞的部将张宪(Zhāng Xiàn)谋反,以皇帝的名义把岳飞从前线召回,逮捕了张宪、岳飞以及岳飞的儿子岳云。

岳飞无罪,秦桧要诬陷他苦于没有证据。岳飞在监狱被关了两个月,无法定他的罪。同是主战派的韩世忠(Hán Shìzhōng)愤怒地去责问秦桧,秦桧蛮横地说:"飞子云与张宪书虽不明,其事件莫须有。"(岳飞的儿子岳云给张宪的信虽然找不到了,但张宪造反的事也许是有的)。

韩世忠说:"'莫须有'三字,何以服天下?"(你用"也许有"这样的理由来治岳飞的罪,怎么能使天下的人信服?)

后来秦桧终于不管民众的强烈反对,杀害了岳飞、岳云和张宪。老百姓非常痛恨秦桧卖国求荣、杀害忠良的行为,但是他们又没有说话的权利,只好在小说、评话、戏曲中怀念岳飞的英雄业绩,痛骂秦桧。至今,在杭州西湖畔的岳飞坟前仍然跪着秦桧等人的铁像。

"莫须有"在当时的意思是"也许有",但秦桧陷害岳飞的那件事,不是"也许有"而是根本没有。所以后来"莫须有"的意思演变为根本没有证据的诬陷。

在中国封建社会,统治者要镇压、杀害反对派,不需要任何证据,也用不着进行公开审判,只要以莫须有的理由加以诬陷,就可以构成罪名。这样的事情常常发生,所以"莫须有"就有了典型意义,成为凭空诬陷的代名词了。

注释:
①宋 Sòng:中国的一个历史朝代,分北宋和南宋。北宋 960—1127 年,南宋 1127—1279 年。
②临安:在现在的杭州。

东窗事发　dōng chuāng shì fā

例句：1. 这两个人前几年做的案子,现在东窗事发,所以锒铛入狱。

2. 前几年他接连几次盗窃公款,因为心里有鬼,所以看见警察进来就胆战心惊,以为东窗事发了。

含义："东窗事发"比喻所做的坏事败露,被别人知道了,所以受到惩罚。

出处：事出南宋时秦桧(Qín Huì)陷害岳飞(Yuè Fēi)事件。

秦桧以莫须有①的罪名杀害了岳飞以后,民间纷纷为岳飞鸣冤叫屈。但当时秦桧专权,谁为岳飞鸣冤,他就杀害谁。虽然如此,这并不能压制民众对他的愤恨情绪,也不能掩盖历史。所以后来民间就出现了各种评话、小说、戏曲来歌颂岳飞,痛骂秦桧。在元②杂剧中就有《地藏王证东窗事犯》的剧目。但这一剧目后来失传。现在我们能见到的资料是明③田汝成《西湖游览志余·佞倖盘荒》,内容很可能与该剧目相似:

秦桧想杀害岳飞,但是苦于找不到借口,把岳飞关押在监狱里已经有两个月了,虽然天天毒刑拷打,但是岳飞并不认罪。民间为岳飞鸣冤叫屈的呼声越来越高。这事如果传到皇帝的耳朵里,说不定会引起麻烦。所以秦桧心中愁闷。当时正是冬天,他跟他老婆两个人围着火盆,坐在客厅的东窗下,一边饮酒一边秘密地商量办法。就在这一次东窗密谈中,他们决定尽快把岳飞杀死,以免引起更大的麻烦。

杀死了岳飞以后,有一次秦桧游西湖,突然在船上病了,恍惚中见到一个披头散发的人大声对他说:"你杀害忠良,祸害国家和人民,我已经把你的罪状告诉了上天,上天将要惩罚你。"

秦桧死了以后,在地狱受了各种苦。他的老婆王氏给他做道场④,并派道士⑤到地狱去探望他。他对道士说:"可烦传语夫人,东窗事发矣。"(劳驾你回去告诉我的夫人,我们当年在东窗下秘密商量杀害岳飞的事,现在被人知道了,我正在为此受苦。)

这当然完全是民间为了泄愤编出来的故事。事实上秦桧在活着的时候很受皇帝的宠爱,一直是权势显赫,没有受过一点儿苦。所以人们只好盼望他死后受到各种惩罚。以后人们用"东窗事发"来比喻坏人秘密地做了坏事,后来终于被发现,因此受到惩罚。

注释:

①莫须有:见本书"莫须有"条。

②元:指元朝(1271—1368 年)。

③明:指明朝(1368—1644 年)。

④道场:旧时人们认为,人死后到了另一个世界。请和尚或道士来念经做法事,可以使他在另一个世界平安。和尚或道士念经做法事称为做道场。

⑤道士:道教的出家人。

此地无银三百两　cǐ dì wú yín sānbǎi liǎng

例句： 1. 他们做贼心虚，所以总是发表"此地无银三百两"的声明。

　　　　2. 这事儿我也不愿意解释，越解释越像是"此地无银三百两"似的，倒显得真的是我做的了。

含义： "此地无银三百两"比喻想要掩盖事实，结果反而更加暴露。

出处： 这个典型事件出自民间故事。

　　在中国古代，银子是主要货币，以两为单位计算，十六两等于 500 克。

　　有一个穷人，意外地得到了三百两银子，这对他来说是一笔很大的财富。他手捧着银子，在家里环顾四周。"把银子藏在哪儿呢？"他想。

　　他先把银子放在柜子里。过了一会儿，他就觉得不妥。要是小偷来了，一定会先翻柜子，那不就被小偷发现了吗？于是他立即把银子从柜子里拿了出来，放到桌子的抽屉里。再一想，这也不妥。小偷翻完了柜子自然也会去翻抽屉。他又把银子塞在床底下，这当然更不妥。床底下既没有办法上锁，也不能保证小偷翻完了抽屉以后不会顺便看看床底下。"即使是一个笨蛋，也不会把银子放在床底下。"他想。

　　就这样，他把银子放到一个地方，然后又拿出来放到另一个地方，在屋子里转来转去老半天，所有的地方都考虑过了，放在哪儿他都不放心。怎么办呢？

　　忽然他一拍脑袋说："哈，有了！我怎么那么笨呢？我为什么非得将银子放在屋子里，我不会放到屋外去吗？任何小偷也不会想到屋外藏着银子。"

　　于是他来到院子里的树底下，拿着铁锹挖，挖了一个坑，把银子埋在地底下。回到屋里，他才松了一口气。过了一会儿，他又觉得虽然埋在院子里比放在屋里好，但仍然不够保险。必须让别人知道，那个地方没有埋着三百两银子。于是他又想出了一个高招，马上做了一个木牌子，在牌子的一面写上"此地无银三百两"。他把牌子插在埋银子的地方。这下是十分保险了。于是他愉快地上床睡觉去了。

　　过了一会儿，他的邻居阿二来到了院子里。他一眼就看见了树底下情况异常，就走过去看，有一个地方的土显然被挖过了，上边还有一块牌子，写着

303

"此地无银三百两"。

"这多奇怪!"阿二一边想,一边用手扒开土,想看个究竟。他很快就发现了三百两银子。这真是意外之财,于是他悄悄地拿走了银子。

虽然这件事做得神不知鬼不觉,阿二总是觉得还不够妥当。对呀! 我应该让他们知道不是我阿二偷的银子。于是他回到树底下,在那块牌子的另一面写上了"隔壁阿二没有偷"。他觉得自己做得很高明,也放心地睡觉去了。

这当然只是人们编出来的故事,但这个故事很好地概括了同一类事情。事实上有些人做了一些不好的事,生怕别人知道是自己做的,就总是想掩盖。结果往往是越掩盖就越暴露,就好像在埋银子的地方写上"此地无银三百两"一样。

拼音索引

下编：中国文化中的典型事件

后　记

　　本书刚开始编写时贺晓棠和程娟都参加过讨论,并曾经写过"贾宝玉""红娘"等几条,后因编者去德国,无法跟他们进一步讨论,因此没有使用他们的稿子,特此表示歉意。王弘宇也提供过很好的意见,特此表示感谢。

编　者

1998 年 9 月